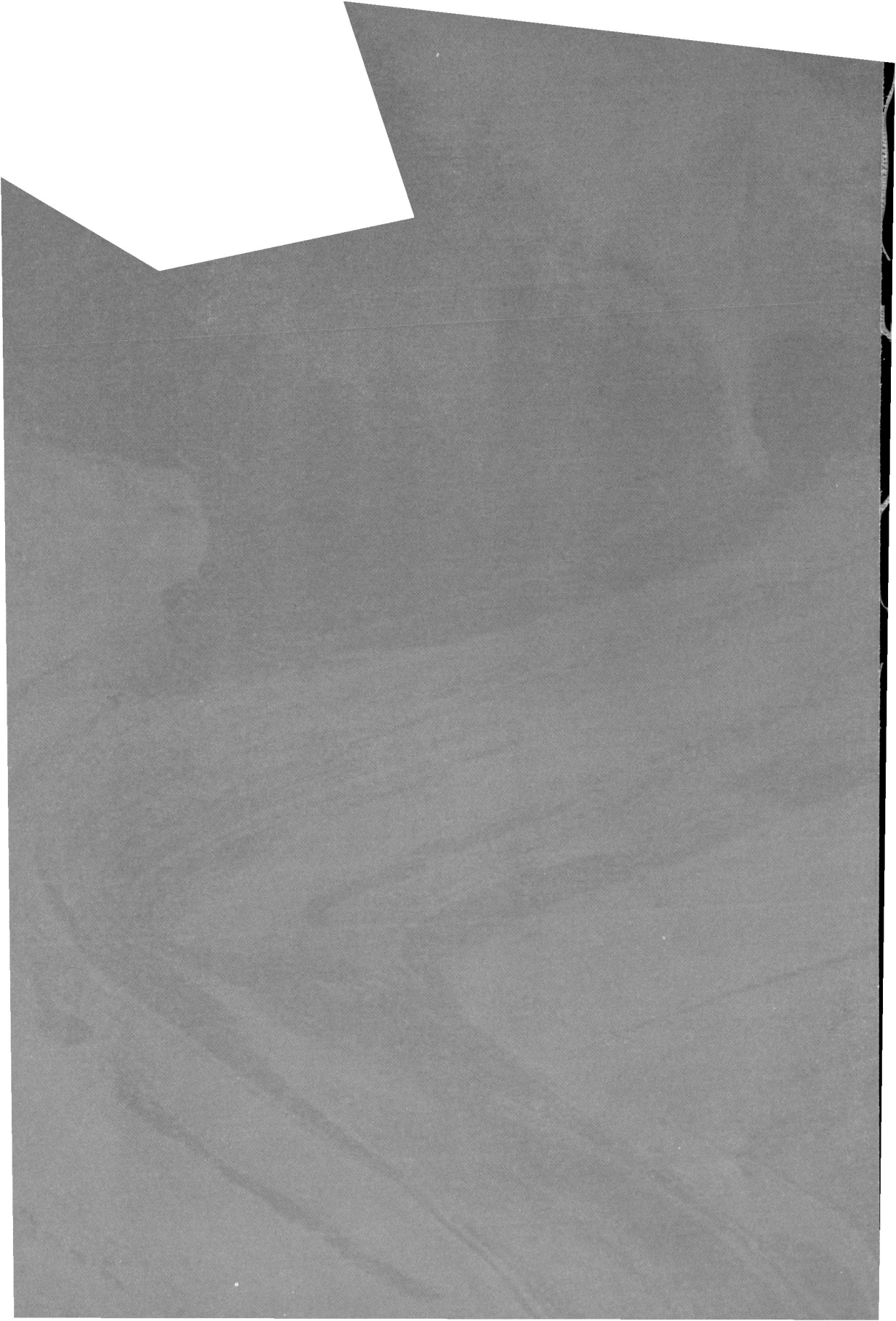

赢得人心的较量

——周恩来与国共南京谈判

吴小宝 著

江苏人民出版社

图书在版编目(CIP)数据

赢得人心的较量:周恩来与国共南京谈判 / 吴小宝
著. —南京:江苏人民出版社,2019.12
ISBN 978-7-214-24539-7

Ⅰ. ①赢… Ⅱ. ①吴… Ⅲ. ①国共谈判(1945-1947)
—史料 Ⅳ. ①K266.06

中国版本图书馆 CIP 数据核字(2019)第 297912 号

书　　　名	赢得人心的较量——周恩来与国共南京谈判	
著　　　者	吴小宝	
责 任 编 辑	张　凉	
责 任 监 制	王　娟	
出 版 发 行	江苏人民出版社	
出版社地址	南京市湖南路 1 号 A 楼,邮编:210009	
出版社网址	http://www.jspph.com	
照　　　排	江苏凤凰制版有限公司	
印　　　刷	江苏凤凰通达印刷有限公司	
开　　　本	718 mm×1000 mm　1/16	
印　　　张	17.25	
字　　　数	210 千字	
版　　　次	2020 年 3 月第 1 版　2021 年 3 月第 2 次印刷	
标 准 书 号	ISBN 978-7-214-24539-7	
定　　　价	58.00 元	

(江苏人民出版社图书凡印装错误可向承印厂调换)

序

抗日战争胜利后,饱受战争苦难的中国人民渴望和平与安定。中国共产党主张团结一切爱国民主力量,把中国建设成为独立、自由、民主、统一、富强的新国家。国民党统治集团则试图继续维持其一党专政的专制体制。战后的国际格局及美苏的对华政策,也要求中国各党派采取政治方式解决国内问题。

在中国面临着两种命运、两种前途的关键时刻,蒋介石迫于全国人民的和平呼声,电邀毛泽东率中共代表团赴重庆进行和平谈判。经过谈判,国共双方共同签署了《双十协定》,随后召开了政治协商会议,达成了《政协协议》和《停战协定》。

国民政府还都南京后,按照中共中央和毛泽东的部署,周恩来率领中共代表团转赴南京,继续同国民政府代表进行和平谈判。在为期10个月的谈判中,中共代表团坚决贯彻中共中央的指示,为实现国内和平做出了真诚的不懈努力,同国民政府代表展开了针锋相对的斗争,出色地完成了肩负的重要使命。由于国民党一意孤行,坚持独裁分裂的内战政策,导致谈判最终破裂。在此期间,以周恩来为代表的中共代表团在国统区广泛地领导和开展爱国民主运动,争取朋友,教育人民,对开辟第二条战线,加速解放战争的胜利和迎接新中国的诞生,做出了重要贡献。

以周恩来为代表的中共代表团在南京谈判期间,表现出的大智大勇、不畏艰险的革命精神,与民主人士肝胆相照、同舟共济的团结精神,坚守纪律、服务人民的自律精神等,是我们取之不竭、用之不尽的精神财富。

目　录

第一章

进驻梅园新村

抗日战争胜利后，蒋介石发动内战的图谋日见明显。在中国面临着两个前途、两种命运大决战的关键时刻，中共中央主席毛泽东应邀去重庆，就和平建国大计与国民党及其政府会谈。重庆谈判历时 43 天，国共双方签署了《双十协定》。之后在政治协商会议召开期间，又签订了《停战协定》和《整军方案》。国民政府还都南京后，以周恩来为首的中共代表团肩负着党和人民赋予的坚决制止内战、争取和平民主的神圣使命，也从重庆赴南京，进驻梅园新村，与国民党及美国政府代表进行了长达 10 个月的艰难谈判，在中共党史和中国人民革命史上写下了光辉的一页。

第一节　参加重庆谈判

战后国内外复杂局势

1945 年 8 月 15 日，日本天皇宣告无条件投降，不仅标志着中国持续 14 年之久的抗日战争取得了最后胜利，而且也标志着以反对德、意、日法西斯侵略势力的第二次世界大战以胜利告终。

中国从抗日战争结束到爆发全面内战之间,出现了一个历史上十分罕见的过渡阶段,形势复杂多变,存在着或战或和两种趋向。正如两个月前中共第七次全国代表大会预测的那样:在国共两党合作打败日本侵略者之后,中国将面临两种命运、两个前途的严重斗争,是开创一条独立、民主、富强的新路,还是继续走半殖民地半封建的老路。但是,在抗战胜利初期,究竟走哪条路的问题还不可能很快见分晓,也不会马上爆发全面内战。出现这种情况的原因,在于国际国内都存在着或和或战的不同主张,国共两党要想各自单独控制全国局势,都还必须经过扩展力量的过程。

从国际形势来看,第二次世界大战后呈现出的新特点,无疑会对中国的政局带来重大影响。

首先是国际阶级力量的对比发生了重大变化,帝国主义力量大大削弱,而国际进步力量空前壮大。第二次世界大战的一个重大结果,是德、意、日三个法西斯国家垮台了,英、法两个老牌帝国主义国家遭到严重削弱,只有美国成为暴发户,因而整个国际帝国主义势力削弱了。而在国际进步势力方面,社会主义苏联由于打败德国法西斯的主力而国威大振;东欧各国和亚洲的朝鲜、越南等国纷纷脱离殖民主义体系,建立了人民民主制度;亚洲、非洲、拉丁美洲的殖民地和附属国的民族解放运动空前高涨,使帝国主义的殖民体系日趋瓦解;西欧和北美各资本主义国家的工人运动和民主运动广泛开展。总之,全世界和平、民主、民族解放和社会主义力量汇成了一股强大潮流,超过了帝国主义、反民主阵营的力量。这种形势深刻地影响着中国政局的发展,对中国人民的解放斗争是有利的。

其次是战后国际斗争出现了新格局。两个主要大国美苏之间由战时盟友而变成全球战略的对手。美苏对立的格局成为国际问题的中心，存在着严重而复杂的斗争。

战后的美国，经济实力和军事实力迅速膨胀，成为世界头号强国。它凭借其经济和军事优势，意欲独霸世界。因而，杜鲁门上台不久，就确立了遏制苏联、扶助盟友、与苏联争夺处于广大中间地带，进而称霸全球的扩张战略。

战后的苏联，尽管已成为欧洲第一、世界第二的强国，但由于在战争中遭受严重的损失和牺牲，此时迫切需要休养生息。因此，战后初期苏联对外政策的基本战略目标是，一方面要与美国争夺全球霸权，另一方面要保卫和巩固已取得的权益，确保国家安全，为迅速重建经济创造有利的国际环境，扩大在国际事务中的影响力，其重点是东欧地区。为了避免和美国发生冲突，苏联不主张处于西方势力范围内的各国共产党武装夺取政权。在苏联的影响下，希腊、法国、意大利等国的共产党走上了放弃武装而到资产阶级政府当官的道路。

战后国际格局的这种态势，必然要在它们各自的对华政策中反映出来。从美国来讲，服从于全球战略的需要，战后的主要政策之一就是要使中国成为其在亚洲扩展和抗衡苏联的战略基地。因而，扶蒋反共就成为美国对华的基本政策。这一政策的产生有一个演变的过程。抗战后期，国际形势发生重大变化，给美国带来了两个突出的问题。一是随着抗战的即将胜利，美国企图取代日本在中国的统治，变中国为其势力范围的野心日益增大。为此目的，就需要在中国扶持一个受其控制并为其服务的政府。可是当时中国存在着两种政治力量，一种是消极抗战、积极反共的国民党蒋介石政府，一种是顾全大局、竭尽全力抗战的中国共产党。从国共两党的性质和发展前途来看，美国认为国民党及其政府是它实现政治野心的理想对象。二是随着抗战的结束，日本帝国主义退出了历史舞台,欧洲列强也因受到战争的重创而一蹶不振,美苏抗衡成为世界格局的新特点。在这种国际格局下,中国的地位显得格外重要。在美国看来,中国共产党的发展趋向,必然在政治上、经济上、军事上和苏联结成同盟。为此,美国政府就迫切需要利用国民党及其政府作为其在远东抗衡苏联的力量。

抗日战争胜利后,美国的对华政策面临着三种选择:一是完全摆脱牵连;二是大规模地在军事上加以干涉,援助国民党击败共产党;三是尽可能地帮助国民党掌握大部分国家权力,鼓励国共双方从事协商,尽力避免内战。第一种前途,美国是决不会采取的,它不愿自动放弃对中国的控制。第二种前途,慑于中国人民力量的强大,以及美国人民和全世界人民的反对,美国政府还不敢直接出兵进行大规模的武装干涉。对于第三种前途,美国政府认为是可能的,即"能够将共产党人以一种类似西欧共产党所占的地位,而纳入一个宪政政体的政治和军事范围之内。敌对的两党将共同参加一个以蒋介石为首的经过改组的联合政府"。[①] 但是,美国的这一办法不符合国民党一党专政和蒋介石独裁统治的需要,而且美国在实际行动上过分偏向国民党的行为,也不断遭到中国共产党的揭露和抵制,因而这种办法最终也无法实现。随着形势的演变,美国的对华政策最终走上了一条由美国出钱出枪出顾问帮助蒋介石打内战的道路。所以日本一宣布投降,美国就出动飞机、军舰运送蒋军到大城市和重要港口,帮助蒋介石抢夺胜利果实。

战后的国际格局及美苏的对华政策,对抗战结束后的中国政局不能不起相当的制约作用。由于美苏在对华政策上的复杂关系,当时都不得不要求中国采取政治方式解决国内问题,而不是立即爆发内战。这些国际因素,无疑都推动了战后初期中国国内和谈局面的出现。

---

① 费正清:《美国与中国》(中译本),世界知识出版社 1999 年版,第 264—265 页。

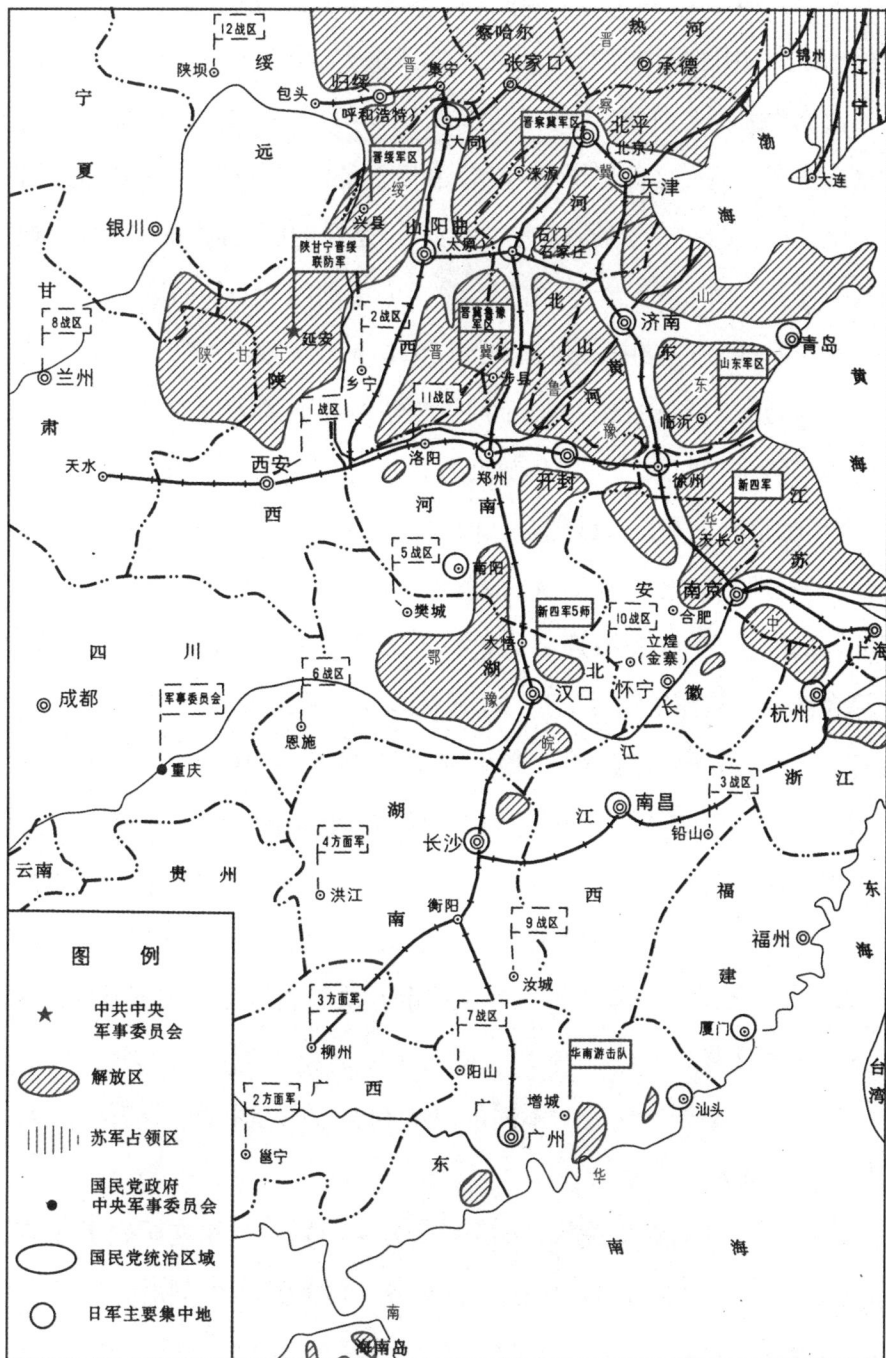

抗日战争胜利时全国军事形势图(1945 年 9 月)

从国内形势来看,抗日战争胜利后也出现了新的特点。随着抗日战争的胜利结束,中国国内的阶级关系发生了重大的变化,美国支持下的蒋介石集团成为大资产阶级、大地主阶级的代表,而中国共产党则是中国人民大众的代表。他们之间的矛盾,代替了日本帝国主义同中华民族的矛盾,成为中国社会的主要矛盾,解决这个矛盾,是新的历史时期中国革命所面临的新任务。两种矛盾斗争的结果,决定着中国的方向和命运。

在抗日战争过程中,国共两党政治军事力量都有所发展,到抗日战争结束时,形成如下对比:一方面,共产党领导下的人民军队发展到 120 万人,民兵发展到 220 万人;解放区遍及 19 个省区,面积 100 多万平方公里(占当时全国面积的 11%),人口 1.3 亿(占全国人口的 28%)。另一方面,国民党拥有包括正规部队、非正规部队及后方军事机关学校在内的军队,总计约 430 万人[①];拥有 3 亿以上人口的地区,控制着所有大城市及绝大部分的铁路交通线;还接收了日本侵华投降军队 100 万人的武器装备。此外,国民党还获得了美国的大力援助。1946 年 7 月以前,美国为国民党训练的部队及军事人员达 15 万人,装备国民党军 45 个师;美国用军舰、飞机将国民党军队 14 个军、41 个师和 8 个交通警察总队,计 54 万余人,运送到进攻解放区的前线;美国还派出 9 万海军陆战队占驻上海、青岛、天津、北平、秦皇岛等重要城市。从国共两党力量对比看,国民党占有极大优势。[②]

国共两党根据所代表的不同的阶级利益和力量状况,分别提出了各自的方针、政策和策略。

在中国革命的转折关头,1945 年 8 月 13 日,毛泽东在延安干部会议上做《抗日战争胜利后的时局和我们的方针》的讲演,深刻地分析了抗日

---

① 转引自李新、陈铁健总主编《中国新民主主义革命通史》(10),上海人民出版社 2001 年版,第 11 页。
② 转引自李新、陈铁健总主编《中国新民主主义革命通史》(10),上海人民出版社 2001 年版,第 11—12 页。

战争胜利后中国政治的基本形势，并且提出了无产阶级的革命策略。毛泽东向全党郑重指出了国民党发动内战的危险性，要求全党提高警惕。毛泽东的讲演，对统一全党思想有着重大意义。

为揭露蒋介石反动集团发动内战的阴谋，动员全国人民制止内战，中共中央于8月25日发表《中共中央对目前时局宣言》，明确指出："我全民族面前的重大任务是：巩固国内团结，保证国内和平，实现民主，改善民生，以便在和平民主团结的基础上，实现全国的统一，建设独立自由与富强的新中国，并协同英、美、苏及一切盟邦巩固国际间的持久和平。"①同时提出了解决时局问题的"紧急措施"，要求国民政府立即执行，以期实现人民的和平、民主愿望。

但是，蒋介石集团倒行逆施，妄图篡夺抗日战争的胜利果实，实现其在全国的独裁统治。1945年8月11—15日，蒋介石连续下令，要求解放

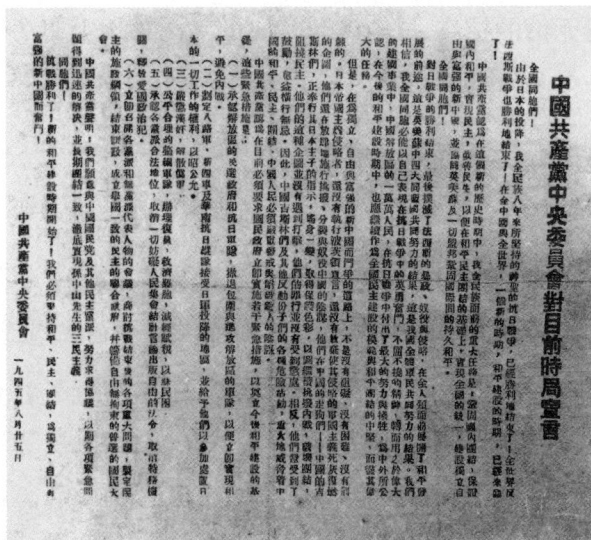

1945年8月25日，《中共中央发表对目前时局宣言》提出和平、民主、团结三大口号，号召全国人民为建设独立、自由、富强的新中国而奋斗。

①《中共中央文件选集》(15)，中共中央党校出版社1991年版，第247页。

区军队"就地驻防待命",不得向敌伪"擅自行动";命令国民党军队"积极挺进","勿稍松懈";命令日伪军"维持地方治安",抵抗人民军队的受降;委任一批汉奸为"国军司令"。同时,麦克阿瑟以远东盟军总司令的名义,下达了要日本政府和在中国战区的日军向蒋介石政府投降的命令。美国还调派大批飞机、船舰,赶运近百万国民党军队到沦陷区和解放区周围,并派遣海军陆战队到中国,直接帮助蒋介石抢占沿海港口和大城市。由于美国的扶持和对日、伪军的利用,蒋介石不仅抢占了上海、南京、天津、北平等大城市,而且还在九十月间侵占了解放区的数十个县城及重要车站。[①]

蒋介石政府除了以军事力量抢夺抗战胜利果实外,还派大批军政官员到沦陷区"劫收"敌伪财产。他们一方面把日本多年来掠夺中国人民的财富建立起来的金融机构、工商企业加以霸占,另一方面又趁机对沦陷区人民进行无情的掠夺。国民党的"劫收"在政治上丧失了民心,但在经济上却聚集了200多亿美元的财富,这是中国官僚资本发展的顶峰,也是国民党反动政权发动内战的重要经济基础。

通过接收,四大家族官僚资本空前膨胀。因此,保护国家垄断资本及其政治制度,是国民党制定政策的主要出发点。抗战胜利后,国民党提出了"国家统一、政治民主"的口号。其目的,一面威逼或引诱共产党交出军队和解放区政权,实行"军令政令统一";一面玩弄召开"国大""还政于民"的把戏,给国民党统治披上合法和民主的外衣。[②] 蒋介石打着"和平建国"的旗号,在"国家统一、全民政治"的口号下,坚持独裁、内战方针,企图在全国范围内建立其独裁统治。[③]

---

① 转引自戴逸主编《中国近代史通鉴》(10)(上),红旗出版社1997年版,第10页。
② 转引自戴逸主编《中国近代史通鉴》(10)(上),红旗出版社1997年版,第11页。
③ 转引自李新、陈铁健总主编《中国新民主主义革命通史》(10),上海人民出版社2001年版,第12页。

综上所述,由于既存在着蒋介石发动全面内战的严重危险和局部内战的既成事实,又存在着实现和平的迫切需要和客观可能,和平与战争、民主与独裁,就成为抗日战争胜利后国内形势的显著特点。

抗战胜利后,代表小资产阶级和民族资产阶级的民主党派和无党派民主人士,在政治舞台上空前活跃起来。抗战胜利前后建立的民主党派,这时都积极整顿组织,表现了空前的参政积极性,发表政治宣言和主张,开展各种活动。同时,新的民主党派纷纷建立,较知名的无党派爱国人士也都积极参与政治活动。它们在国共两党之间处于第三者的地位,希图在中国建立一个"采取英、美民主制度"的"自由独立的民主国家"。[①]民主党派和人民团体是反对国民党蒋介石独裁统治,反对内战,要求民主,主张和平建国的一支重要力量。他们的许多意见和主张代表了人民的意愿,与中国共产党的主张基本上一致,是争取和平民主、反对内战独裁的重要同盟军。

正是从上述国际国内存在的不同力量,各持不同主张而又相互影响的实际情况出发,中国共产党根据第七次全国代表大会的既定方针,充分运用革命的两手策略,在积极做好自卫战争准备的同时,真心诚意地尽力争取与国民党及民主党派、无党派人士组成联合政府,以便建立起一个独立、自由、民主、富强的新中国。对此,1956年9月,刘少奇代表中共中央在党的第八次全国代表大会的《政治报告》中做了很好的回顾和总结。他说:"还在抗日战争初期,我们党就曾经同国民党成立了联合抗日的协议。在以后,特别是在抗日战争结束以后,我们党又曾经多次同国民党进行和平谈判,以图避免内战,并且试图经过和平的道路实现中国的社会政治改革。在一九四六年,我们和几个民主党派曾经同国民党达成了一个和平建国的协议。……我们的政策是:如果国民党愿意和

---

① 转引自李新、陈铁健总主编《中国新民主主义革命通史》(10),上海人民出版社2001年版,第19页。

平,并且愿意在和平的条件下进行改革,这是有利于人民的,是我们所力争的。但是我们知道,和平的愿望能否实现,却不取决于我们,而取决于当时的统治阶级。如果国民党反动派一定要把战争强加在人民头上,那末,我们也作了充分的准备,能够动员人民的力量击败他们,使战争的发动者自食其果。"[1]

赴重庆参加国共和谈

基于抗战结束后国内外错综复杂的矛盾及形势,蒋介石决定采取两手:一面加紧布置,调军队到内战前线;一面制造和平假象,欺骗人民。为此,1945 年 8 月 13 日,由中共中央政治局委员、书记处书记周恩来起草,经毛泽东修改的新华社评论,一针见血地揭露了蒋介石的阴谋:蒋介石的"命令""从头到尾都是在挑拨内战","现在惟有呼吁全国同胞、世界盟邦一致起来,和解放区人民一道,坚决制止这个危及世界和平的中国内战"。[2]

蒋介石的阴谋被戳穿了。在收复沦陷区的军事行动中,由于中共军队推进迅速,国民党军队路途较远、反应迟缓,他们的行动也受到了一定的阻碍,眼看半壁江山被中共从日军手中收复,蒋介石大为着急。1945年 8 月 14—29 日,他向延安接连发出三封电报,邀请毛泽东去重庆"共同商讨""目前各种重要问题"[3]。

中国共产党对争取和平有着真诚的愿望,对局势有着清醒的认识。中共中央认为,无论如何,同国民党进行和平谈判是必要的:一是和平、民主、团结是战后人民的强烈愿望。二是蒋介石的内战部署一时难以完

---

[1]《刘少奇选集》(下卷),人民出版社 1985 年版,第 204—205 页。
[2] 转引自金冲及主编《周恩来传》(二),中央文献出版社 1998 年版,第 725 页。
[3] 重庆《中央日报》1945 年 8 月 16 日、1945 年 8 月 25 日。

成,党和全国人民是有可能争取实现国内和平局面的,即使是暂时的和平,也应该积极争取,这对于需要应变准备的革命力量来说,也是有利的。三是通过和平谈判,可以使全国人民看清楚国民党反动派究竟是真要和平民主,还是在这个幌子下实行独裁内战,这对于提高人民的革命觉悟有很大作用。在努力争取实现和平民主局面的同时,中国共产党没有丧失警惕,没有放弃自卫战争的准备工作。

针对蒋介石8月14日电报,毛泽东曾回电婉拒赴渝谈判。针对蒋介石8月22日电报,周恩来代毛泽东起草了复蒋电,内称:"从中央社新闻电中,得读先生复电,兹为团结大计,特先派周恩来同志前来进谒,希予接洽,为恳。"①

中共中央的回电,既争取了政治上的主动,又可以进一步考察蒋介石的诚意。当然,中共中央深知蒋介石的图谋所在,正如8月23日在政治局扩大会议上当选为中共中央军委副主席的周恩来发言所说:从抗战转到和平,实现这个方针的后盾,一个是力量,一个是人心。我们是争取主动,迫蒋妥协。也有可能一面谈,一面打,我吃亏,他理亏。"中央决定我出去,我个人想是一个侦察战,最重要的是看蒋开的是什么盘子。我们是诚意要求和平的,当然不能失掉我们立场。大家关心的是毛亲自出去的问题。这个今天还不能十分肯定,因为总要谈得拢才能出去,今天也不能作不出去的决定,看我出去谈判如何再决定,蒋的阴谋也必须考虑。"②

此时,中共中央收到斯大林来电:中国不能打内战,否则中华民族有被毁灭的危险,毛泽东应赴重庆和谈。③ 也正在此时,蒋介石的第三封催

---

① 重庆《大公报》1945年8月24日。
② 转引自金冲及主编《周恩来传》(二),中央文献出版社1998年版,第728页。
③《周恩来年谱(1898—1949)》,中央文献出版社1998年版,第630页。

促电又来了。中共中央审时度势,综合各方面因素,从有利于人民的根本利益出发,于8月25日晚,决定派出以毛泽东为首,有周恩来、王若飞参加的代表团赴重庆同蒋介石进行和平谈判。

当时蒋介石的想法是,如果毛泽东不来,可以说共产党拒绝和平谈判,把内战的责任推到共产党的身上;如果来了,则可以利用"和平谈判"来麻痹共产党,诱使它交出人民军队和解放区政权,还可以争取时间,调兵遣将,部署内战。

8月26日,中共中央向党内发出《中共中央关于同国民党进行和平谈判的通知》,指出:"现在苏美英三国均不赞成中国内战,我党又提出和平、民主、团结三大口号,并派毛泽东、周恩来、王若飞三同志赴渝和蒋介石商量团结建国大计,中国反动派的内战阴谋,可能被挫折下去。"国民党"在内外压力下,可能在谈判后,有条件地承认我党地位,我党亦有条件地承认国民党的地位,造成两党合作(加上民主同盟等)、和平发展的新阶段"。① 这个《通知》把中国共产党对当前时局的态度和主张系统地阐述明白了。

毛泽东、周恩来赴重庆谈判离开延安时,同国民党代表
张治中(右一)、美国驻华大使赫尔利(左二)合影。

① 《毛泽东选集》(第4卷),人民出版社1991年版,第1153—1154页。

1945 年 8 月 28 日，毛泽东、周恩来、王若飞（右一）赴重
庆谈判时，与张治中（左一）、赫尔利（中）在延安机场合影。

8 月 28 日，中共中央主席毛泽东偕周恩来、王若飞，在专程前来迎接
的国民党代表张治中和美国驻华大使赫尔利的陪同下，乘专机离开延安
到达重庆。毛泽东在机场发表了简短讲话，阐明了中共对当前时局的政
治主张。

毛泽东的到来，实出蒋介石意料。当得知中共代表团将于 28 日下午
抵达重庆时，他才在中午仓促召开了一个秘密会议商讨对策，初步拟定
谈判方针：政治与军事应整个解决，他对政治的要求可予以"宽容"，对军
事则"不稍迁就"，而军令政令统一是一切问题的核心。

在谈判中，由于国民党方面毫无准备，拿不出任何具体的提案，所有
提案皆由中共提出。从 8 月 30 日起，双方谈判代表开始就一般性问题做
原则商谈，以推进谈判达成具体的成果。9 月 3 日下午，中共提出《谈话
要点》交给国民党代表。其内容是：

一、确定和平建国方针，以和平、团结、民主为统一的基础，实行
三民主义〔以民国十三年（国民党）第一次代表大会之宣言为标准〕；
二、拥护蒋主席之领导地位；三、承认各党派合法平等地位并长期合
作和平建国；四、承认解放区政权及抗日部队；五、严惩汉奸，解散伪

军；六、重划受降地区，参加受降工作；七、停止一切武装冲突，令各部队暂留原地待命；八、结束党治过程中，迅速采取各项必要措施，实行政治民主化、军队国家化、党派平等合作；九、政治民主化之必要办法；十、军队国家化之必要办法；十一、党派平等合作之必要办法。[①]

对于政治民主化和军队国家化，蒋介石无论如何是不会让步的，甚至连将这十一项原则作为讨论的基础都不同意。

9月4日，蒋介石也拟出了《对中共谈判要点》，国民党代表以此为指导，写出了对中共《谈话要点》的《答复》。在他的"要点"中，最为重要的是谋求"军令政令之统一"，并严格控制中共军队，以12个师为最高限度。从《谈话要点》和《答复》来看，国共双方距离甚远。

9月8日，谈判恢复。周恩来从容地面对国民党代表问道：依据我方的建议，我党军队已裁去一半，地区也退出一半，而且在政

重庆谈判期间，毛泽东、蒋介石、赫尔利（前排左一）等人合影。

治会议、国民大会和自由问题上，我们也提出了解决办法，可是政府方面却没有答复，希望政府能够对此有所说明。在周恩来的一再追问下，张群才拿出了《对中共九月三日提案之答复》，满篇都是拒绝之语。

---

① 中国第二历史档案馆编撰：《抗战胜利后国共谈判记录》（复制本），1978年11月。

10—21 日,双方继续进行了六轮会谈,焦点依然集中在军队整编和解放区问题上。在军队整编问题上,蒋介石力图缩小中共的力量,提出将数目限制在 12 个师之内。双方相持两周也未获得进展。经毛泽东和周恩来商议,毅然决定再做让步。周恩来据此对张群等人说:"关于军队数目,赫尔利大使拟议中央与中共军队之比数为五分之一,我方以此比例考虑,愿让步至七分之一,即中央现有二百六十三个师,我方应编有四十三个师";"如中央军队缩编为六十个师,中共应为十(个)师;中央军队如缩编为一百二十个师,我方应有二十个师"。① 此外,周恩来还就军队驻地等问题提出让步意见。但是,这些充满诚意的提案还是遭到了拒绝。

除此而外,双方在解放区问题上差距甚大,并在国民大会和政治会议问题上也发生了争议。赫尔利找到毛泽东,要求中国共产党交出解放区,要么承认,要么破裂。毛泽东沉着地回答他:不承认,也不破裂,问题复杂,还要讨论。

在世人瞩目的情势下,蒋介石也不愿冒天下之大不韪,承担使和谈破裂的恶名。于是,停顿刚刚持续两天,国民党代表就主动要求重开谈判,并在 25 日宴请周恩来、王若飞和一些民主党派人士。在这样的情况下,双方的谈判之门再次打开。

这一次与从前大为不同了。国民党谈判代表见识了周恩来以

重庆中山三路德安里 101 号,国共两党曾在这里谈判。

① 中国第二历史档案馆编撰:《抗战胜利后国共谈判记录》(复制本),1978 年 11 月。

及王若飞的雄才大略,而且在他们有理有据、有进有退的辩论中,产生了由衷的钦佩之情,加上形势所迫,谈判的进程加快了。

在军事问题上,中共表示愿意在公平合理整编全国军队的前提下,将抗日军队整编为24个师,至少20个师。国民党方面则表示,全国整编计划正在进行,此次提出商谈的各项问题果能全盘解决,则中共所领导的抗日军队缩编为20个师的数目可以考虑。驻地问题可以双方讨论决定。同时,双方均同意为解决有关军队整编问题,由叶剑英、林蔚和刘斐组成三人小组。

在解放区问题上,双方还是没有达成协议。中共最后表示同意继续就此商谈。在国民大会问题上,双方虽没有达成协议,但中共从大局着眼,表示"不愿见因此项问题之争论而破裂团结"。双方同意将此项问题提交政治会议解决。在政治会议问题上,双方同意在结束训政、实施宪政以前设政治会议,由国民政府召集,各党各派及社会贤达推荐代表出席,协议和平建国方针与召开国民代表大会问题。同时,周恩来折冲樽俎,在各党各派的席位问题上进行了细致的磋商,终于使这个问题得到圆满解决。

10月2日,周恩来提议将一个月来的谈话记录整理出来。其中总的方针、军事问题、政治问题等,或已双方同意,或彼此意见接近,择其能发表者发表之,以解人民之渴望。10月8日,周恩来将他起草的《会谈纪要》提交讨论,双方进行了进一步的修改和磋商。

签署《双十协定》

由于中国共产党的努力,经过43天谈判,终于在10月10日,由中共代表周恩来、王若飞和国民党代表王世杰、张群、张治中、邵力子共同签署了《政府与中共代表会谈纪要》[1],即《双十协定》。12日,公布于世。

---

[1] 延安《解放日报》1945年10月12日。

国共两党代表商定的《政府与中共代表会谈纪要》(即《双十协定》)在桂园的这间客厅内签字

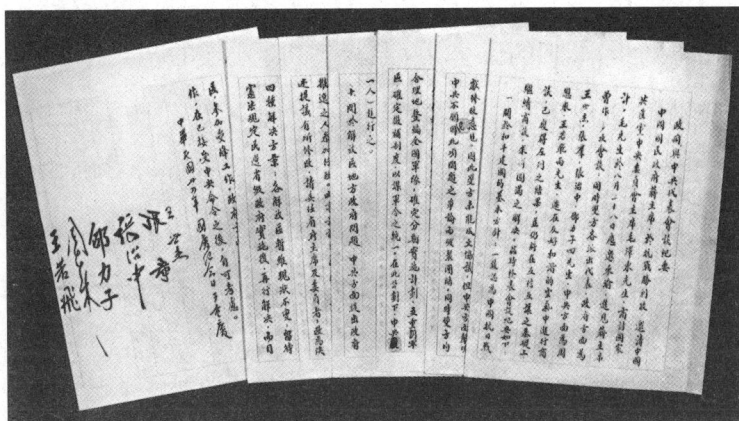

《政府与中共代表会谈纪要》文件

列入《双十协定》的共有 12 个问题,有的达成了协议,有的各自表述了自己的意见,未达成协议的,同意以后继续商谈,或提交政协会议解决。也有些在谈判中未达成协议的问题,未载入。《双十协定》的主要内容有:

关于和平建国的基本方针,双方认为和平建国的新阶段即将开始,必须共同努力,以和平、民主、团结、统一为基础,在蒋介石领导下,长期合作,坚决避免内战,建设独立、自由和富强的新中国,彻底实行三民主义。

关于政治民主化问题,双方认为应立即结束训政,实施宪政,迅速召开政治协商会议,邀集各党派代表及社会贤达协商国事,讨论和平建国方案。

关于人民自由问题,政府应保证人民的民主权利,现行法令当以此为原则,分别予以废止或修正。政府同意"积极推行地方自治"和"释放政治犯"。

关于党派地位问题,中共认为政府应承认国民党、共产党及一切党派的平等合法地位。政府方面表示,各党派在法律面前平等。

关于军队国家化问题,是国共双方斗争的焦点。中共方面表示在公平合理地整编全国军队的条件下,愿将它"所领导的抗日军队缩编至24个师、至少20个师的数目,并可将江南8个地区的抗日军队逐步撤退至陇海路以北及苏北、皖北的解放区集中。国民党表示,全国整编计划正在进行",此次商谈的各项问题果能全盘解决,"则中共所领导的军队缩编为20个师的数目可以考虑"。关于驻地问题,可由中共方面提出方案,讨论决定。双方同意,组成三人小组,具体计划有关军队整编的各项问题。从条款中可看出,双方虽表示可以同意接受中共军队缩编为20个师左右的数额,但各自提出了履行的前提条件,实际都做出了极大的保留。

关于解放区政权问题,中共认为应承认解放区各级民选政府的合法地位,并先后提出了4种解决方案,但都被国民党无理拒绝了。国民党方面表示"解放区名词在日本投降后应成过去,全国政令必须统一",但也不得不同意继续商谈。

在重庆谈判期间,毛泽东、周恩来、王若飞同重庆的各界代表,进行了广泛的接触和交谈。他们会见了国民党进步人士宋庆龄、冯玉祥、柳亚子,民盟中央领导人张澜、沈钧儒、黄炎培等,妇女界、民族工商界的著名人士和外国友好人士,向各界人士宣传了中国共产党争取和平民主的主张,争取了许多人对共产党的支持。

10月11日,毛泽东在周恩来的周密安排下,由张治中陪同飞返延安。周恩来则留在重庆,继续和国民党代表进行旷日持久的谈判,以解决未尽事宜。

在重庆谈判的日子里,毛泽东作为中国共产党的最高领袖,亲冒风险,深入虎穴,使多少人寝食难安,周恩来自然知道肩上的担子重于泰山。

在出发之前,周恩来就对毛泽东在重庆的安全警卫、住房和饮食习惯等方方面面的事情做了周密的安排。他对警卫人员说:"到重庆后,要机警细致,在任何情况下都要确保主席的安全,不许有任何一点疏忽。"①

到重庆后,周恩来更是事必躬亲。凡是毛泽东要到的地方,他都要事先周密安排,仔细检查,床上、床下、枕头、座椅,每一个角落都不放过。

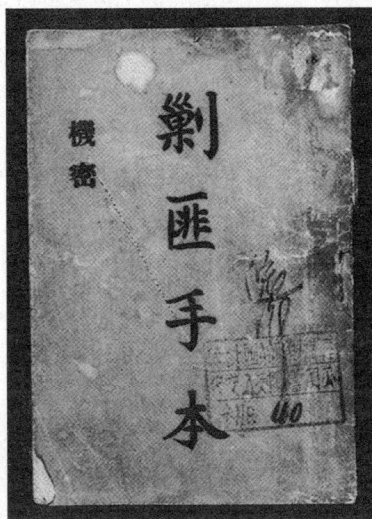

国民党政府一面谈判,一面加紧准备发动内战。毛泽东抵达重庆的第二天,何应钦即下令大量印发蒋介石在10年内战时期编写的《剿匪手本》。图为10月8日被解放区军民缴获的证据。

在宴会上,他接过别人给毛泽东的敬酒,生怕毛泽东不胜酒力或被人加害。在第十八集团军驻重庆办事处秘书李少石被国民党士兵枪击误伤的时候,他没有惊动正在看戏的毛泽东,把一切处理妥当后,又悄悄地回到剧场,未向毛泽东透露一个字。而场外的国民党宪兵司令张镇,则在

---

① 转引自费虹寰主编《周恩来与中共党史重大事件》,中央文献出版社2001年版,第144页。

周恩来的责令下,用自己的汽车将看完戏的毛泽东亲自护送回红岩,保证了毛泽东的安全。

重庆谈判和《双十协定》虽然在许多关键问题上没有达成协议,但也解决了不少问题,迫使蒋介石及国民党承认了中共的地位,同意召开各党派参加的政治协商会议,同时向国内外充分表达了中国共产党争取和平民主的诚意。

10月17日,毛泽东在延安干部会议上做了《关于重庆谈判》的报告,及时总结了这次谈判的收获和经验,提出了今后斗争的任务。毛泽东在报告中指出:"谈判的结果,国民党承认了和平团结的方针。这样很好。国民党再发动内战,他们就在全国和全世界面前输了理,我们就更有理由采取自卫战争,粉碎他们的进攻。"[1]

毛泽东飞抵延安,受到2万多名各界人士的热情迎接。当天晚上,毛泽东在中共中央政治局会议上报告了重庆谈判的情况。会议同意国共所签署的《双十协定》。

---

[1]《毛泽东选集》(第4卷),人民出版社1991年版,第1159页。

第二节　出席政协会议

签订《停战协定》

根据《双十协定》的规定,为了迅速结束训政,实施宪政,应由国民政府召集政治协商会议(简称政协),邀集各党派代表及社会贤达(无党派人士)代表共商国是,讨论和平建国方案及召开国民大会等各项问题。但这必须要以国共双方停战为基础,只有达到国内无战事,才能举行政治协商会议,谈论和平建国等重大问题。

参加政治协商会议的中共代表合影。左起:周恩来、董必武、陆定一、叶剑英、邓颖超、吴玉章、王若飞。

1945 年 12 月 16 日,为出席政治协商会议,周恩来、董必武、王若飞、邓颖超、陆定一、叶剑英、吴玉章七人组成的中共代表团到达重庆。12 月 23 日,周恩来、董必武和叶剑英拜访了美国总统特使马歇尔。周恩来表示,中国人民抗战牺牲严重,中国不能再有内战了。

经过马歇尔的斡旋,12 月 27 日,国共两党就停止内战和政治协商会议等问题,正式恢复谈判。周恩来将中共代表团关于无条件全面停止内战的提议交国民党代表转蒋介石。其中提出：(一)双方下令所属部队暂驻原地,停止一切军事冲突;(二)凡与避免内战有关的一切问题如受降、解除敌军武装、解散伪军、恢复交通及解放区、收复区等,在军事冲突停止后用和平协商方法解决;(三)为保证实现上述两项,在政协会议指导下,组织全国各界考察团分赴有内战的各地区考察,随时报告事实真相,公诸国人。①

12月31日,蒋介石发布了1946年1月10日召开政治协商会议的决定。同日,在周恩来与国民党代表王世杰谈判时,王世杰递交了国民党的复函,对中共提出的无条件停战表示原则赞成,同时提出由双方各派代表一人,会同马歇尔商定施政办法,提请政府实施。国共停战谈判似乎出现了新的转机。

经过国共双方代表和马歇尔三方频繁接触磋商,终于1946年1月5日达成了《关于停止国内军事冲突的协议》。

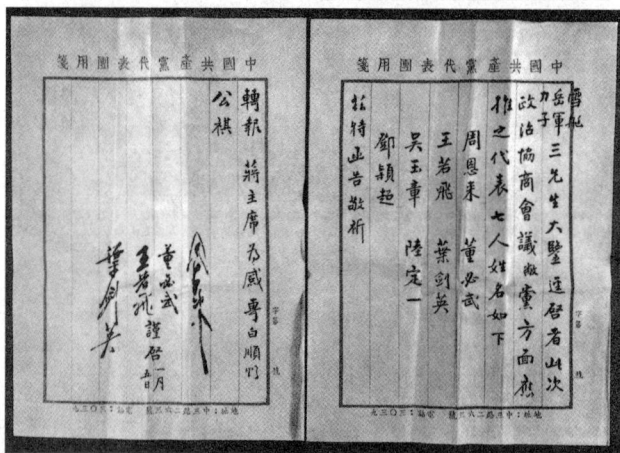

1946年1月5日,中共代表周恩来、董必武、王若飞、叶剑英致函国民党方面的王世杰、张群、邵力子,告知中共参加政治协商会议的代表名单。

---

① 《周恩来年谱(1898—1949)》,中央文献出版社1998年版,第648页。

　　根据国共双方代表1月5日的协议,中共方面派出周恩来,国民党方面派出张群,会同美国总统特使马歇尔组成三人会议(即三人小组)。马歇尔以美国总统特使身份正式介入国共停战谈判,从此国共双方的谈判转到三人会议内进行,其主要任务是解决停战、恢复交通和受降等问题。在1月7日举行的首次会议上,又确定了以三方一致协议作为三人小组议事原则,各方都有否决权。这次会谈,主要对马歇尔起草的停战命令草案进行了逐项磋商。商谈中,周恩来根据党中央的政策,为了早日实现和平局面,在坚持基本原则的前提下做出了较大的让步:在同意实施停战令的同时,江南的国民党军队在国共未取得一致的协议之下,在不得集中或向北方调动的前提下,国民党方面整军计划可以继续实行;从秦皇岛登陆的国民党军队,只能进入东北并不得驻兵过多,如果国民党军队经过我军地区进入东北,必须经过事先协商,在避免引起军事冲突的前提下,国民党军队可以开入东北,或在东北境内调动,等等。但是,对于国民党方面后来提出的关于接收早已被中共解放的热察地区,特别是赤峰、多伦两座城市的无理要求,周恩来与其进行了针锋相对的斗争。

　　在中共做出较大让步的情况下,停战谈判一开始进展较为顺利,眼看停战协定很快就要签字并立即向全国人民公布。国民党代表张群突然节外生枝,提出国民党军队要接收早已由共产党部队从外蒙古军手中接收过来的热河、察哈尔地区内的赤峰和多伦两座城市,实际意图是想把热察地区作为军事活动的例外地区,以便使正在向该地区开进的国民党军队放手打内战。对此,周恩来坚决主张停战必须在全国范围内实现。并义正词严地指出,在停战谈判中,政府方面曾提出种种问题,例如国民党军为接收主权而开入东北,长江以南的整军、复员、换防的调动等等,中共方面都已尽可能予以接受,而现在又提出要接收赤峰、多伦两地,这是个原则问题,这些地方的主权已为中共掌握,没有政府军从中共军队手中去接收主权的道理。针对国民党方面提出的无理要求,为了促成停战,周恩来诚恳地提出了几个建议,但都被张群拒绝了。因此,三人小组首次会谈便不欢而散。

在第二天的会谈中,国共双方仍对赤峰和多伦的归属问题互不相让,在经过了激烈的争论后,双方决定将此问题作为例外条款另行谈判,暂时不列入停战令内,所以,这次会谈终于使停战令得以通过。关于例外情况的协议条款,除热、察地区未获结果外,其他各项也予通过。但是,最终能否达成停战协定,关键仍在赤峰和多伦的问题上。对国民党坚持此问题的战略阴谋,中共中央明察秋毫,于是给周恩来发出明确指示,要求他在谈判中坚决拒绝国民党方面将热、察作为停战例外地区的无理要求。同时向马歇尔施加压力,对其声明,由于国民党在热、察发动进攻,内战尚未停止,美军应该立即停止向华北和东北运送国民党军队。

1月9日上午,周恩来收到中央来电后立即会见马歇尔,向其提出三项意见:"一、如我们承认政府根据中苏协定(不论有无)有接收赤峰、多伦的权力,这便给政府一个政治基础,依据同样理由来接收其他地点,如朝阳、古北口等地。二、如上二地由政府占领,即使政府在战略上处于四边包围解放区的优势。三、我们已经同意政府可以进兵东北。政府既可以在东北调动,即可各方配合,使在以后的谈判中随时都可能发生危险。"[1]对这个问题的严重性和复杂性,周恩来看得十分清楚,就如他所分析的:"有许多渴望和平的天真朋友,不去研究停战的可靠根据和最低保障……只痴等和平之赐予。于是蒋介石看透了这点,在他进攻有利的时候,便决不停战。"[2]所以,周恩来坚决表示,要中共承认政府进军占领该

---

①《周恩来一九四六年谈判文选》,中央文献出版社 1996 年版,第 48 页。

②《周恩来选集》(上卷)人民出版社 1980 年版,第 266 页。

二地是不可能的。目前立即停战,符合中国人民的利益和世界的希望,"是全国全世界人民都在等待的","中共也愿尽一切力量无保留地保其实现。现如赤峰、多伦两地之争而致停战不能实现",中共则"恕难负责"。① 周恩来洞悉马歇尔急于向东北运兵的心理,便利用他向蒋介石施加压力,迫使蒋介石让步,以尽快实现停战。下午,三人会议继续会谈,仍旧围绕赤峰、多伦问题进行讨论。对国民党代表张群自相矛盾的强词夺理,周恩来一针见血地揭露了国民党坚持要占赤峰、多伦的实质就是在停战的幌子下制造内战。他指出:"我们从一开始就要求无条件地停止冲突,我们在这个问题上没有提出任何条件。我们希望,在今天的会议上能尽快地发布停战命令,因为这是符合人民的利益的,也是全体人民的希望。"②但是,由于国民党方面拒不改变态度,使这次会谈仍在赤峰、多伦问题上又一次搁浅。

国共双方关于赤峰和多伦问题的谈判僵持不下,马歇尔感到有关停战的所有其他问题都已达成协议,不能由于这个问题影响停战的实现,要解决这个问题,唯一的办法是与蒋介石磋商。当晚,马歇尔与蒋介石会见,强硬地对蒋介石说,有关双方停战的条款和规定还不能签订的话,就将影响政协会议的召开,这于国民党和美国都不利。如果政治协商会议开幕时关于停战问题还无结果,那么英、美、苏三国就一定要干涉此事,你要考虑。由于马歇尔手中握有运兵和美援大权,蒋介石在权衡利弊之后,无可奈何地同意"发布停战令而不提赤峰和多伦"。在马歇尔的干预和周恩来针锋相对地据理力争下,终于搬开了停战谈判中的最后一块绊脚石。

---

① 《周恩来一九四六年谈判文选》,中央文献出版社 1996 年版,第 48 页。
② 《周恩来一九四六年谈判文选》,中央文献出版社 1996 年版,第 51 页。

1946 年 1 月 10 日,中共代表周恩来(左)与国民党政府代表张群(中)签署《关于停止国内军事冲突恢复交通的命令和声明》,同时公布了双方于 1 月 5 日达成的《关于停止国内军事冲突的协议》。双方还颁布了于 1 月 13 日午夜生效的停战令。右为美国总统特使、美国调处代表马歇尔。

三人小组经过 4 天的正式会议,于 1 月 10 日下午 3 时,在重庆怡园马歇尔公馆,国共双方代表张群与周恩来共同签署了《关于停止国内军事冲突恢复交通的命令和声明》[①],简称《停战协定》:

政府代表张群及中共代表周恩来,关于停止冲突恢复交通商定办法,会同声明,已由双方分别向所属部队颁发下开命令:

中华民国国军及共产党领导下之一切部队,不论正规部队、民团、非正规部队或游击队,应即实行下列命令:

一、一切战斗行动,立即停止。

二、除另有规定者外,所有中国境内军事调动一律停止,惟对于复员、换防、给养、行政及地方安全必要之军事调动,乃属例外。

---

① 《国共谈判文献资料选辑》,江苏人民出版社 1984 年版,第 26 页。

三、破坏与阻碍一切交通线之行动必须停止,所有阻碍该项交通线之障碍物,应即拆除。

四、为实行停战协定,应即在北平设一军事调处执行部,该执行部由委员三人组成之。一人代表中国国民政府,一人代表中国共产党,一人代表美国,所有必要训令及命令,应由三委员一致同意,以中华民国国民政府主席名义经军事调处执行部发布之。

会谈中还决定,鉴于停战命令传达至广阔地区有困难,同意有一个至1月13日(包括13日)为止的三天时间,国共双方均在此期间发布命令,从13日午夜起,停止国内各地一切军事冲突。

中共中央主席毛泽东于10日当天就签发了《中共中央关于停止内战冲突的通告》:"凡在中国共产党领导下之一切部队,包括正规军、民兵、非正规军及游击队,以及解放区各级政府,共产党各级委员会,均须切实严格遵行,不得有误。"①

《新华日报》1946 年 1 月 10 日号外

---

①《毛泽东年谱(1893—1949)》(下),人民出版社、中央文献出版社 1993 年版,第 54 页。

蒋介石亦于当天电令国民党各军政长官"恪切遵行"停战命令。但他同时又密令国民党军队利用宽限的三天时间,拼命猛攻,抢占战略要地。实际上,停战令虽有1月13日午夜全国停止一切军事冲突和军事调动之时效规定,而国民党军队还是打到16日才基本上停止了对解放区的进攻。

为了制止军事冲突,1946年1月14日,由国民党政府、中国共产党和美国政府代表组成的军事调处执行部在北平正式成立。图为军调部三委员合影。左起:中共代表叶剑英、美国代表罗伯逊、国民党政府代表郑介民。

《停战协定》的签订和停战令的发布,是周恩来依中共中央指示艰难谈判所取得的重大成果,同时也是全中国人民艰苦斗争的重大成果。

促成《政协决议》

在国共双方达成《停战协定》的当天,1946年1月10日上午10时,政治协商会议在重庆国民政府大礼堂隆重开幕。

出席会议的代表共38人,分为三大政治集团,分别代表着各自的阶级利益:中国共产党代表着无产阶级和人民大众的利益;国民党代表着大地主、大资产阶级的利益;民盟和无党派人士代表着小资产阶级、民族资产阶级的利益,被称为"第三方面"。

蒋介石致开幕词,称:"政府这次召集本会议,只有责任和义务的观

念,绝没有自私和得失之见,政府对于本会议的决定,只要有利于国家的
建设,有裨于人民的幸福,有助于民主的推进,无不倾诚接纳。"①同时,他
还宣布了国民政府的四项诺言:人民享有身体、信仰、言论、出版、集会、
结社之自由;各政党有合法地位,在法律之前一律平等;积极推行地方自
治,依法实行普选;释放政治犯。②

周恩来在政治协商会议开幕式上致辞

　　周恩来代表中国共产党致辞,他动情地说道:"这样的政治协商会
议,在中国的历史上还是创举。""十八年内战惨痛的经验,人民的痛苦,
使我们今天在先烈的昭示之下,在中山先生遗像之前,应痛下决心,不仅
在今天下令停战,而且要永远使中国不再发生内战。"他还指出:"政治协
商会议,就是要请各党代表及社会贤达,一起来订出如何实现政治民主
化、军队国家化及党派平等合法的方案。""要在共同纲领的基础之上,实
现各党派、无党无派代表人士合作的举国一致的政府。于此,人民权利
和党派合作,更是目前急迫待决的问题。方才听到蒋主席关于保证人民
权利四项的公布,我们表示欢迎这个公布,并愿为实现这四条权利而奋

---

①② 重庆《新华日报》1946 年 1 月 11 日。

斗。"中共"愿以极大的诚意和容忍,与各党代表及社会贤达,共商国是,努力合作"。① 周恩来的致词,表达了中国共产党的态度和诚意,赢得了全场热烈的掌声。

由于召开政治协商会议原本并非蒋介石的意愿,而是中共的坚定主张,因此,会议期间及会后国共双方包括一些民主党派之间的矛盾、争论是十分激烈的。

从1月14—19日,政协代表就改组政府、施政纲领、军事、国民大会、宪法草案等问题进行讨论。在大会讨论的基础上,分组继续协商,草拟报告,提交大会通过。38名代表划分为改组政府组、施政纲领组、军事组、国民大会组、宪法草案组5个组。38名代表反映不同阶级的利益要求,存在着民主与反民主的对立,政协会议充满着矛盾和斗争,焦点是政治问题和军队问题,即所谓政治民主化和军队国家化的争论。这个会议是整个国共和谈中的一个重要环节,它的结果直接影响着三人小组以后的谈判。

政治协商会议经历10多天的大会研讨和分组协商后,几项问题都有了不同程度的协议。

1月27日,周恩来飞返延安,一方面参加中共中央书记处会议,一方面向党中央汇报政协会议等情况。中共中央肯定中共代表团的成绩,并同意代表团商定的政协会议各项文件,委托代表团签字。1月29日,周恩来回到重庆。

1月31日,会议经过22天的大会和分组会的反复讨论协商,通过《关于政府组织问题的协议》《和平建国纲领》《关于军事问题的协议》《关于国民大会问题的协议》《关于宪草问题的协议》五项协议。政治协商会

①《周恩来一九四六年谈判文选》,中央文献出版社1996年版,第56—58页。

议五项协议①的主要内容是：

（一）关于政府组织问题的协议。即在召开国民大会制定宪法前，国民政府要先行改组，然后由改组后的政府召集国民大会。其主要内容有两点：一是改组国民政府委员会，使其赋有处理国务的最高权力，一般决议的通过须有出席会议的过半数委员赞同，但有关改变施政纲领的重大决议须有出席会议的三分之二的委员赞同。决议规定国府委员为 40 名，国民党可占有 20 名，其余 20 名在其他党派及社会贤达中分配。二是行政院也要相应改组，除行政院各部会长官均为政务委员外，增设不管部会的政务委员 3 至 5 人，在全部的政务委员中，有以 7 席至 8 席，约请国民党以外人士充任。

（二）和平建国纲领。纲领包括总则、人民权利、政治、军事、外交、经济及财政、教育及文化、善后救济、侨务、附记等项内容。根据这一纲领，一切党派承认三民主义为建国原则，承认蒋介石在全国的领导地位。纲领规定保证：公民自由，文官制度的机构，地方自治，普选，军党分立，军民分治的国军，改革税制，经济计划工作向私营企业公开，减租减息，扩大农贷，凡恢复区有争议的地方政府维持现状，俟国民政府改组后解决。

（三）关于军事问题的协议。确定军队属于国家的建军原则，实行军党分立和军民分治，即不允许任何党派在军队内进行政治活动，军队不得干涉政治事务，现役军人不得担任行政官吏。将军事委员会改组为隶属于行政院的国防部，军人不当国防部长，全国军队由国防部统管。规定在 6 个月内，政府军队整编为 90 个师，中共军队按五比一的比例整编，然后全国所有军队统一整编为五六十个师。规定地方自治，这些地方可以保存人民的武装等项。

（四）关于国民大会问题的协议。规定国民大会于 1946 年 5 月 5 日

————————

① 《国共谈判文献资料选辑》，江苏人民出版社 1984 年版，第 80—92 页。

召开,以通过宪法。过去已选出的 1200 名国大代表照旧保留,新增加东北和台湾代表 150 名和各党派与社会贤达代表 700 名,全部国大代表为 2050 名。宪法通过后 6 个月内,将选举一个行宪机构。

(五)关于宪草问题的协议。确定建立一个宪草审议委员会,制订详细的宪草修改计划,提交国民大会采纳。决议还确定了 12 项宪草修改的原则,对国民大会、立法院、监察院、司法院、考试院、行政院、总统各自的职权范围及相互制约,对地方自治制度、人民的权利与义务、选举、基本国策及宪法修改等方面都做了原则规定。

1 月 31 日下午,周恩来出席了政治协商会议的闭幕式。他在闭幕式致辞中,对这次政协会议做了很高的评价:"政治协商会议今天通过的各项协议,证明了这次会议得到很大的成功。""具有长期性的历史性的许多问题,得到了政治解决。这些问题的解决,是为中国政治开辟了一条民主建设的康庄大道,而这种解决的方式,也是替民主政治树立了楷模。"他坦率地说:"虽然这些问题的协议和中共历来的主张还有一些距离,虽然各方面的见解和认识也有一些距离,但我们愿意承认:这些协议是好的,是由于各方面在互让互谅的精神之下得到的一致结果。我们中国共产党愿意拥护这些协议,并保证为这些协议的全部实现,不分地区、不分党派地努力奋斗。"最后,他表示:"中国共产党愿意追随各党派和社会贤达之后,共同努力,长期合作,为独立、自由、民主、统一的中国奋斗到底。"①

政治协商会议尽管经历了无数艰难曲折,尽管中国的民主事业还将经历漫长的道路,但政协通过的五项决议,则是中国历史上的空前盛举,它揭开了中国近代史的崭新一页,中国民主事业的前途已露出曙光。这其中不能不铭记周恩来的功劳。

---

① 《国共谈判文献资料选辑》,江苏人民出版社 1984 年版,第 99—100 页。

签署《整军方案》

政协会议闭幕后,国共双方依据政协决议,开始对恢复交通、整编军队等一些具体问题进行商谈。

1946 年 2 月初,马歇尔首先提出一个"整编中共部队及中国政府军合并之基本方案"①,此方案的主要目的是要使中国军队像西方国家军队那样,真正建立在军队与政治分离的基础之上。

2 月 5 日,周恩来就与马歇尔、张治中会谈的情况向中共中央汇报:马歇尔主张军队国家化,必须改变中国军队制度及军人思想,采取西方民主制度;整军机构最好由三人小组拟好计划后,另外组织三人执行部,分派三人小组至各地监督实施等。张治中在表示同意马歇尔的意见的同时,提出国民党军委会中有人在统编数目上存在反对意见;要求中共部队按照七分之一的比例整编等。我方的意见是可以原则同意马歇尔的整军建议,因为其统一整编的办法较为公平;关于整军程序,我方主张先平行整编,各编各的,坚持解放区整编为 20 个师,之后要再按六分之一比例递减。2 月 6 日中共中央复电,肯定了"马歇尔所提办法,对于破坏国民党及地方军队的原来系统是彻底的",表示"应在原则上赞成他的意见"。但中共中央认为,方案中许多东西还仅仅是马歇尔的幻想,"是今天行不通","军队中的派系亦将长期存在"。同时,中共中央不同意通过把国民党军队与共产党军队混编的办法来实行整军,驻地亦要求在现有地区,第一步整编至少要坚持 7 个军 20 个师。实际上,为保持对军事力量的控制,中共中央已经决定要设法把大部分武装保存在地方部队中。②

2 月 11 日,周恩来在军事三人小组预备会上发言时,对小组讨论范

---

① 该方案全文见《政治协商会议纪实》(下卷),重庆出版社 1993 年版,第 969—974 页。
② 转引自黄修荣《国共关系七十年》(下),广东教育出版社 1998 年版,第 1522—1523 页。

围、军队整编、征兵问题、军事制度、军队教育、伪军、土匪、执行机构等 15 个问题,充分阐述了中共的主张。提出三人小组的任务是讨论国共双方军队整编问题,建议整编分两个阶段进行,第一阶段按照《政协决议》和《双十协定》规定的数目整编;第二阶段整编的数目待三人小组研究之后统一整编。

2 月 14 日,周恩来、张治中、马歇尔举行整军会谈,对马歇尔提出的关于整编军队的基本方案进行研讨,进展较为顺利。关于中共军队之数目,双方同意现编为 18 个师,以后当全国军队编为 60 个师时,中央军编为 50 个师,中共军则编为 10 个师,合并编成。但是,关于军队与解放区问题,国共双方的分歧较大。蒋介石意在通过整军让中共交出军队、交出解放区政权。中共则始终坚持遵照政协决议中关于军事问题的协议进行军队整编。因此,在关于整军协议的名称问题,关于整编和统编的时间问题,关于宪兵和铁路警卫队的职权和组成问题等方面,国共双方争议激烈。

整军谈判经过多次交换意见和六次正式会谈,于 2 月 22 日达成全部协议,2 月 25 日由国民政府代表张治中、中共代表周恩来、美国总统特使马歇尔正式在《关于军队整编及统编中共部队为国军之基本方案》(简称《整军方案》)①上签字。全文共八条,主要内容是规定国共双方军队按五比一的比例整编,全国陆军为 108 个师(每师人数不超过 1.4 万人),其中中共部队 18 个师;双方编余人员限期全部复员。此外还对双方军队的统帅权、统一编制的时间、地区配置以及地方保安部队的组织等做了规定,并确定以军事调处执行部为本方案的执行机关。

《整军方案》的签订,是国共重庆谈判继《双十协定》和《停战协定》后,争取和平民主所取得的又一项重大成果。它的签订,有力地证明蒋

①《国共谈判文献资料选辑》,江苏人民出版社 1984 年版,第 130—136 页。

介石被动地承认了中共军队的合法性,同时也被动地承认了自己只是国民党军队的领袖,而非全国武装力量的统帅。由此,中国共产党领导的军队在政治上取得了与国民党军队平等的地位。在《整军方案》中确立的国共双方军队五比一的比例,使得蒋介石的独裁内战政策受到很大限制,并且可以从政治上保证"地方自治"。总之,《整军方案》在一系列基本问题上都比较有利于人民大众,而不利于国民党的独裁统治。对此,1946 年 12 月 18 日,周恩来在延安干部会议上所作《一年来的谈判及前途》的报告中谈到《整军方案》时就说明:"整军方案是使人民的武装受束缚的,但也受到保障的,这有它的两面性。在数目上,五十比十,对我们是一个束缚,但也还不是主要的,主要的是规定要经过美国装备,我们的十个师也包括在内。""美国人是想经过这些东西来控制我们,但这是否能把我们完全困死了呢? 不会的。整军方案还有它好的一面,这就是地方自治。人民的武装是地方自治的东西,六十个师只是用在国防上的。地方自治要依靠人民的武装的自卫,我们这里已经自治了,不再需要国家的军队来防匪了,这样就保障了我们解放区人民自己的武装不受国家军队的干涉。""在整军方案中,我们在军事上取得了与蒋军的平等地位。抗战八年,蒋以他的统帅地位来压我们,但在谈判过程中,马歇尔来后,为了套我们,在地位上也不得不承认我们与蒋军的平等地位,结果蒋成了一方面的统帅,而不是两方面的统帅。"①

　　《整军方案》签订之后,国共双方主要围绕《整军方案》中军队驻地问题,实际也就是解放区的问题,继续进行谈判。《整军方案》和《政协决议》是密切相关的。由于国民党仍然执意要消灭解放区,根本不愿遵照《政协决议》在全国范围内实现政治民主化,也不愿实行地方自治的原

————————

①《周恩来选集》(上卷),人民出版社 1980 年版,第 257 页。

则,《整军方案》也就不可能得到有效的贯彻执行。事实证明,此后一年多的谈判,这些问题都没有取得任何结果。

1946 年 2 月 28 日,军事三人小组飞抵北平,同军调部三委员举行会议。前排右二起:周恩来、马歇尔、张治中、叶剑英、郑介民。

要在中国实现民主,绝非一次会议和几项决议能顺利达到的。还在政治协商会议期间,政治协商会议陪都协会在重庆沧白堂举行演讲会,此会连续进行了几天,到场群众千余人。1946 年 1 月 16 日晚,政协代表郭沫若、张东荪等人讲话时,国民党特务在台下起哄捣乱,破坏会场秩序,使讲演会不得不中途散场。17 日、18 日、19 日这三夜,捣乱进一步升级,特务大打出手,打伤了与会人员。这次事件引起了各方人士和广大群众的极大愤怒。

国民党在决议上的签字也只是民主的装饰品。2 月 10 日上午,重庆各界召开庆祝政协会议成功大会,近万群众聚集在较场口广场。此时,国民党特务、暴徒数百人冲进会场破坏,并跳上大会主席台,殴打李公朴、郭沫若、施复亮等,以及与会群众 60 余人。这就是闻名全国的"较场口血案"。正当特务、暴徒行凶时,周恩来、冯玉祥等赶到会场,进行指责,特务、暴徒见状四散而去。各界人士和人民群众纷纷指责国民党特务公开反对政协决议的暴行,要求国民党当局严惩打人凶手。第二天,周恩来等 11 名政协代表联名致函蒋介石,提出强烈抗议。《新华日报》

《民主报》等均对"较场口血案"做了报道。

2月12日,周恩来收到一封署名"冠英"的特务恐吓信,信封里还装了一颗手枪子弹。周恩来十分藐视地将原信交给《新华日报》公布。

2月20日,北平国民党特务又以河北难民还乡请愿为由,纠集地痞流氓数千人,举行反共示威,冲入军调部中共方面的办公室,侮辱殴打工作人员。这月下旬,又发生了国民党特务捣毁《新华日报》营业部和民盟机关报《民主报》营业部,打伤多名工作人员事件。周恩来气愤至极,2月22日在记者招待会上发表声明,揭露事实真相,谴责国民党特务的恶劣行径,并向国民政府提出抗议。

这一系列事件的发生,充分暴露了国民党内顽固派敌视《政协决议》的本性。维护与破坏《政协决议》的斗争,同维护与破坏《停战协定》的斗争一样,仍然是今后一年内在重庆与南京两地国共两党谈判中激烈斗争的中心内容。

沧白堂事件、较场口事件、捣毁《新华日报》和《民主报》营业部事件,这一连串发生在光天化日之下的暴行,激怒了众多善良的人们,使国民党统治区的广大人民从铁的事实中得到一个鲜明的比较,逐渐看清究竟是谁代表着人民的利益,真心诚意地为中国的和平民主建设而奋斗;是谁在违背民意,恣意地践踏并破坏和平民主建设的事业。

第三节　转赴南京继续和谈

随同国民政府还都南京

抗日战争胜利后,国民政府就着手准备还都南京,并责令先期回到首都的南京市政府,在政府还都南京之前,要将国府大院建筑群按期进行彻底修葺,确保政府顺利回归。

1946 年,为了还都之事,国民政府文官处的官员先期到达南京。4 月 30 日,国民政府下达了"还都令"。5 月 5 日,国民政府正式还都南京。

早在 1945 年底,中共代表团和中共中央重庆局就根据国民政府将返都南京,谈判中心也将转到南京的情况,曾多次研究中共代表团迁往南京及建立党的领导机关和代表团工作机构问题,并进行了许多准备工作,首先是要解决房子问题。

1946 年 1 月,周恩来派长期在上海工作的刘少文到上海,恢复和建立新的情报系统和建立秘密电台。同时,利用社会关系,在上海、南京为代表团和新华日报社找房子。后来又派祝华、陈展去。4 月 2 日,周恩来亲笔写信给行政院院长宋子文,要求在南京拨房屋两幢,在上海拨一幢,供两个办事处用。信的全文如下:

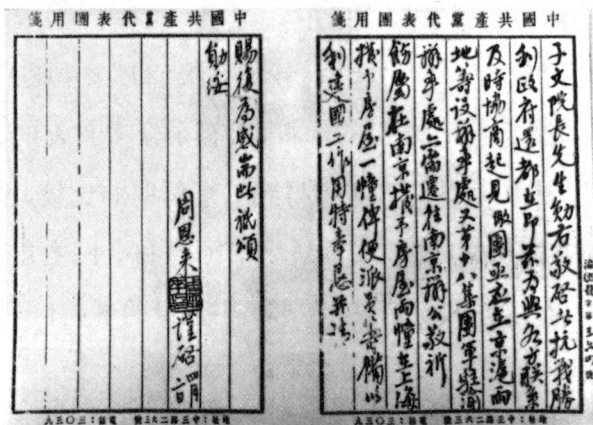

1946 年 4 月 2 日,周恩来在重庆致函国民政府行政院院长宋子文,要求分别在上海、南京拨发敌伪房屋,做两地中共办事处。

子文院长先生勋右:

敬启者,抗战胜利,政府还都在即。兹为与各方联系及时协商起见,敝团亟应在京、沪两地筹设办事处。又,第十八集团军驻渝办事处亦需迁往南京办公。敬祈饬属在南京拨予房屋两幢,在上海拨

予房屋一幢,俾便派员筹备,以利建国工作。用特奉恳,并请赐复为感。专此,祗颂

勋绥!

周恩来 谨启

四月二日①

4月4日,周恩来又致函国民政府行政院秘书长蒋梦麟,请他关照此事。后又派出龙飞虎、邱南章等人先行前往南京、上海,筹措、落实代表团两地的办公用房。在与国民参政会秘书长邵力子和副秘书长雷震反复交涉中,国民党当局对此事多次为难,一拖再拖,直到中共代表团到南京的几天前,才将南京梅园新村 30 号和 17 号两处房子拨给中共代表团,作为其南京办事处。代表团又在南京买下中山路 360 号,作为南京《新华日报》办事处用房,开设门市部,经销《新华日报》《群众》周刊和各种进步报刊、图书。由国民参政会临时借给两辆军用小吉普车做

中共代表团迁来南京后,买下中山路 360 号开设门市部,经销《新华日报》《群众》周刊和各种进步报刊、图书。

---

① 《周恩来书信选集》,中央文献出版社 1988 年版,第 280 页。

交通工具。后来因梅园新村的住房不够,又以廖承志夫人经普椿的私人名义,购置了梅园新村35号的房子。中共代表团迁来南京的同时,在上海顶租了马思南路107号,设立中共代表团驻上海办事处,对外称周公馆。

4月28日,周恩来在曾家岩50号举行话别茶会,应邀前来出席的重庆文化界人士有两三百人之多。周恩来首先向大家报告了东北的战况,又谈到与国民党谈判的艰难,然后他无限感慨地说:"差不多十年了,我一直为团结谈商而奔走渝延之间。谈判耗去了我现有生命的五分之一,我已经谈老了!多少为民主事业努力的朋友却在这样长期的谈判中走向监狱,走向放逐,走向死亡。民主事业的进程是多么艰难啊!我虽然近五十之年(岁)了,但不敢自馁,我们一定要走完这最后而又最艰苦的一段路!"[①]

4月底,中共代表团迁移南京的准备工作已经基本就绪。

实际上,早在第二次国共合作初期,中共中央就曾在南京设立过办事处。1937年8月,国共双方经过多次谈判,达成了重新合作、共同抗日的协议,红军主力改编为国民革命军第八路军,并设立八路军总指挥部,任命朱德、彭德怀为正、副总指挥。为了加强国共两党的联系,经协商同意,中共中央在南京设立八路军办事处。八路军驻京办事处是抗日战争时期中国共产党及其所领导的军队在国民政府首都设立的第一个公开办事机构,办事处设在南京傅厚岗66号(现青云巷41号),李克农任办事处处长。

9月,国民政府军事委员会按照战斗序列,将八路军编为第十八集团军,任命朱德、彭德怀为正、副总司令。因此,八路军驻京办事处又称第十八集团军驻京办事处。博古是党中央代表,叶剑英、李克农等都是党中央派出人员,所以八路军驻京办事处同时又是中共中央驻京办事处。

---

① 曾敏之:《谈判生涯老了周恩来》,《文萃》第31期,1946年5月23日。

11月12日上海沦陷,19日苏州失守,国民政府决定分别迁至汉口、长沙、重庆等处办公,八路军驻京办事处也决定分批撤往武汉。叶剑英、李克农等办事处人员于12月初撤离南京。

时隔8年后,中共代表团将再来南京,但形势已今非昔比,此时的中国共产党已是拥有上百万人民武装力量和广大解放区的全国性大党,它正在为争取全国的和平与民主而奋斗。

《新华日报》关于周恩来、陆定一、邓颖超、廖承志等到达南京的报道

1946年5月3日,周恩来率中共代表团代表邓颖超、秘书长齐燕铭以及中共中央重庆局(原南方局)主要负责人廖承志、钱瑛、王炳南、童陆生、章汉夫、宋平、章文晋和电台机要人员共10余人,乘马歇尔专机到南京。中共代表团代表陆定一亦于当天乘民航飞机到达。童小鹏和部分电台机要人员带上从美军借来的400瓦大电台于15日乘美军运输机到

1946年5月16日,中共代表团30余人由重庆迁至南京。董必武、李维汉与前来迎接的邓颖超、齐燕铭、王炳南、经普椿等在南京机场。

南京。董必武、李维汉等30余人,因飞机发生故障,16日才到。17日,代表团顾问何思敬、李澄之等20余人,最后一批乘中航飞机到南京。大家一到南京,就立即开展各方面的工作。其余工作人员和家属,则分批乘船先后到达南京。①

① 童小鹏:《风雨四十年》(第一部),中央文献出版社1994年版,第431页。

中共代表团办事处梅园新村 30 号大门

当时,中共代表团在南京办事处的工作人员分别住在梅园新村 17 号、30 号、35 号。周恩来和邓颖超夫妇居住在梅园新村 30 号,梅园新村 17 号是代表团办事机构。董必武一家五口人及廖承志、李维汉、钱瑛居住在梅园新村 35 号。

时任中共代表团办公厅副主任的童小鹏回忆,代表团全体工作人员有百把人,先后到了南京以后,两幢房子根本住不下,只有采取挤的办法。周恩来、邓颖超住梅园新村 30 号的主房,一间办公室兼小会议室,一间卧室,算是最好的了。董必武一家,就挤在一个小房间里。其他同志都挤得满满的,既是办公室又是卧室。后来,经周恩来、董必武决定,把隔壁的一幢小楼,以廖承志夫人经普椿的名义买了下来,董老、李维汉、廖承志才得到稍宽的住处兼办公室。因工作开展,房子还是不够,就采取"搭积木"的办法,把车库、传达室以至于大门上面的小平台都盖成了房间。我采取"见缝插针"的办法,哪里有空就挤在哪里,曾搬过五次"家"。有一段时间和钱之光两人住一间小房,后来他的夫人刘昂从上海来了,我没地方搬,就赖在那里给他们夫妇守门。以后形势紧张,疏散了一批同志回延安,最后我才得到一间在门楼上搭起的"斗室",已是很满意了。至于食堂，是在梅园新村 17 号的一块小空地上盖起来的，大约有 20 平方米，是最大的一间，也就作为周恩来召开记者招待会的会场了。①

梅园新村 30 号是周恩来和邓颖超办公和居住的地方。左边房间是会客室和小餐室，右边是他们的办公室和卧室。在假二层的小阁楼上，是中共代表团的机要科。

梅园新村 35 号是一座二层小楼。楼下左边是董必武办公室和他一家五口人的卧室；右边是廖承志办公室和他与夫人经普椿的卧室。楼上，右边房间是李维汉办公室兼卧室；左边是钱瑛办公室兼卧室。小院中加盖的小平房，右边一间是中共代表团政治研究室，左边一间是工作人员宿舍。

梅园新村 17 号是一座两层楼房。中共代表团的新闻组、军事组、外事组、党派组、妇女组、电讯室等办事机构以及第十八集团军驻京办事处都设在这里。这里还有代表团的小会议室和大会议室（饭厅），周恩来常在这里举行不同规模的中外记者招待会。

---

① 参见童小鹏《在周恩来身边四十年》（上），华文出版社 2006 年版，第 291—294 页。

中共代表团在南京,所处的政治环境比重庆时期更加严峻和恶劣,斗争更加尖锐,危险性更大,生活更加艰苦。梅园新村 30 号是一幢典雅的欧美式建筑,但在它的周围不到 100 米的范围内,国民党设置了 10 多个特务据点,如梅园新村 43 号是国民党政府国防部二厅三处设立的监视站,梅园新村 31 号是国民党党政工作考核委员会设立的监视站,梅园新村 13 号是国民党空军总司令部调查组设立的监视站,汉府街钟岚里是国民党军统设立的监视站,汉府街特 1 号是国民党政府警卫总队设立的监视站,梅园新村 22 号是国民党政府国防部二厅电台技术室设立的监视站,梅园新村 29 号是国民党政府警察厅和军统设立的监视站,梅园新村 34 号是国

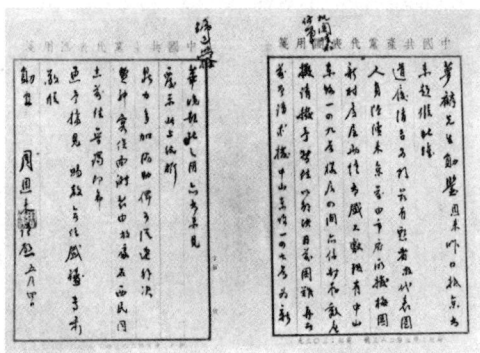

周恩来为要求增拨用房给行政院秘书长蒋梦麟的公函

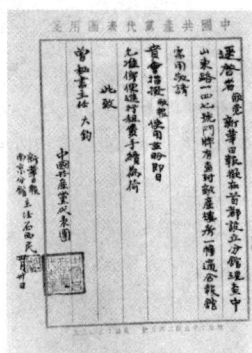

中共代表团要求国民政府中央还都机关房屋配建委员会指拨《新华日报》用房的公函

民党政府参军处警卫室设立的监视站,门对门、窗对窗地对中共代表团进行严密的监视。特务的摩托车、吉普车等停在附近的街头巷尾,随时准备对代表团成员跟踪盯梢。化装成摊贩、鞋匠、算卦先生、三轮车夫的特殊人物,日夜在周围活动。正如郭沫若当年所目睹的:"仿佛在空气里面四处都闪耀着狼犬那样的眼睛,眼睛,眼睛。"① 然而,在周恩来领导下的中共代表团,却日日夜夜置身于龙潭虎穴中,坚定沉着地进行着斗争。

---

① 南京市博物馆、南京市文管会:《敬爱的周总理在梅园新村》,《人民的好总理》(上),人民出版社 1977 年版,第 232 页;郭沫若:《梅园新村之行》,《南京印象》,群益出版社 1946 年版。

中共代表团进驻梅园新村后，采取
了一些措施。首先，将梅园新村 30 号的
院墙加高了近一倍，又在对面平房的传
达室上加盖了一层小阁楼，这样不仅挡
住了国民党特务的部分监视视线，而且
中共代表团做保卫的同志也可以从小阁
楼的临街窗口，观察到街口巷尾的特务
们的活动情况。在梅园新村 30 号会客
室的桌上，摆放着一碗雨花石。尽管工
作很忙，同志们还是抽出时间去雨花台
凭吊革命烈士。邓颖超很喜爱雨花石，

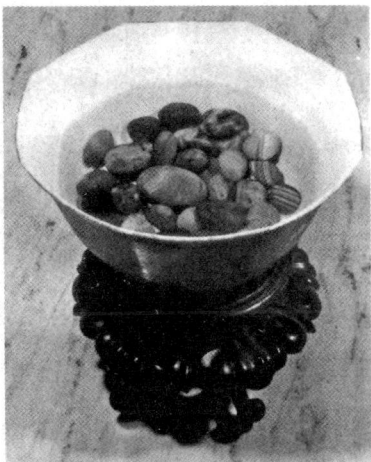

在梅园新村 30 号会客室的桌上
摆放着一碗雨花石

她每次去雨花台，总要捡些雨花石回来放在这碗里，纪念革命烈士。她
曾说："每当我看见这雨花石，就使我想起无数革命烈士来。"周恩来经常
对全体人员进行革命气节教育，要他们立场坚定，随时准备被捕、坐牢，
甚至为革命做出牺牲。郭沫若拜访周恩来时，对这碗雨花石感慨万分，
后来他曾这样描写道："这纹石的宁静，明朗，坚实，无我，似乎也象征着
主人的精神。"[①]

至此，国共谈判的中心由重庆移到了南京，在中国面临两个前途、两
种命运决战的关键时刻，以周恩来为首的中共代表团肩负着争取和平民
主的历史使命，继续战斗在国统区的统治中心。

组建中共中央南京局

关于中共中央南京局的前身，可追溯至 1938 年 9—11 月召开的中共
六届六中全会。那时，中央根据形势的变化与需要，决定撤销武汉长江

---

① 郭沫若：《梅园新村之行》，《南京印象》，群益出版社 1946 年版。

局,成立中央中原局和中共中央南方局。1939 年 1 月,中共中央南方局正式成立,有委员 13 人,其中,周恩来、博古、董必武、凯丰、吴克坚、叶剑英等 6 人为常委,周恩来任书记。到 1944 年 11 月,因南方局主要领导成员均先后离开重庆,经中共中央决定成立重庆工作委员会,由王若飞主持南方局工作。1945 年 12 月,中央派出以周恩来为首席代表的中共代表团出席政协会议,将

周公馆(今上海思南路 73 号)

南方局改称为重庆局,中共代表团的 7 名成员为重庆局负责人。

1946 年 5 月 3 日,中共代表团迁往南京,中共中央重庆局改称为中共中央南京局,由周恩来负总责,统一领导谈判斗争、统战工作和党的秘密工作。

中共代表团的领导成员周恩来、董必武、叶剑英、吴玉章、陆定一、邓颖超、李维汉等 7 人,就是中共中央南京局的领导成员,中共中央候补委员廖承志也参加领导工作。其中,叶剑英驻北平,为军调部中共方面委员;吴玉章留驻重庆,任中共四川省委书记,负责主持四川、西康、云南、贵州的工作,领导重庆《新华日报》。因此,在南京的领导成员实际上就是周恩来、董必武、陆定一、邓颖超、李维汉(接替因飞机失事牺牲的王若飞)5 人。廖承志协助周恩来工作。①

中共中央南京局的领导成员分工情况是:周恩来为中共中央南京局书记兼外事工作委员会书记,中共代表团首席代表。董必武任地下工作委员

① 参照档案、老同志回忆:《中共中央南京局》,中共党史出版社 1990 年版,第 649—656 页。

会书记,负责组织工作、策反工作。周恩来离宁后,1947年1月16日中央决定由董必武主持南京局工作。陆定一负责宣传部工作,1946年6月7日回延安后由李维汉、廖承志负责。邓颖超领导群众工作委员会,负责工、青、妇三方面工作。李维汉为地下工作委员会副书记,在陆定一返回延安后负责宣传工作。中共中央南京局具体组织机构及主要成员见下表①。

组织部 部长:钱瑛(1946.5—1947.1)	群众工作委员会 负责人:邓颖超 妇女组:邓颖超(兼) 青年组(驻沪):刘光(1946.7病逝)、朱语今(代) 职工组(驻沪):刘宁一	办公厅 主 任:钱之光 副主任:童小鹏 秘书处: 处 长:童小鹏(兼) 副处长:李金德 机要科:张云 电讯室:邱正才(先)、彭国安、刘澄清(后)
宣传部 负责人:陆定一、李维汉、廖承志 新闻处(新华通讯社南京分社):宋平(先)、范长江、梅益(后) 新华日报南京办事处:范长江、石西民		
外交事务委员会 书 记:周恩来 副书记:廖承志、王炳南 秘书长:王炳南 秘书处:章文晋 研究处(驻沪):乔冠华 新闻处(驻沪):龚澎 联络处(驻沪):陈家康	财经委员会 书 记:董必武 副书记:钱之光 秘书长:刘恕	市区三个秘密电台 行政处: 处 长:龙飞虎(先)、邱南章 文书科:王华生 会计科:梁隆泰 总务科:李泽纯 警卫交通运输科:邱南章(兼)
	党派组 组 长:齐燕铭 副组长:宋岱(宋黎)	
	军事组 组 长:童陆生	
	资料组(情报组) 组 长:吴克坚(先)、徐光霄(后)	第十八集团军驻京办事处 (1946.8撤销) 处 长:钱之光
地下工作委员会 书 记:董必武 副书记:李维汉	政治研究室:宋平	解放区救济总会驻沪办事处 (1946.8—1947.12) 处 长:伍云甫

中共代表团是中共中央派驻在国民政府首都的代表机关,是中国共产党在国民党统治区的指挥中心,是国统区人民心中的灯塔。国民党军警机关为监视中共代表团人员的活动,对代表团工作人员及家属都登

———————————
① 根据梅园新村纪念馆陈列展览制表。

记、备案,设立集体户口卡和个人户口卡。户口卡上的户主都是周恩来,个人户口卡上有本人照片、职务和到南京时间。在梅园新村这个团结战斗的集体里,以周恩来为首的中共代表团身居虎穴,与国民党反动派进行了针锋相对的谈判斗争。他们团结一切可以团结的力量,为实现国家的真和平、真民主而努力奋斗。他们铸就了具有坚定的共产主义信念、真挚的爱国主义思想感情、全心全意为人民服务的品质、忘我工作的精神和艰苦朴素的生活作风的梅园风范,充分体现了中共代表团为了国家的前途、民族的利益,不畏艰险、坚韧不拔、无私忘我的崇高的革命精神。

中共代表团集体户口卡

周恩来个人户口卡

在中共代表团里,同志们结下了同甘共苦、生死与共的革命情谊,形成关心集体、关心他人、互助友爱、同心同德的团队精神。李克农、叶剑英、徐冰和董必武长期在一起工作,深知董必武喜爱书法,1946年,他们三

李克农、叶剑英、徐冰送给董必武的铜墨盒

人在北平军调部工作时,就联名为董必武定做了一只铜墨盒,托人带到梅园新村送给董必武。董必武十分珍惜,国共南京谈判期间一直使用着它。1946年5月11日,周恩来、邓颖超、钱瑛等出席中共代表团工作人

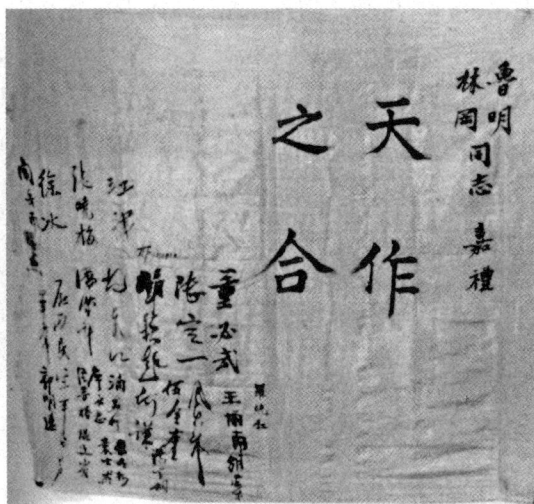

周恩来、董必武、邓颖超等领导和工作人员送给鲁明、林冈结婚
贺礼——红绸。"天作之合"四个字为董必武所题。

员李晨、陈浩的婚礼。邓颖超向他们表示祝贺,并提出夫妻之间应做到
"八互",即互敬、互爱、互助、互勉、互信、互慰、互让、互谅。[1] 5 月 29 日,
在《新华日报》南京办事处工作的鲁明和林冈结为革命伴侣。周恩来、董
必武等代表团的领导和工作人员参加了他们的婚礼。当时条件很困难,
邓颖超临时剪下了一块红绸,董必武题上"天作之合"四个字,大家纷纷
签名,表示祝贺。婚礼既简单又朴素,充满了欢乐的气氛。中共代表团
机要科的办公室是三间低矮的小阁楼,在炎热的夏季,像个大蒸笼,仅有
的几个可以通风的小窗,还不得不日夜蒙上红黑两色的双层窗帘,来挡
住特务的监视。周恩来非常关心同志们的健康,经常到梅园新村 30 号机
要科小阁楼上看望大家,他不顾暑热,把自己使用的电风扇拿给同志们
使用。

---

[1]《周恩来年谱(1898—1949)》,中央文献出版社 1998 年版,第 681 页。

周恩来在中共代表团驻地梅园新村 17 号院内

周恩来和邓颖超在梅园新村 30 号院内

国共南京谈判期间，中共代表团有一些活动经费，但他们从不浪费一分钱。从周恩来到每个工作人员，没有一个人添置新衣；伙食标准仍按重庆时的供给标准，吃的依然是每人每天二两肉、二钱油、一斤蔬菜的家常便饭，只有民主党派人士来才加一两个荤菜；住的条件更差，通常是几个人住一屋，即使周恩来与邓颖超也只能共住一个套间，既是宿舍又是办公室。他们认为，在自己身上节约，就可以给党、给人民军队多增加些积累，解放区军民的日子就会好过一些。在艰苦的环境中，大家都毫无怨言，反而以苦为乐，以苦为荣，情绪饱满，斗志昂扬，充分表现了革命乐观主义精神和革命气节。周恩来既要与国民党代表、美方代表谈判，又要与第三方面人士会见协商，还要不断接见中外记者，经常晚上开会、审稿，甚至亲自起草电报，睡眠时间很少，有时一边吃饭，一边与工作人员研究工作，没有吃完，就被喊走了。1940 年，周恩来

周恩来和董必武在梅园新村 30 号院内

在重庆曾家岩八路军办事处期间,由于工作需要,组织上给他做了套藏青色西服。国共南京谈判期间,周恩来常穿着这套西服外出谈判或接见客人。他深知党的经费来之不易,所以特别爱惜这套西服,每当办公时总要戴上护袖,唯恐磨损。这些以艰苦朴素为荣的高尚风格,与国民党接收大员"五子登科"(房子、女子、车子、票子、条子)奢侈糜烂的生活形成了鲜明的对照。

第二章

力控中原战火

关于停止中原内战的谈判,早在重庆就开始了,但是由于国民党百般阻挠,这个问题不但没有解决,而且变得越发严重了。周恩来到达南京后接触到的第一个问题就是制止中原内战。为此,周恩来亲赴实地考察,与国民党多次进行谈判,据理力争,签订了《汉口协议》,指导我中原部队战略转移,使国民党发动全面内战的时间受到了约束,有效地保证了中原部队的胜利突围。

第一节　中原战火一触即发

中原战场剑拔弩张

蒋介石早就确定要发动全面内战,想用武力来消灭中国共产党。他所等待的只是适当的时机。1946 年 5 月 22 日,国民党军队进占长春,使他更加得意忘形,对形势发展和力量对比做了完全错误的估计,以为用武力消灭共产党是完全有把握的,以为自己已可为所欲为。于是,向鄂北以宣化店为中心的中原解放区发动大规模进攻,便成为蒋介石挑起全面内战所关注的焦点。

中原解放区是在 1938 年日军占领武汉后,由中共领导人民开展抗日游击战争而创建起来的鄂豫边区抗日民主根据地。它跨鄂、豫、皖、湘、赣 5 省交界的辽阔地区,地处长江以北,陇海路以南,平汉路以东,津浦路以西,是水陆交通要道,战略地位十分重要。抗战胜利后,中原解放区由三支部队会合而成:一支是原在鄂豫边区的李先念、郑位三等率领的新四军第 5 师;一支是从广东北返的王震、王首道等率领的八路军 359 旅南下支队;一支是从河南中部南下的王树声等率领的嵩岳军区部队。1945 年 10 月 24 日,这三支部队在豫西的桐柏山区胜利会师,以新四军第 5 师为主体组建了中原军区和中共中央中原局,李先念为司令员,郑位三为政委,王震为副司令员兼参谋长。

在蒋介石看来,要把他的精锐部队从大西南调到华北、华东和东北,中原军区的建立成了威胁蒋军出川的大门,于是便纠集大量兵力,向这个地区进逼。为了避免冲突,根据中共中央的指示,中原军区机关和主力部队从 12 月下旬起,主动撤出这一地区,由平汉路西向东转移,准备到安徽五河一带,向新四军主力靠拢。部队在 1946 年 1 月上旬行进到湖北礼山(今大悟县)和河南光山一带时,正值停战令颁发。中原军区恪守《停战协定》,立即停止行进,临时在以宣化店为中心的这块地区就地待命。这个地区在鄂、豫两省的交界处,东西长约 200 里,南北宽约 50 里。在这狭小的地区内,突然密集着原在行进中的中原军区部队 9 个旅 6 万余人,在态势和地形上都处于十分不利的地位。

蒋介石蓄谋先下手消灭这支处在国民党军队包围下的中共部队。他利用停战期间,调集 11 个正规军 26 个师约 30 万人,以郑州绥靖公署主任刘峙为总指挥,紧紧地包围住这块地区。自 1 月 10 日发布停战令至 4 月 30 日的 3 个多月时间里,国民党军队一再违反决议,向中原解放区

进犯达 1170 次,抢占村庄 1072 处,并在宣化店地区周围构筑碉堡 6000
多座,将中原军区及所属 3 个军分区分割成"品"字形,断绝对这个地区的
粮食、医药供应。

极力制止中原内战

周恩来一直焦灼地关注着中原军区部队的严重处境。早在 1945
年 12 月,为了直接了解中原地区的情况,周恩来派遣童小鹏搭乘美军
运输机到汉口,找到了常驻在那里的中原军区驻汉办事处负责人郑绍
文,请他做了必要的准备后,随同童小鹏乘飞机到重庆。郑绍文向周恩
来、董必武等详细报告了中原军区的具体情况,转达了李先念、郑位三、
王震等负责同志坚决执行党中央指示,粉碎国民党反动派进攻的决心,
也如实反映了粮食紧张和医药缺乏等主要困难,希望中共代表团设法
接济。

国民党政府违反协议,阻挠我中原部队北撤的报照。

1946 年 5 月 3 日,周恩来在南京召开记者招待会,指出中原内战迫在眉睫。

随着国民党军阴谋围歼中原部队的危机日益严重,1946 年 1 月 23
日,军调部第九执行小组的三方代表(国民党代表邓为仁少将、中共代表
薛子正上校和美国代表福特上校),与中原地区的国民党部队代表陈鼎

勋、宋瑞珂及中共部队代表王震在河南罗山签订了《关于停止中原冲突的罗山停战协议》①。中共方面从顾全大局出发,在签订协议时并未坚持要国民党军恢复到停战令规定的 1 月 13 日的位置,仅仅要求双方军队维持在 1 月 23 日签字时的位置。

然而,在签订《罗山协议》后,国民党军又借口一些具体问题而仍未停止进攻。1 月 29 日,第九执行小组的三方代表又在湖北礼山的禹王城与李先念司令员会见,签订了《禹王城协议》。

但是国民党军还是继续进攻,仍不让中共部队外出采购粮食。2 月 23 日,周恩来向马歇尔提出,在解决东北问题的同时,应该解决这个问题,撤围让中原部队完成转移,并借给他们转移途中所需的粮食和款项。3 月间,周恩来曾同国民政府粮食部长徐堪协商接济 5 师粮款问题。② 3 月 5 日,军事三人小组三方代表周恩来、张治中、马歇尔视察华北后到达汉口,听取了第九执行小组的汇报。周恩来在三人会议上提出,中原军区粮食问题不能解决,要移一下地位(意思是想脱离国民党军包围),但是国民党方面又不同意,强调部队一转移,局面就会乱。郑介民对他的部属说:"中原军区放不得,抓住了这个尾巴,你共产党要动,我就先解决它。"3 月 16 日,周恩来给太行、晋绥、山东等解放区的领导人打电报,说:"五师困于粮款,顽方又蚕食挑衅,不允我军马上转移,因之五师危急万分,各地均有立即抢救五师的责任。"③并提出了准备粮食援助 5 师的具体办法。

三人小组回到重庆后,周恩来在 3 月 18 日举行的中外记者招待会上提出强烈抗议,李先念要求三人小组立即制止国民党的军事挑衅。3 月 21 日,周恩来飞返延安。22 日,周恩来从延安致电留在重庆的董必武、

①《国共谈判文献资料选辑》,江苏人民出版社 1984 年版,第 77 页。
②《周恩来书信选集》,中央文献出版社 1988 年版,第 275 页。
③《周恩来致太行、晋绥、山东等解放区的电报》,1946 年 3 月 16 日。

王若飞,嘱咐他们在同国民党谈判中必须先解决5师的问题。于是第九执行小组又于3月28日前往湖北应山调处,签订了《应山协议》,限令国民党军于4月1日前撤回应山以北。

3月底,周恩来委托董必武到宣化店视察,代表中共中央慰问中原军区军民,并传达中央指示,送去各方面支援的粮食和药品,解决了不少困难。其间,中共中央也曾多次直接电示郑位三和李先念,要他们防止敌人的突然袭击,做好合法转移与武装突围的两手准备。由于国民党军的背信弃义,不断撕毁多次签订的协议,逐步缩小包围圈,使中原军区6万干部战士的生命处于极度危险之中。4月底,国民党军队更加紧了对中原解放区的挑衅和进攻。5月1日,周恩来在同马歇尔和代替陈诚担任军事三人小组国民党代表的军令部长徐永昌会谈时,严正指出国民党当局已密令30万军队围攻5师,建议同往宣化店监督停战。

5月3日,周恩来率中共代表团从重庆抵达南京。当晚7时,他就在梅园新村驻地召开中外记者招待会,驳斥国民党当局散布的"中原无战事"的谎言,要求"首先协议停止中原内战,以免牵动全局,发展成为全国内战"①。4日,周恩来赴宁海路5号,亲访马歇尔官邸,提出三人小组应立即前往中原调处的意见。在周恩来的坚持下,美方和国民党方面被迫接受他的建议,组成三人小组去宣化店视察。

第二节　亲赴宣化店视察

实地察看军情

1946年5月5日,周恩来在随员宋平、章文晋、何谦等陪同下,同国

---

① 重庆《新华日报》1946年5月5日。

民党方面代表徐永昌同机飞抵汉口。马歇尔因事不能前往,指派北平军调部执行组主任白鲁德上校为代表,也于同日由北平飞抵汉口。5 月 6 日早上,大雨滂沱,三方代表及随行人员,会同军调部第九、第三十二执行小组的三方代表及新闻记者 60 余人,分乘 4 辆吉普车和 2 辆军用卡车,向武汉以北 100 多公里的宣化店进发。徐永昌到汉口后托病不前,派武汉行营副参谋长王天鸣做他的代表。

1946 年 5 月 5 日,在周恩来的坚决要求下,军事三人小组周恩来、徐永昌和马歇尔的代表白鲁德前往汉口转赴宣化店视察。在赴宣化店途中,天下暴雨,瀔河水涨。图为周恩来涉水过河。

　　战后的公路坑坑洼洼,吉普车颠簸前进着。由于连日大雨,山洪暴发,黄陂县十棵松河的河水上涨,冲断了桥梁,公路被切断了。找来当地的乡长、保长,但乡长、保长却找不到人帮忙。王天鸣和白鲁德商量后,找周恩来说:"周先生,您看是否转回汉口,等水退了改日启程?"周恩来让随同他前去的原中共黄陂县委书记任士舜找来当地群众,问他们:"乡亲们,我们要到宣化店和平谈判,你们有办法帮助我们过河吗?"一个老大爷说:"有办法!"他组织大家拿来绳子、抬杠,把吉普车捆绑停当,由十几个大汉赤着脚,把吉普车和坐在车里的白鲁德、王天鸣抬过河去。其他美蒋方面的人员,也被农民背过河去。周恩来走向河边时,农民争着要背他。他恳切地说:"乡亲们,你们为了争取和平,给予我们很大的支持,我很感谢你们。二万五千里长征,跋山涉水,是我们共产党的本领。今天,我不能再麻烦你们了。"说着,他便脱下长裤,由警卫员陪着,赤脚蹚过这条100多米宽、水深及腰的河流。周恩来的举动完全出乎白鲁德的意料,白鲁德立即拿起相机摄下了这一镜头,并告诉章文晋,他要把这张照片珍藏起来,作为留念。①

周恩来与白鲁德在宣化店

章文晋说:"就是从这种一点一滴的小事之中,我们也可以看到,为什么以恩来同志为代表的老一辈共产党人,不仅能赢得中国人民的拥护,甚至能赢得政治对手的钦佩和尊重。"②

为了等新闻记者过河后一起出发,当天三方代表决定在姚家大湾住宿。这一夜,白鲁德和王天鸣都住在地主的大院里,而周恩来则住在贫农雷祖福家里。吃晚饭时,他到厨房揭开锅盖,看看这家人吃些什么,发现锅里尽是野菜。他就喊警卫员把随身带的口粮倒入锅内,煮成野菜粥,和这家人同吃。老乡感到过意不去。周恩来却笑着说:"我们是一家人,就应该同吃一锅粥啊!"③这一夜,周恩来连夜看材料,一连点完了3根蜡烛,后来雷祖福的母亲又把油灯加了两根灯草给周恩来用,周恩来一直工作到凌晨4时。

5月7日下午4时,一行人赶到河口镇,国民党有一个保安团驻在这里,王天鸣想跟保安团商议一些事情,建议在这里住一夜。周恩来因为新闻记者还未赶上来,也就同意过夜。这一夜,白鲁德因嫌老百姓家脏,

---

① ② 转引自力平《周恩来一生》,中央文献出版社 2001 年版,第 202 页。
③《中原突围》(2),湖北人民出版社 1983 年版,第 6—7 页。

就搭了帐篷,王天鸣则占据了一个茶馆住下,周恩来由任士舜找到汽车站站长后,在汽车站住了下来。周恩来与任士舜做了长时间的谈话,问到李先念、郑位三、陈少敏等人的身体情况,又问到打仗、生产、群众情绪和风土人情等,一直谈到凌晨3时。

8日上午,新闻记者的卡车也赶到了,车队随即出发,11时到达宣化店。当地军民吹着唢呐,敲起锣鼓,前来欢迎。

宣化店原属河南,现属湖北省大悟县,地处鄂东北与豫西南的交界点上,是环抱在大别山脉和大悟山脉里的一个小镇,竹竿河自南向北在小镇穿过,河东是一条街,中原军区司令部设在镇上,河西是一所县立中学,成了中原军区的国际招待所,三方代表和新闻记者就安排在这里住宿。

下车后,周恩来先带美国和国民党代表过竹竿河,到河西的礼山中学休息。他自己洗过脸,喝杯茶,就匆匆返回河东,到宣化店街上的中原军区司令部,听取军区负责人汇报,研究布置同美蒋代表谈判事宜。李先念摊开一张五万分之一的军用地图,向周恩来汇报了部队的情况和敌

三人小组在宣化店礼山中学进行谈判的会场

我双方的态势。周恩来俯身细看地图，不时用红蓝铅笔打着记号。听完大家发言后，周恩来向他们分析了时局，指出和平已不可能，内战难以避免。他要求中原部队一面要拖住对方，尽量延长时间，一面要随时做好迎击对方突然进攻的准备。

下午，在礼山中学同美国和国民党方面代表进行会谈。到会的还有中外记者40多人。会谈一开始，李先念先愤怒地历数国民党破坏停战的大量事实。坐在对面的国民党代表无言以对，只能说："李将军且息怒！待兄弟返回汉口，呈禀上峰，再做处理。"白鲁德探询地问道："周先生，依您看4个月来停战和谈的成绩如何？"周恩来严肃地回答："依我看，4个月来的停战和谈应该说是有进展的。但是，中原地区的形势很严重。"他把"严重"两个字说得特别重。他对王天鸣说："李先念司令员刚才揭露贵方军队破坏停战协定的一切行动，都是事实。应该知道，中原战争如果爆发，必将宣告和平结束，成为全面战争的起点。"他接着说："我希望白鲁德先生和王先生要秉持维护和平的精神，竭力做出有益的贡献。"谈判进行了两个多小时，最后三方代表商定，谈判中提出的问题，待回到汉口后再由三方代表继续商讨解决，并形成协议。

当晚，大家又到竹竿河东参加中原军区举行的欢迎晚会。

指导中原部队战略转移

晚会结束，已是深夜。周恩来同李先念等回到司令部，继续听取汇报。他最关心的是部队的士气。军区领导人汇报说："生活虽然艰苦，绝大部分干部和战士的士气都是很高的，坚决主张武装突围打出去。但也有极少数的同志，害怕战争，幻想和平。"周恩来听完后，反复指示："你们不要依靠谈判，绝对不要幻想国民党发善心，他是不会发善心的。你们必须依靠自己的力量。""你们脑子必须复杂一点，一定要设法用枪杆子突围出去!""对幻想和平的,即使是极少数人,也必须认真抓紧进行教育。"

夜已经很深了,周恩来仍同军区负责人一起,在油灯下把地图展开,仔细地察看军区制订的作战方案。对突围方案中选定的路线、地形、敌情,哪里有山,哪里有水,哪里有敌人碉堡,哪里敌人部署多少兵力、战斗力如何等等,都进行了详细的了解和研究,一直工作到清晨。①

第二天上午,在礼山中学,周恩来和王天鸣、白鲁德商谈解决中原地区停止内战的问题。到会的有中外记者40多人。5师方面的干部、战士用大量事实揭发国民党军进犯和烧毁村庄的暴行。王天鸣尽力掩盖挑起内战的真相,还做了一些保证。周恩来在会上揭穿国民党反动派有计划地发动内战的阴谋,指出这是对《双十协定》和政协决议的破坏、践踏,并警告说,如果国民党军进攻中原解放区,一切后果由国民党当局承担。他针对王天鸣的保证说:"诸位都听到了王天鸣将军刚才所作的保证,他说,国民党完全没有意思要消灭抗日有功的八路军、新四军,那很好,我欢迎。今后怎样?要看行动。我想,今天在座的人都可以作证。"②全场响起了热烈掌声。

中原军区李先念(后排右二)与准备突围的同志们合影

①《周恩来总理八十诞辰纪念诗文选》,人民出版社1978年版,第245—246页。
②《中原突围》(1),湖北人民出版社1983年版,第31页。

会后，周恩来不顾连续工作的劳累，又到附近的中原军区机关、部队慰问。他和战士一样端起一碗野菜粥，边吃边谈，说：同志们在敌人的围困、进攻和极为艰难困苦的环境中坚持斗争，拖住了几十万国民党军，毛主席曾经表扬过你们。他勉励大家取得更大的胜利。[1]

在宣化店，周恩来抓紧同王天鸣、白鲁德初步商定了停止冲突的协议。军事三人小组代表在中原解放区军民热烈的锣鼓声中离开了宣化店。根据三方协议，军调部第三十二执行小组留驻宣化店国际招待所，监督停战。

第三节　商定中原停战协议

签订《汉口协议》

5月9日上午，周恩来一行离开宣化店。下午，回到武汉。10日下午3时，三方代表在汉口杨森花园签订《军事三人小组关于停止中原内战的汉口协议》[2]，简称《汉口协议》。具体如下：

> 军事三人小组政府代表徐永昌，中共代表周恩来，美方代表白鲁德，赴鄂调查军事冲突，十日在汉获致协议，并同时发致北平军事调处执行部、武汉行营及中共中原军区司令部，三人会议一致

1946年5月10日，三人小组在汉口签订关于停止中原内战的《汉口协议》。

---

[1] 力平：《周恩来一生》，中央文献出版社2001年版，第203页。
[2]《国共谈判文献资料选辑》，江苏人民出版社1984年版，第187—188页。

决议下列各项,发致上述指挥机构转令长江以北各有关部队实施之。

（一）上述双方指挥机构之指挥官,应即下达命令,制止本地区之小规模战斗及步哨冲突。

（二）凡违反原停战协定之部队移动应立即停止,但停战命令中所规定允许之部队调动,如为行政上之调动者,可继续实施,惟应事前通知执行小组。

（三）上述地区内应立即停止新碉堡及永久工事之建造。

（四）双方指挥官应迅即于司令部以及对峙部队单位内互派必要之连络军官,此项连络军官应与执行小组取得联系,以确定对峙部队之界线,为其主要任务之一。

（五）同意运送中共军伤病兵一千名,眷属一百人,及照顾与医务人员共六十人。此项人员由中共中原军区运至安阳,并定五月十五日为起运日期,其详细办法应依照第九小组三方议定之手续行之。双方应下达命令予各级指挥官,保证此项运输不得迟延,同意由双方指挥官立即交换被拘人员名册,凡确定为政治犯或战俘,应于本年六月一日前释放之。

（六）同意保证中共军为整军而复员人员,由中共中原军区地区,至其目的地途中及到达后之安全,但此项人员于复员还乡之前,应由中共中原军区造具名册,注明目的地及所经路线,送交武汉行营,并保证此项人员确系还乡,不携带武器,并持有护照者。本协定对北平军调部过去之训令及将三人小组关于本地区基本问题或将获致之协议并无妨碍或影响。上列文件系由政府代表徐永昌,中共代表周恩来,美方代表白鲁德签字。签字时乃为民国三十五年五月十日下午三时,签字地点在汉口杨森花园。

《汉口协议》的签订,使国民党发动全面内战的时间表受到了约束,虽然在协议签订后的一段时间内,国民党军队仍然未停止向中原部队的进攻,但是大规模的全面内战终究推迟了一个半月。这一推迟,为中共部队在全国各战场的自卫反击准备工作提供了至关重要的宝贵时间,对全国的政治、军事形势也带来了很大的影响。此外,在这期间,中共中原部队将1160名伤病员、100名眷属及60名医务人员经由安阳车站合法转移到了华北解放区,另一部分人员也以整军复员的方式疏散还乡,这就精简了部队,便于做好突围前的各项准备工作。5月10日,周恩来和徐永昌、白鲁德飞返南京。

为了保护5师,周恩来时时注意不给对方以任何借口。5月下旬,山东解放军某部围攻枣庄。周恩来立刻电告中共中央,这样做"恐于大局不利,并将影响五师处境",建议"停止进攻,如已拿下,则应宣布我退出枣庄"[①]。中共中央立即将此电转告山东。

中原部队胜利突围

《汉口协议》签字后,国民党军毫无信义,5月13日开始不断进攻中原解放区。对此,李先念司令员于5月22日向军调部第九、第三十二执行小组提出备忘录,严正抗议国民党违反《汉口协议》的行径,并指出如果执行小组无法阻止,中原部队将坚决自卫。但是国民党军对中原解放区的围困和蚕食并没有停止,到6月间,中原解放区已经只剩下罗山、光山、商城、经扶(今新县)、礼山之间,以宣化店为中心,方圆不足百里的狭小地区,面积不到原来的十分之一。蒋介石认为彻底消灭中原部队的时机成熟了,于是下令郑州绥署主任刘峙,要他在河南驻马店设指挥部,统一指挥第五绥区和武汉行营第六绥署所属的8个整编师、2个旅,要他们

---

① 中共中央致山东解放区的电报,1946年5月28日。

"速歼鄂中李先念部",然后可以把在中原的国民党军队用于其他战场。他还调集了西安、武汉的空军,配合作战。

6月1日,中共中央电示中原局,指出全面内战不可避免,要准备应付突然袭击。周恩来为了制止内战,再做努力,6月10日访马歇尔,向他提出,中国共产党的方针是争取和平民主,但是国民党正在开军事、财政、粮食会议,准备15天后大打,内战危机日益严重,将迫使我们不能不抵抗。12日,他又针对国民党方面散布的流言,向马歇尔声明,共产党的军队绝不进攻济南、青岛,除非国民党军队要消灭我中原第5师。17日,周恩来电告中共中央,今天蒋介石提出交通、东北整军、关内三个文件,"战意已大明"①。19日,毛泽东在中共中央给郑位三、李先念、王震的电报中说:"南京周恩来电称,蒋决定大打,你处须随时注意敌情,准备突围。"②在南京,中共代表团周恩来、董必武、陆定一、叶剑英、邓颖超等联名给蒋介石写信,指出内战大有一发难收之势。为了争取和平,周恩来又做了一些让步,但是国民党没有回音。22日,蒋介石密令刘峙指挥中原地区国民党军队向各进攻地点集结。26日,周恩来在同马歇尔会谈时,提出让第5师和平地从湖北撤走。

这时,国民党军队已向湖北黄安(今红安)以西、经扶以东、孝感以北的中原解放区新四军第5师阵地大举进攻。中共中原部队早已准备就绪,在敌人重兵攻击下,按照已定部署,令第1纵队第1旅伪装主力,由中原地区向津浦路以东转移,吸引了大量敌军前去围追堵截;又令鄂东军区部队就地坚持斗争,迷惑、牵制敌军;然后,中原部队主力分为左右两路,向西突围。右路由李先念、郑位三率领,从宣化店向西北方

---

①《周恩来年谱(1898—1949)》,中央文献出版社1998年版,第690页。
②《毛泽东年谱(1893—1949)》(下),人民出版社、中央文献出版社1993年版,第92页。

向移动,29日晚在河南信阳以南突破敌军封锁线,越过平汉路,冲破敌军合围圈,到达陕西南部商县境内,同中共陕南游击队会合,8月3日成立了鄂豫陕军区;359旅则继续北进,8月底到达陕甘宁根据地。左路由王树声率领,从光山县的泼陂河向西移动,7月1日越过平汉路,冲破敌军堵截,7月26日进入武当山区,8月上旬同中共江汉军区部队会合,27日成立了鄂西北军区。担任迷惑敌军任务的第1纵队第1旅后来进入苏皖解放区。鄂东军区部队掩护主力突围后,继续活动于麻城、太湖、霍山等地。

中原解放区在国民党军队四面重围之下,坚持了半年以上,拖住了国民党30万大军,推迟了他们进攻晋冀鲁豫、苏皖解放区的时间,从而为华北、华东、东北等解放区壮大人民力量、做好迎击全面内战的准备工作争取了时间。它的突围成功,给国民党反动派以沉重的打击。

对时局发展中的这个重大变化,周恩来有着清醒的认识。6月29日,他同马歇尔会谈时说:"我声明能让的我都已让了","不知政府如何打算,是破裂呢,还是一面打一面谈","我很愿和平,并愿尽一切努力求得中国和平","但我不能在这样情形下就接受蒋的那一套"①。他给马歇尔的备忘录中说,国民党政府军于6月26日起大规模进攻湖北李先念部队,这必然会引起全国性的大规模军事冲突,责任完全在国民党政府。②30日,周恩来致电中共中央,蒋方是边打边谈,在东北兵力不足,一时不致有大动作,关内则向我中原、苏北、山东、热河等地进攻,可影响晋冀鲁豫,建议在政治上揭露大打,在军事上各个击破。③7月1日,中共中央通知各解放区:"敌反共反人民的大内战已从二十六日围攻五师开始。我

---

①《周恩来一九四六年谈判文选》,中央文献出版社1996年版,第503—504页。
②③转引自金冲及主编《周恩来传》(二),中央文献出版社1998年版,第784页。

即将进行自卫战争。"①

为了及时掌握严重的局势变化,揭露国民党反动派挑起内战、破坏和平停战协议的罪恶阴谋,周恩来于7月7日亲自给中共代表团军事组组长童陆生一张便笺:"童局长:请将五师突围及其周围国军行动,速制一图于明日下午一时交我。"②接到指示后,童陆生立即与军事组的龚杰和郝汀一齐动手,连夜绘制。他们根据已掌握的国军情况材料,先画了一张样图,经童陆生审定后,就放大为一张大的略图,加工绘制成《国民党军"聚歼"中原解放区图》,送呈周恩来。第二天,在梅园新村17号会议室举行的中外记者招待会上,周恩来向中外记者严正指出,蒋介石的军队对我中原军区的包围,就是发动内战的强烈信号和开端。他列举了许多无可争辩的事实,向到会记者反复说明,希望通过新闻舆论,引起全国人民及全世界爱好和平人民的注意和支持。

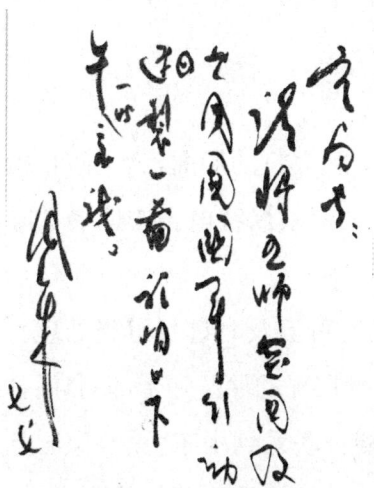

周恩来指示军事组组长童陆生赶制形势图的便笺

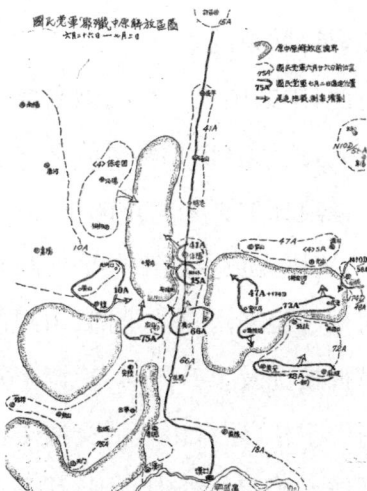

中共代表团军事组根据周恩来指示绘制的《国民党军"聚歼"中原解放区图》

---

① 转引自金冲及主编《周恩来传》(二),中央文献出版社1998年版,第784页。

② 周恩来致童陆生的信、手稿,梅园新村纪念馆馆藏。

抗战胜利以来各党派经过长期协商所取得的成果，已因国民党反动派的一意孤行而被推翻。忍耐和让步总有个限度。中国共产党和中国人民原来极力想避免的全面内战终于爆发了！

1946年6月26日，中原军区突围后，从7月到1947年1月，部分失去联系的军政干部，陆续找到中共代表团驻地、《新华日报》南京筹备处和上海工委，要求帮助同组织取得联系和撤回解放区。仅南京一处就接待了近100名，其中大致分三种情况：

（1）围前有计划组织部分干部秘密化装，向华东解放区转移，在途中失去联系的，共有40多人，大部分于1946年7—8月期间到达。

（2）留在鄂豫边区坚持作战的5师独2旅张体学部的干部。事先张体学派干部向南京局汇报请示，并经董必武批准，大部分是旅团以上的干部，共8名，先后于1946年12月及1947年1月到达。

（3）中原军区突围前后派出工作的干部无法返回的，以及个别突围后未能取得联系的。

对此，中共中央南京局做出如下处理：

首先，鉴于整个形势处在表面谈判、实际大打的局面，为了防止国民党反动派逮捕加害来南京的干部，中共中央南京局特电告中原局："除经批准外，突围人员不宜来办事处联系。"①

对于已经来南京的干部，由组织部钱瑛负责及时进行审查处理。为便于掌握情况及审查核对，特调来熟悉5师情况的原5师干部刘真、林维二人协助工作，还派出政治交通王治、郭端正联系到山东、冀鲁豫区党委的交通线。确定了处理原则：凡经审查核对，了解政治面目及表现的，尽可能及时送往解放区；碍于环境，一时不易了解情况的，动员他利用社会关系或去解放区或留国统区，经济困难的给予一定补助；面目没有暴露，

---

① 《南京局给中原局的电报》（中央档案馆复印）。

并有可能运用社会关系找到立足职业的,动员留在国统区坚持地下工作①。

中原部队的成功突围,保存了中原主力和大批优秀干部。"中原突围战役中,广大指战员为了解放战争全局的胜利,英勇奋战,做出了重大牺牲。在国民党几十万部队重重包围的极其险恶的情况下,还能保留下来近两万人,这是很不容易的。"②1946 年 12 月,刘少奇提到中原部队的损失时着重指出:"它完成了当时极重要的牵制敌人的任务,他们的损失是有代价的,正如在胜利的战斗中也有损失一样,是光荣的。"③1947 年 1 月,刘少奇又在关于中原问题的报告中再次强调:"中原坚持与突围起了战略作用,不比到华北编几个纵队打几个胜仗的作用小。"④同年 11 月,陈毅在淮阴汲冢地区会见原 5 师部分干部时也谈道:"没有你们在宣化店

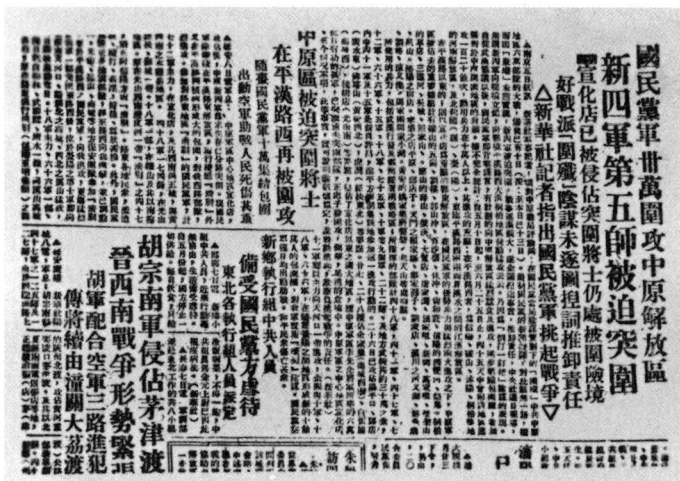

1946 年 6 月 26 日,30 余万国民党军发起对中原解放区的围攻,中原解放军被迫突围。至此,全面内战爆发。

① 访问刘真、郭端正、李虹(李惠文)记录。

②《中原突围》(3),湖北人民出版社 1983 年版,第 10 页。

③④《中原突围》(3),湖北人民出版社 1983 年版,第 5 页。

的坚持,没有你们艰苦卓绝的中原突围,全国战场要取得今天这个形势是不可能的。"①12月,刘伯承、邓小平在光山县苏家河会见原5师部分干部时,又肯定地指出:"没有一年前的中原突围,也不会有一年后的千里跃进大别山。"②史实证明,中原军区部队的成功突围,其间凝聚着周恩来多少智慧与心血啊!

①《中原突围》(3),湖北人民出版社1983年版,第5页。
②《中原突围》(3),湖北人民出版社1983年版,第6页。

第三章

调停东北内战

抗战胜利后,东北问题成为一个极其特殊和敏感的问题。在马歇尔奉命来华调处期间,中共在处理东北问题时采取了极为审慎的态度。但国民党在东北问题上不承认中共在东北已取得的政治军事地位,在停战协定签订前夕,国民党军队就向中共军队占领的营口发起进攻。东北冲突由此产生,并不断升级,规模也越来越大,虽然周恩来曾多次要求谈判东北问题,并积极敦促向东北派遣执行小组,但国民党一再拒绝和拖延谈判东北问题,阻挠执行小组进入东北,致使东北冲突愈演愈烈。

第一节 围绕东北内战的斗争

东北内战问题之由来

抗战胜利后的东北,是中国诸多矛盾的交汇点,中苏关系、中美关系反映的是中国外部矛盾,国共两党之间的关系反映的是中国内部矛盾,所谓三国四方关系均在东北交织发生,最终导致东北内战的发生,并极大地影响着战后中国的历史发展进程。

关于东北问题的谈判,从重庆到南京,始终是国共两党斗争的焦点。内战也首先在东北展开,并逐步在全国范围内形成了关外大打、关内小打的局面。东北问题斗争的激烈性和复杂性,有着历史的和现实的特殊因素。

第一,早在 20 世纪 30 年代初,由于蒋介石的不抵抗政策,东北地区从九一八事变后,就被日本帝国主义侵占达 14 年之久。在这期间,在日本帝国主义的扶持下,已被推翻的清朝政府末代皇帝溥仪,在东北建立了伪满洲国,对东北人民进行了长期的统治与掠夺。

第二,在这 14 年中,蒋介石的国民政府在东北没有一兵一卒,而由中国共产党领导的东北抗日联军,与其他爱国武装力量相互配合,坚持在东北全境的白山黑水之间开展广泛的游击战争,给日伪军以沉重的打击,写下了可歌可泣的光辉篇章。

第三,在日本宣布无条件投降前,根据朱德总司令下达的延安总部 8 月 11 日向各解放区军队发布的向日伪军发动全面大反攻的命令,在冀热辽地区的八路军沿北宁路向东北进军,配合苏联红军解放了全东北。

第四,1945 年 8 月,随着世界反法西斯战争的胜利,苏联红军出兵东北,迅速击溃了日本的精锐部队关东军,迫使日本天皇宣布无条件投降。根据中苏条约(指蒋介石的国民政府与苏联政府签订的条约)规定,蒋介石要派兵到东北从苏联红军手里接收主权。苏军应中国政府的请求,延期撤退,等待中国军队(国民党军队)的接收。

第五,由于国民党的部队长期蜷缩在中国的西南地区,要派兵前往东北接收主权路途遥远,于是美国政府承诺帮助国民党从空中和海上运兵到东北的义务。

从上述几点可以看出,在东北问题上,既有国民政府名正言顺地到东北从苏联军队手中接收主权的问题,又有八路军和东北抗日联军早已在东北收复了一部分地区的问题；既有美国如何帮助国民党运兵进东北的问题，又有苏联红军要从东北撤退的问题。还有一个特别重要的问题，就是国民党不承认在东北有八路军的存在和东北抗日民主联军的地位问题。这些国际、国内错综复杂的矛盾，使东北问题有着跟全国其他地区不同的特点。正是由于这些特点，构成了东北内战危机的深重。

另外，还有一个重要因素，就是东北的战略地位非常重要。中国东北地区①有人口 3000 余万，物产丰富，交通便利，尤其是重工业较为发达，钢材年产量占全国年产量的 90% 以上，同时农产品也素来著称于世。东北地区幅员辽阔，东、北、西三面与朝鲜、苏联、蒙古相邻，南与山东半岛隔海相望，西南与冀热辽解放区毗连，既有高山密林、大江大河，又有

周恩来（左三）正准备外出谈判

---

① 东北地区包括的范围有两种观点：第一种是指东北三省，即辽宁、吉林、黑龙江；第二种观点，除三省之外，还应包括内蒙古自治区的"东四盟"，即呼伦贝尔盟、兴安盟、哲里木盟（现为通辽市）、昭乌达盟（现为赤峰市）。一般所说的东北地区包括内蒙古"东四盟"在内。

辽阔的平原,是进便于攻、退便于守的战略要地。东北最南端的辽东半岛,不仅是扼守中国的门户,而且是远东地区的战备枢纽。到 1945 年 8 月,日本帝国主义战败投降,东北地区光复,其战略地位愈益显得重要。

共产党、国民党都十分清楚东北地区重要的战略地位和作用。中共如果控制了东北,可以使东北人民获得新的生活,而且与苏联、朝鲜相接,这就结束了中国革命根据地长期处在国民党反动派四面包围中的历史。如果中共在东北站稳脚跟,对于国民党反动派可能发动的进攻,就可以应付自如,进而还可以保卫华北、争取华中,以至发展到全国革命的胜利。1945 年 6 月 10 日,毛泽东在中共七大的讲话中即已指出:"从中国革命的最近将来的前途看,东北是特别重要的。如果我们把现有的一切根据地都丢了,只要我们有了东北,那末中国革命就有了巩固的基础。当然,其他根据地没有丢,我们又有了东北,中国革命的基础就更巩固了。"①因此,抗战胜利后,中共中央派了大批干部和军队到东北,1945 年 9 月,建立了东北局。10 月 31 日,中共中央决定所有进入东北的部队及由东北抗日联军扩建的人民自治军统一组成东北人民自治军。11 月底,进入东北部队 11 万人。1946 年 1 月 14 日,东北人民自治军改称东北民主联军,兵力 27 万人,到 3 月份兵力发展为 31 万人。蒋介石也把东北地区视为国民党的生命所在,认为如果国民党不能控制东北,就很难占据华北;华北不保,中原势必危险。如果国民党能够控制东北,就可以对中共所领导的华北、华中解放区形成南北夹击,甚至四面包围的形势。于是,从 1945 年 9 月起,国民党建立了以熊式辉为首的东北行营,还任命杜聿明为东北保安司令长官,并让美国军舰为其将第 13 军、第 52 军等 6 个军运往东北,加上地方保安部队,兵力也达到了 31 万人。

国共两党都力争夺取和控制东北这一战略要地,因此,东北地区到

---

① 《毛泽东文集》(第 3 卷),人民出版社 1996 年版,第 426 页。

底归谁,势必经过一场激烈争夺。这场争夺战固然是在中国共产党同国民党之间进行,但是,由于苏联和美国对中国东北的战略地位和这个地区的利益,都各有谋算,不会袖手旁观,这样,就使得国共两党争夺东北地区的斗争,更增加了复杂性。①

美国调整对华政策

在东北内战问题上,有必要将美国总统特使马歇尔的立场做些分析。

第二次世界大战期间,马歇尔担任美国陆军参谋长,主持盟军联合参谋部的工作,曾卓有成效地调度了欧洲和太平洋两大战场的美军,并成功地协调了各军兵种以及美、英等盟国军队的共同作战,1944 年 12 月荣升最高军阶五星上将。同时,他作为罗斯福和杜鲁门的主要军事顾问,又多次随同参加国际会议,对美国全球战略了如指掌,并富有谈判经验。因此,马歇尔被美国当局认为是出使中国,实施美国对华新政策的最佳人选。1945 年 11 月 27 日,杜鲁门在批准赫尔利辞职的当天,即宣布对马歇尔的新任命。

蒋介石和马歇尔(右一)、美国驻华大使司徒雷登(左一)在一起

① 李新、陈铁健总主编:《中国新民主主义革命通史》(10),上海人民出版社 2001 年版,第 246 页。

作为调解人的马歇尔很清楚地看到了国民党的不承认政策是无理的，他也预感到蒋介石武力政策的悲剧性结果；同时，他也看到共产党的主张和周恩来的多次提议是合情合理的。就如马歇尔后来在评价东北休战谈判时所说："看来清楚的是，在休战期的谈判中，共产党是比较愿意就停止冲突达成协议的，而政府则提出如此苛刻的条件，共产党接受这些条件是不大可能的。"①但是尽管如此，马歇尔考虑问题不能离开美国政府对华政策的基本立场，因为帮助国民党政府占领东北是美国政府的政策，他必须忠实地执行美国对华政策，所以他要竭尽努力，幻想达到目的。

在东北问题上，马歇尔从一开始就站在偏袒国民党的立场上。他一直在深深地忧虑着苏联的渗透，密切关注着苏联与中共的关系。因此，对马歇尔来说，国共双方的谁是谁非并不重要，重要的是美国政府的在华利益，这是他考虑一切问题的出发点和归宿。在中国，他的任务就是政治解决国共争端，促使国共在华北停战，帮助国民党向东北运兵，实现由国民党统一中国，即是要竭力设法帮助蒋介石确定在东北的优势地位，削弱中共在东北的势力和遏止苏联在东北的渗透，实现美国在远东的战略部署。为了完成这个任务，马歇尔一方面曾多次提议，让军调部立即派执行小组去东北制止内战的蔓延；另一方面，又以履行美国有帮助国民党接收东北主权的条约义务为由，动用美军的运输工具，积极帮助国民党运送部队到东北参加内战。前者是为了制止内战，后者是为了扩大内战，这完全矛盾的两件事情发生在马歇尔一人身上，确实使善良的人们难于理解，其实质就是美国的"双重政策"使然。然而，从马歇尔的立场和来华的根本任务来看，这两者又是统一的，派遣执行小组去东北，既可不失"公正"调处的身份，又可防止蒋介石一意孤行的武力政策在东北受挫。而运兵到东北，则是直接帮助蒋介石确立在东北的优势。

---

① 马歇尔：《马歇尔使华——美国特使马歇尔出使中国报告书》，中华书局1981年版，第190页。

当时,马歇尔处理东北问题的原则是,既要使国民党在东北居统治地位,又要尽量避免发生大规模武装冲突。对这种自相矛盾的原则,马歇尔自己也不得不承认,正像他在使华报告中说的:"成问题的,乃是我本人的行动和立场,以及我所代表的美国政府的行动和立场。我深信武力进攻正在进行中,谈判可以被说成是这种攻势的掩护。"①

当时,马歇尔的计划与蒋介石的战略方针有着较大分歧。蒋介石的方针是先占据华北,后争夺东北,矛头主要针对中国共产党。马歇尔则要求国民党在华北停战,好尽快运兵到东北,矛头主要针对苏联,担心国民党拖延控制东北的时间,让苏联和中共控制东北并站稳脚跟。马歇尔在 1946 年 1 月参与国共停战谈判时,为了促成国共华北停战,将华北地区包括在《停战协定》之中,他向国民党代表张群明确表示不同意国民党在《停战协定》中将热河地区排除在外,并对蒋介石提出的立刻讨论整编中共军队的建议表示反对。

华北停战和向东北运兵是马歇尔调处国共停战的基本思路。关于运兵到东北的问题,马歇尔曾向周恩来提出建议,依照中苏条约和美国与国民党政府达成的协议,美国有义务为国民党政府向东北运兵,这个要正式写进《停战协定》之中。周恩来在 1 月 5 日与马歇尔会谈时指出:"凡涉及东北的文句,我提议一概删去。理由:我们承认东北问题的特殊性。因为这里关系于政府接收东北的主权,牵连到美国协助中国经海路运兵到东北境内,并牵连到根据中苏条约中国由苏联手中接收东北之事,因此,应由国民政府直接与美苏办理。如书明于条文之内,则成为中共参预此事,而苏联反未包括在内。"②对此,马歇尔不同意将运兵去东北的内容从停战令的正文中删去。

---

① 马歇尔:《马歇尔使华——美国特使马歇尔出使中国报告书》,中华书局 1981 年版,第 304 页。
②《周恩来一九四六年谈判文选》,中央文献出版社 1996 年版,第 33—34 页。

在运兵数量上,一开始马歇尔与蒋介石是有所分歧的。马歇尔建议蒋介石向东北运送9个军,而蒋介石只同意暂派5个军到东北。蒋介石的意图是要将兵力相对集中于华北针对中共的内战,企图先拿下华北,再占领东北;马歇尔则是为了在东北实行限制苏联的政策,想尽早将国民党军队运送到东北,且越多越好。因而,在运送5个军的任务已经完成后,马歇尔仍在不断帮助运兵,到1946年3月底,运送到东北的国民党军队已经达到7个军之多。之后,蒋介石也希望多派军队到东北,借助武力消灭共产党,占领全东北。在这样的情况下,国民党方面参加军调部的委员郑介民通知军调部,说是经过美军的同意,还要再运送4个军去东北,7个军加4个军就是11个军,这是对东北停战的一个重大威胁。

3月31日,周恩来为此向马歇尔的代表吉伦将军提出严正抗议,指出现时政府军队在东北达到7个军,已超过整军方案预定的5个军,而美军总部将再运入4个军,"这不论从任何方面说来,都不能不说是违背协定的精神与原则,助长东北内战的危机,使已签定的停战协定必将成为废纸"。"提议速开三人会议解决此事。我方要求政府军队在东北应不超过五个军之数目,超过者应立即退出,未运往者应立即停运,以利停战协定之彻底实施,以便执行小组之公正调处。如果美军总部仍不停止运送政府军队继续进入东北,则我方将认为美国对华政策已有改变,而政府方面决不愿在东北真正停战,我方亦不得不严重考虑对策。"[1]然而吉伦却完全站在国民党一边,争辩说,整军方案规定在12个月后国民党在东北驻5个军,这与现在的运兵无关。他说,在任何地方都未见到有对增运4个军的限制。这种理由极其荒唐,既然规定12个月后国民党在东北的驻军仅仅是5个军,那么现在运这么多军队去干什么?从这里可以明显地看出,马歇尔在忠实维护美国利益的基础上,袒护国民党的立场是

---

[1]《周恩来一九四六年谈判文选》,中央文献出版社1996年版,第183页。

非常鲜明的。这为蒋介石在东北发动大规模内战起到了推波助澜的作用，同时也与马歇尔调处中国东北问题的初衷是自相矛盾的。

　　正当东北局势处于严重关头，而国民党方面在派遣执行小组前往东北调处的问题上又迟迟不肯答复的时候，马歇尔却宣称他要暂时返美述职，尽管周恩来多次要求马歇尔待东北问题有了一个解决办法后再回国，但是马歇尔仍于 3 月 11 日晚离华返美。等到马歇尔 4 月 18 日返回中国的时候，东北已经发展到大打的局面，形势更加危急了。马歇尔担心因此导致全国内战和苏联借口不撤军，曾要求蒋介石立即在东北停战，但不仅没有达到目的，反被蒋介石说服，不得不同意为国民党向东北运足 9 个军。之后又会见周恩来，要求中共停战。周恩来指出，解决东北停战问题的关键是美国停止援蒋运兵，国共在东北才有可能停战。马歇尔却为美国援蒋运兵进行了辩护。经过与国共双方会谈后，马歇尔于 4 月 23 日起草了一项东北停战草案。虽然草案中规定立即停战，但同时又要求中共同意美方继续为国民党向东北运兵。这又是一个自相矛盾的方案，当然不可能对东北局势产生什么实质性的影响。

　　应该说，尽管马歇尔的立场并不能完全令人认同，但在此阶段，马歇尔确实在为和平解决东北国共冲突而积极奔走。但是蒋介石也没有领他的情，没有接受他的调处。因为，对马歇尔一再强调东北冲突必须立即停止的观点，蒋介石非常反感，正如他在日记中所写："近查马歇尔之心理及其态度，乃竭以对共交涉之破裂或停顿为虑，时现恐惧

周恩来与司徒雷登在商谈

与无法应付之情态,其精神几已完全为'共党'所控制,一惟'共党'之要求是从,无敢或违,凡与'共党'心理抵触之条件,皆不敢向共方试谈,其畏共之心理竟至如此。"①所以这段时间马歇尔的奔走毫无结果。

蒋介石与司徒雷登在庐山会谈

5月26日,马歇尔向周恩来转达了蒋介石以宋美龄名义提出的三点意见,其中第三点是要给予美方代表以最后决定权,这理所当然地遭到了中共的坚决反对。而马歇尔一面与蒋介石交涉,要求他命令国民党军队停战,避免战火蔓延至全国,同时又企图利用国民党军队扩大东北战事的局面,迫使中共做出让步,承认美方代表的最后决定权。周恩来明确表示反对给美方以最后决定权,并指出在美国政府仍继续援助国民党的情况下,美方代表享有"最后决定权"对中共是非常不公正的。在5月30日致马歇尔的备忘录中,周恩来列举了军调执行部与某些执行小组美方代表调处冲突不公的大量事实,再次拒绝美方代表有最后决定权。

在6月东北休战谈判期间,马歇尔依然站在维护国民党利益的立场上,在国共两党间奔走调解,所以,东北休战谈判的调处最终以失

①《中共中央南京局》,中共党史出版社1990年版,第557页。

败收场。马歇尔虽然也曾希望和平解决东北问题，也确实做了很多努力，但是，他执行的是美国政府对中国的"二重政策"及对东北问题采取的自相矛盾的政策，必然导致其在中国的调处任务以彻底失败而告终。

第二节　东北内战的逐步升级和停战谈判

坚持向东北派停战执行小组

东北停战谈判共分三个阶段。第一阶段从 1946 年 1 月至 3 月底。

抗战胜利后，东北问题成了一个极为特殊和敏感的问题。因为它牵涉到中、美、苏三国和美、苏、国、共四方的利益。既是内政，亦包括实施《中苏条约》等外交问题。因此，在马歇尔奉命来华调处期间，中共在处理东北问题时采取了极为审慎的态度。在 1946 年初的停战谈判中，中共承认国民党有权接收东北主权；在停战协定签订后，又多次指示中共代表团，应力争和平解决东北问题，与国民党在东北进行合作。但在充分表达和平诚意的同时，中共中央也多次公开申明解决东北问题的基本原则：内政与外交相分离，政治、军事一起解决。

但国民党在东北问题上采取的是武装独霸的方针。它不承认中共在东北已取得的政治军事地位，企图利用《中苏条约》，凭借军事优势和美国援助，把中共势力排挤出东北，以遂其全面控制东北的企图。因此，在停战协定签订前夕，国民党军队就向中共军队占领的营口发起进攻，企图在停战令生效前控制进入东北的战略要点。东北冲突由此而产生，并不断升级，规模也越来越大。虽然中共代表周恩来在 1 月下旬到 3 月上旬曾多次要求谈判东北问题，并积极敦促向东北派执行小组，但国民党一再拒绝和拖延谈判东北问题,阻挠执行小组进入东北,致使东北冲突愈演愈烈。

马歇尔对东北问题采取的是自相矛盾的立场。一方面,根据美国战后远东政策,他希望国民党完全控制东北,以阻止苏联对东北的"共产主义扩张";但另一方面,从其来华使命考虑,他也不赞成国民党在东北挑起内战,因为他担心由此而导致大规模全国战争,使其为促使国共言和所做的诸多努力付之东流。因此,在营口冲突发生后,马歇尔曾一再提议向冲突地点派执行小组调处,但均遭到国民党反对。3月11日,是马歇尔预定返美述职日期,他决心在离华前夕为促使东北停战再做努力。3月9日,马歇尔会晤周恩来,试探中共对东北政策有无变化。周恩来在会谈中重申了毛泽东3月4日在延安会见马歇尔时提出的原则:内政与外交应分开。外交目前由国民党与苏联直接商办,内政则先停止冲突,并同时解决东北政治问题。周恩来估计"蒋尚以此挑起美苏冲突,不愿现在解决东北问题,而美马则重视速使东北执行停战,以便于观察研究"。①

周恩来对蒋介石的阴谋洞若观火。当马歇尔在3月9日晚要求蒋介石准许向东北派执行小组时,蒋提出了五点极为苛刻的条件:(1) 执行小组只管军事不管政治;(2) 执行小组随政府各军行动,与"共军"保持联络协同停战;(3) 政府军队有权接受中苏条约规定长春路及沿途铁路30公里境内,中共军队应撤退;(4) 政府军队有权进驻矿区;(5) 凡政府军队接受主权时,中共军队不得阻拦并撤退。显然,蒋介石的意图在于,执行小组要么不进东北,要么进入东北后成为掩护国民党军队进攻我军的工具。周恩来在3月10日对马歇尔一针见血地指出:蒋所提条件等于要中共从全东北撤退,表示中共对此决不能答应。在没有接到中央指示的情

①《周恩来一九四六年谈判文选》,中央文献出版社1996年版,第124页。

况下,周恩来与中共代表团其他成员商定三点对策:"甲、东北问题必须军事与政治一道解决,分开解决不可能,而且有使整治不得解决的危险。乙、赞成执行小组至冲突地带,首先停止冲突。丙、政府军队接收的范围待前方视察后方能商定。如马歇尔不同意,则争取先派小组,停止冲突,再谈其他。"①

3月12日,毛泽东致电周恩来同意三点对策,并指示对蒋所提五条绝不能接受。

3月13日,中共中央进一步指示周恩来:"在蒋尚不承认东北内战,拒绝与我谈判东北问题及不承认我在东北地位时,他们(东北局同志)(对蒋)采取比较强硬的政策,是好的。"中共中央估计:"不论他(蒋)的兵力、士气与民心,也不论国际国内环境,都无在东北大打久打与反苏反共到底的可能。"因此,代表团不要被其高声恐吓所欺骗,而应该与之进行坚决斗争。但我党并未改变和平解决东北问题的根本方针,对蒋实行强硬政策的目的也在于逼蒋停战,而不是使谈判破裂。所以中央指示,在国民党真心实意与我们谈判并承认我在东北地位时,我们必须有某些让步。让步的范围包括:在停战前提下,国民党军队可以接收沈阳至哈尔滨之长春路上各城市。但不包括路两旁。国民党军队以后再要进占我军所占地区,则必须等政治问题解决后再说,而且中央要求代表团不能一般承认国军有权进驻全部长春路及苏军撤退区。② 显然,中共中央的对策与蒋介石的五点条件是针锋相对的。其中心意图是维持现状,就地停战,虽有妥协,但让步幅度很小。如何既体现中央指示的精神,又不致使谈判破裂,这将是谈判中的棘手问题。但周恩来却圆满地处理了这一问题,充分展现了其高超的谈判艺术。

---

① 《周恩来一九四六年谈判文选》,中央文献出版社 1996 年版,第 132 页。
② 《中共中央文件选集》(第 16 册),中共中央党校出版社 1992 年版,第 89—91 页。

一方面,周恩来于第二天(3 月 14 日)即致电中共中央,表明自己的观点。周恩来认为,由于我方从来不反对政府接收东北主权,且在停战协定上承认了政府军队有权开入及在东北调动,因此,如照中央意见,反对政府军接收长春两路及苏军撤退区可能行不通,而只能以政治军事同时解决及接收地点要协商为条件进行谈判。周请中央考虑是否同意国军为恢复主权,可接收长春两路及苏军撤退区。[①]

由马歇尔、徐永昌、周恩来组成的三人会议常在马歇尔公馆举行谈判

另一方面,在 3 月 15 日与张治中的谈判中,周恩来在说明我军东北所占地方目前决不能让,而要等政治解决后再说的同时,也承认国民党有权接收东北主权,但其范围只包括苏军"现时"撤退的地区(包括长春铁路线两侧各三十华里地区)。[②] 这样既可以保持中共军队在东北的优势地位,而国民党又找不到攻讦的口实。由于周恩来在谈判中采取了灵活的策略,也由于美苏关系渐趋缓和,国民党亦无力大打,所以国方代表

①周恩来:《三人会议续开致中央电》,1946 年 3 月 14 日。
②《周恩来一九四六年谈判文选》,中央文献出版社 1996 年版,第 137—139 页。

被迫让步,承认中共军队在东北的地位,并与周恩来商定了关于向东北派执行小组的六点办法。

3月17日,中共中央致电代表团,对周恩来、张治中商定的六点办法进行修改,限定国民党在东北接收的范围为:沈阳长春间铁路线及其两侧各三十华里地区。取消"以后东北驻军地区依整军方案另订之"一项。必须增加一款,要求政府保证按政协各项决议之原则,迅速与中共商讨解决东北政治问题。① 周恩来接电后,按中央意见修改了协定草案,并通知了国美双方代表。但张治中表示反对。美方代表吉伦又提出六点修正意见,但由于其明显偏袒国方,其目的仍在于逼我让出东北大片地区,周恩来没有同意。谈判遂陷入僵局。

为了使执行小组早日派往东北,尽快停止东北冲突,周恩来在3月18、20日的会谈中提出两项变通办法:或是按协议的前三条先派小组去东北,停止冲突,或是先派小组去东北,政治问题由三人小组在重庆商讨解决。但从3月中旬起,苏联决定全部撤退驻东北军队,国民党遂加紧向抚顺、辽阳、铁岭等我军驻地进攻,不愿使其军事行动受到任何限制。张治中对周恩来所提方案均表示反对,致使谈判再次中断。

鉴于国民党在军事上不断向我进攻,而谈判中又持顽固立场,周恩来主张利用国民党的弱点,"用全力打击其反动一面"②。其谈判立场也随之趋向强硬。3月21日,周恩来飞返延安,并于当日电告张治中,中共绝不能接受蒋介石对六点协议的修正,并再次申明中共立场:政府军只能接收沈阳至长春间沿路三十里地区,其余地区须一一列举讨论,经共方同意后,方许政府军进入,如果政府拒绝考虑中共所提建议,则他不再

---

① 中央对东北停战协定修改意见,1946年3月17日。
②《周恩来一九四六年谈判文选》,中央文献出版社1996年版,第155页。

返渝。①

由于害怕东北战事扩大，延至关内，并引起苏联干预，吉伦于 23 日派克艾赴延安请周回渝继续商谈，并同意周提出的只给小组规定草案中前三条的意见。周恩来遂于 25 日返渝。27 日举行三人会议。在国美双方同意在命令后附记中加入政府应保证迅速商谈东北政治问题，承认中共建立的民主政权等前提下，周恩来在《军事三人会议关于派遣执行小组前往东北授予北平军调处执行部之命令》上签字，东北停战谈判第一阶段结束。

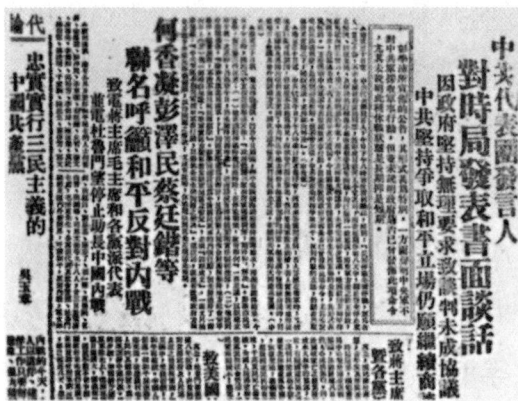

国民党坚持无理要求，致使东北休战谈判陷入僵局，中共代表团发言人对时局发表书面谈话。

长春之争

谈判的第二阶段自 3 月底至 5 月底。

在东北停战谈判的第一阶段，中共本已准备将长春路及其沿线的大城市让给国民党接收，希望能以部分让步换取东北和平。但国民党内战方针已定，不肯改弦易辙。自 3 月中旬苏联决定全部撤退驻东北军队后，

---

① 《政治协商会议纪实》(下)，重庆出版社 1989 年版，第 1703 页。

国民党加紧军事进攻。3月22日,攻占抚顺、辽阳、铁岭等地,27日进占开原,并向长春附近之昌图、四平推进。国民党的目的在于占领长春,打开进入北满的大门。中共军队如不先机控制长春、哈尔滨,阻敌北上,中共北满解放区将受到严重威胁。同时,中共当时估计,经过谈判,仍有可能达成东北停战协议,如能控制长、哈等大城市,将加强中共的谈判地位,更利于和平解决东北问题。因此,中共中央于3月24日向东北局发出《中央关于控制长春、哈尔滨及中东路保卫北满给东北局的指示》,指出:"我党方针是全力控制长哈两市及中东路全线,不惜任何牺牲,反对蒋军进入长哈及中东路,而以南满、西满为辅助方向。"①

对于中央控制长春的方针,周恩来不仅表示赞同,而且在谈判中积极配合我军行动。3月26日,周恩来决定推迟在《军事三人小组关于派遣执行小组前往东北调处停止冲突协定》上签字,以便为我军接收长春、哈尔滨提供充足时间。由于国民党以全力进攻昌图、四平街以打入长春,周恩来于31日致电中央,要求同意请执行小组迅速赴沈阳以便停止蒋军前进。周恩来认为:"如其不听,能在此时我打并进入长春均有理了,如听则冲突情况下,我方隔断沈、长,苏军一退,我即可打入长春。"②

虽然中共已有控制长春、哈尔滨,保卫北满的计划,但并未放弃和平努力。而国民党却变本加厉地推行其武力独占东北政策。4月1日,蒋介石发表讲话,声称东北问题"本质上是一个外交问题",在主权接收完毕之前,"没有什么内政问题可言","任何人不得借外交困难要挟政府以自立",并宣布不承认中共在东北地位。③ 与此同时,为赶在苏军撤退前进入长春(预定4月15日),国民党在东北又发起了一系列军事进攻,并

---

① 《中共中央文件选集》(第16册),中共中央党校出版社1992年版,第100页。
② 关于请执行小组迅速赴沈阳周之来电,1946年3月31日。
③ 重庆《中央日报》1946年4月4日。

阻挠执行小组按预定计划进东北。4月上旬,国民党军队相继占领鞍山、海城、营口等中共控制的8个城市后,又于4月8日向四平发动进攻,企图一鼓作气打入长春。

而美国政府不但不顾周恩来的多次抗议,继续帮助国民党向东北运兵,而且美方代表吉伦在谈判中完全站在国民党一边。4月8日,吉伦提出解决东北问题的意见,要求中共东北部队停止移动,并撤离长春路及其沿线城市。这表明美蒋已日益接近,美国支持国民党武力接收东北的方针。中共被迫采取自卫立场,对国民党的军事进攻进行坚决反击,以打消其反革命气焰。中共中央明确主张打胜四平、本溪两仗,不惜任何牺牲,阻敌北上,以取得在东北的巩固地位。① 4月8日,周恩来致电中央,明确指出:东北情况已变,许多问题必须重新估计。陈诚透露出要接收长春、哈尔滨、齐齐哈尔,美国企图帮蒋接收长春路。这样,非打不足以刹其风。② 周恩来估计国民党在东北如能以武力打进长春等地,它一定会打,如受些打击,被阻四平街,或进入长春后受到打击,还可能与我谈判。他于4月11日再次致电中央,要求我东北部队对进攻四平之国民党军队给以重击,并在两三日内抢先开入长春。③ 4月13日,周恩来进一步要求东北部队守住四平街,给顽军以沉重打击,并进入长春,以在马歇尔来华前造成一种新形势。④ 中共中央随即指示东北局,按周恩来的建议采取行动。4月15日,中共部队向长春发起进攻,4月18日占领长春。

中共军队占领长春是在国民党已挑起东北内战情况下采取的战略防御行动,并未改变和平解决东北问题的根本方针。中共中央在打下长春后的打算是尽快实现东北停战,防止内战扩大,并团结美、马及民盟等

①《历史研究》1990年第5期,第61页。
②《周恩来年谱(1898—1949)》,中央文献出版社1998年版,第672页。
③《周恩来一九四六年谈判文选》,中央文献出版社1996年版,第240页。
④ 周恩来关于待马歇尔来华后造成一种新形势的意见,1946年4月13日。

中间人士,使国民党无隙可乘。中共中央在 4 月 20、26 日给代表团的电报中都明确表示了这种意图。

周恩来完全赞同党中央的和平方针。他在 4 月 22、23 日与马歇尔的谈话中反复申明中共无意独霸东北,并要求立即实行无条件停战。而且,周恩来在 4 月底即认为长春中立对我更为有利,因而对民盟及马歇尔在 4 月底至 5 月上旬提出的长春中立的折中方案均表示可以考虑,希望能以此让步,促成东北早日停战。但周恩来凭着与国民党斗争的多年经验,深知蒋介石绝不会善罢甘休。尤其是蒋介石在 4 月 24 日要求中共退出长春,否则必以武力解决后,周恩来更加确信,只有在军事上继续给国民党以沉重打击,坚守长春,才有可能挫败其内战与独裁方针,争取和平民主。因此,周恩来在全力争取无条件停战的同时,于 4 月 19、24、26、27、30 日连续致电中央,要求转告东北局,国民党的政策是武力占领长春,绝不会同意无条件停战。因此,东北部队应准备破略大打,坚守长春,消灭敌人的大量有生力量,争取中共在政治上、地区上占绝对优势,只有早下决心,打得蒋痛,才有可能使马恐慌,逼蒋接受我党条件,促使停战成功。①

在国共已激烈交战的情况下,如何全面、冷静地估计形势,决定今后的行动方针显得更加重要。周恩来在 5 月 13 日给中央的电报中认为,国内形势真正好转绝无可能,全面破裂尚有顾虑,但危险已增长,半打半和也许较多,最后要看力量的变化和对比来决定。这就决定了我党的方针是,坚持扩大和平民主的总政策,不放弃任何一种矛盾的利用,以避免孤立自己。对美马仍尽力争取,以推迟内战危机。但对于蒋介石之内战方针及挑战阴谋应毫不留情加以揭露,放手动员群众,坚决准备自卫,并实行反击,

---

① 参见这 4 天周恩来致中共中央的电报。

但同时也应避免挑战。① 5 月 14 日,中央回电同意周恩来的意见。

由此可见,中共中央和周恩来虽然估计形势已无好转可能,但为了民族和人民的利益,为了争取和平前途,仍在设法避免内战爆发或蔓延,更不愿因长春之争而导致东北乃至全国内战,所以中央于 5 月 15 日致电代表团,可经民盟提出"长春双方不驻兵",组织"三三制民主政府"等长春中立的建议。为避免更大规模的冲突,争取谈判中的主动地位,东北部队于 5 月 22 日主动撤出长春。长春之争至此结束。

促成东北休战

第三阶段自 5 月底至 6 月下旬。

国民党军队于 5 月 22 日占领长春后,周恩来认为内战已临全面化边缘,但由于各种矛盾,推迟仍有可能。中共的方针应为避免挑衅,推延战争,积极准备。在这一总方针下,周恩来与中央完全一致。但他在具体策略上与中央精神有所不同。中共中央给代表团的指示中要求,以不让步与还击逼蒋停战,或至少推迟一时。但周恩来则主张,在绝不放弃还击的前提下,应以双方让步为条件,减少其战争资本,求得停战或推延战争。5 月 27 日,他进一步向中央建议使哈尔滨中立,以争取中共在谈判中的主动地位,迫使对方在其他问题上做出相应让步。② 6 月 7 日,周飞返延安,直接向中共中央汇报情况,阐述自己的意见。经过研究,中央决定我党目前的策略是在不丧失基本利益的前提下,"竭力争取和平,哪怕短时期也好"。

但国民党内战方针已定,争取和平已非易事。蒋介石在中共军队退出长春前曾声称,国民党占领长春即可停战。但当国民党军队于 5 月 22

---

① 《周恩来一九四六年谈判文选》,中央文献出版社 1996 年版,第 323—326 页。
② 周恩来:《在长春失退前对长春中立的想法致中央电》,1946 年 5 月 27 日。

日占领长春后,不但不停战,反而往北向哈尔滨、往东向吉林等地发动进攻。而且,当马歇尔要求蒋介石履行停战诺言时,蒋介石让宋美龄在5月23、24日给马歇尔的信中提出停战的先决条件是,中共不得阻碍国民政府根据中苏条约接收主权,不得阻碍恢复全国铁路交通,并再次提出了中共多次反对,也绝不会接受的美方决定权问题。显然,蒋介石的目的在于以苛刻条件逼迫中共要么屈服,要么破裂,承担内战罪名。怎样才能挫败国民党的内战阴谋,推迟战争爆发? 周恩来认为,一是要采取措施逼马歇尔压蒋介石。其中包括在适当时机向国际社会控诉美国助蒋内战,违反三国公告的罪行。其次则是发动人民反对内战,并经过民盟或其他团体向三方面及世界宣传,造成舆论,使马歇尔不得不给蒋介石以压力。二是中共军队在东北继续给蒋介石以重大打击,使其在战场上找不到便宜。[1]

1946年5月31日,国民党军东北保安司令杜聿明宣称:要接收整个东北,国军将继续向东北北部推进。

---

[1] 关于内战已临全面化边缘致中央电,1946年5月28日。

内战爆发后各解放区军民奋起自卫反击

　　根据这一指导思想,周恩来在谈判中采取了强硬的态度。对马歇尔、蒋介石提出的美方代表决定权、保证恢复交通和退出哈尔滨、齐齐哈尔等无理要求严词拒绝。同时,中共东北部队在南满展开攻势,歼敌184师(一部起义),连克鞍山、营口和大石桥等战略重镇,使整个东北国民党军队受到震动,更使马歇尔意识到问题的严重,他被迫使出撒手锏。6月5日,马歇尔决定不再安排美国运输力量运送国民党军队和给养,直到东北停战谈判结束为止。这对于延缓国民党的军事进攻有一定作用。但更重要的原因在于,国民党占领长春后,兵力分散,无力再进占更多地方。中共军队不仅在东北占据有利地位,而且在山东、山西发起一系列进攻,并占领了大量城镇。国民党需要在东北暂时休战,以腾出手来在关内大打。6月6日,蒋介石发布停战令,同意东北停战15天。持续已久的东北内战得以暂时平息。但国民党并不想

1946年5月31日,中共代表陆定一向记者发表谈话:中共退出长春后,国民党军仍继续北进,和平前途日渐暗淡,中共坚决要求履行政治协商会议各项议案。

放下屠刀、立地成佛，它只是在积蓄力量，为发动一场更残酷、更全面的战争做准备。6 月 26 日，国民党军队 22 万人进攻中原解放区，全国内战爆发。

在休战的最后一天，马歇尔还想做最后的努力。他去会见蒋介石，希望能讨论一项以继续保持地方政权为基础的折中方案，被蒋介石拒绝了。他又去求助周恩来，周恩来告诉他，除了牵涉到中共军队撤离苏北和政府军队占领那个地区的地方民选政府问题以外，中共可以考虑任何方案。由于苏北问题涉及人民大众的根本利益，故中共绝不能让步。可以说中共已经做到仁至义尽了。

6 月 30 日上午，六月休战期限最后的几个小时，马歇尔又去会见蒋介石。蒋介石仍顽固坚持要中共部队 1 月内撤至陇海铁路东段以北，撤出安东，撤出承德以南地带；10 日内撤出胶济线。所有撤出地带，地方政权交与中央。此次谈话，马歇尔更加感到国共两党合作的希望十分渺茫，内战不可避免了。因为国民党正在摒弃任何民主程序，而遵循一项使用武力的独裁政策。马歇尔为了东北休战可算是费尽心机，却一场空。怨谁呢？这不是他和他的国家的援蒋策略种下的恶果吗？

1946 年 6 月 7 日，周恩来和陆定一为向党中央汇报请示有关休战谈判等问题，由南京飞返延安，在南京机场与送行的董必武、邓颖超、廖承志等握手告别。

至此,六月休战谈了 23 天,大部分问题都已解决,连国民党方面的王世杰也说问题已解决百分之八十五了。最后就因国民党在驻军和地方政权问题上坚持无理要求,致使六月休战谈判功败垂成。谈判未获结果的焦点仍然是地方政权问题,这与《双十协定》未获解决的问题是一样的,可见蒋介石对人民当家做主是何等的仇恨和惧怕。

6 月 30 日,东北休战结束之时,国民党中央宣传部长彭学沛发布了一个声明,把东北休战谈判破裂及内战扩大的责任一概都推卸给共产党。同日,中共代表团发言人对时局发表书面谈话,指出六月谈判未成的根本原因在于政府方面坚持无理要求,超出整军范围,并破坏政协及整军原则所致。重申中共仍坚持争取和平、反对内战的立场,不分关内关外,中共均主张长期停战,才能有利于中国问题的政治解决。

对于东北休战谈判,周恩来后来总结道:

> 二十三天的谈判,讨论了许多问题,我们还打算再让一二个地方以保全广大的解放区。在停止东北战争、恢复交通、整军等问题上,都作了许多的让步,但结果还是破裂,中心问题仍是政权问题、根据地问题。蒋在形式上是要我退出苏、皖、承德、安东、冀东等地,但他承认的只是黑龙江、兴安两省及嫩江半省,华北只是临沂、大名、上党等几个地区,想把我们完全隔开,先限制在这几个地区,然后再来消灭我们。①

六月休战谈判在地方政权问题上搁浅了,而且还牵连到已达成协议的三项文件也不能签字实施,于是作为调解人的马歇尔于 6 月 30 日与蒋介石会晤,建议由国共双方直接会谈,中心是讨论地方政权问题。他提出这个建议的理由是,地方政权问题属于中国的内政,是一个政治问题,

---

① 《周恩来选集》(上卷),人民出版社 1981 年版,第 258 页。

他作为三人小组的美方代表参加讨论中国的政治问题是不适宜的。蒋介石同意马歇尔的建议,指示召集一个由政府和共产党双方组成的特别小组,直接讨论中共军队撤出地区的地方政权问题,并于7月2日在国民政府亲自会见周恩来与董必武,这是两党领导人在全面内战开始后的第一次会见。在40分钟的会见中,周恩来详尽地陈述了六月谈判中各项争执之所在,蒋介石表示关于军事问题中涉及的各项政治问题,国民党方面已指定邵力子、陈诚、王世杰三人直接与中共方面会谈,求得合理解决。鉴于和平尚有一丝希望,中共方面同意这个建议,决定由周恩来、董必武二人为代表,参加由国共双方代表组成的五人小组直接商谈。

五人直接会谈从7月3日晚开始,在普陀路8号陈诚公馆中举行首次会谈。这次会议从晚上9时谈到12时,未得到任何结论。也正是在7月3日这一天,国民党的最高国防委员会又突然片面通过决定,把召集国民大会的日期定在11月12日。这又是蒋介石在节外生枝,因为政协综合小组早在4月24日已一致协议,在政府改组前,国民大会延期举行。现在国民党的最高国防委员会突然单独决定,这是毫无道理的。中共代表团发言人当即发表声明指出,当国民政府尚未按《政协决议》之原则实行改组前,国防委员会仍为国民党一党执政之机构,中共对该委员会之决定,不受任何约束。民盟代表梁漱溟、罗隆基也在4日上午对此提出抗议。

7月4日下午,五人会谈仍在陈诚公馆举行,会议的重心转移到了召开国大的问题上,会上争论非常激烈。周恩来、董必武严正指出,召开国民大会,必须由政协召开综合小组会议来确定,对此一党决定,中共方面决不接受。国民党代表则声称无此必要。3个小时的会议就在争论中结束,又未得出任何结论。

7月5日的会议上,周恩来又就此事质问国民党代表,并提出强烈抗议。

7月6日下午,五人小组会谈在百子亭23号王世杰公馆举行第四次会议。会议还是回到地方政权上来,中共方面虽然做了一定的让步,提出先解决军事问题,把地方政权问题留待以后解决,但国民党方面却毫不退让,坚持要中共在蒋介石指定的4个地区里既撤走军队,也撤走地方政权,致使五人会议又停顿了下来。

7月10日下午,五人会议举行第五次会谈。国民党代表又重提蒋介石在7月2日提的条件,要求中共让出苏北、胶济线、承德以南和安东,且态度强硬。周恩来明确表示,中共可以考虑这些地区少驻兵,但绝非撤退,更不是放弃行政权。至于地方行政问题,待停战以后同所有解放区问题一并解决,或改组政府以后再谈。结果双方立场严重对峙,两个小时的会谈不欢而散。这次会谈也是五人会议的最后一次会谈。

7月12日,当蒋介石得悉五人直接会谈未获任何结果时,顿时火冒三丈,决心不惜一切进一步把内战全面扩展开来,妄想以武力来实现谈判桌上得不到的东西。从7月15日起,蒋介石命令部队在华北、华中、西北各地全线推进,出动正规军190多个旅,总兵力达160万人,全国性的

1946年7月18日,周恩来在上海周公馆举行中外记者招待会,就国民党政府日益扩大内战等问题发表重要讲话。

大内战爆发了。人民解放军被迫奋起自卫反击,华中野战军从 7 月 15 日到 8 月 27 日,就在苏中战役中取得了七战七捷的辉煌战果,歼灭国民党军 5 万余人。

周恩来在梅园新村办公室工作

对这个阶段谈判的特点,周恩来做过这样的概括:

> 这个阶段是表面谈判,实际大打,也就是拖中大打。一方面是我们坚持政协路线,另方面是蒋不断地破坏它。我们把谈判作为教育人民的工作。这个方针,连马歇尔也对叶剑英参谋长说:周将军最近几个月来,并不是为谈判而谈判,而是为宣传而谈判。这句话有一半道理,但责任并不在我,因为对方不愿解决问题,我们就告诉人民是他不愿解决,用以教育人民。从七月到我回来以前就是这样一个方针。①

一边是炮火连天的军事角逐,一边是唇枪舌剑的谈判较量,战争与和平构成了当时两党关系的独特情景。中共坚持《停战协定》和《政协决议》,蒋介石则不断破坏它。至此,谈判实际上已不可能解决什么问题

---

① 《周恩来选集》(上卷),人民出版社 1980 年版,第 258—259 页。

了。蒋介石是利用谈判来掩护他的内战政策,中共代表团就把谈判作为教育人民的工作,使人民进一步认清蒋介石的好战本性和独裁本质,丢掉一切幻想,团结起来,从各方面进行斗争。直到被迫撤回延安前,中共代表团始终贯彻了这个方针。

虽然这期间国共谈判的最终结果未能阻止全面内战的爆发,但周恩来在谈判中表现出来的凛然正气和大智大勇,依然载入了中国革命的光辉史册。

第四章

谈判黄河归故

蒋介石为配合发动全面内战的军事行动,阴谋策划使黄河重归故道,水淹解放区,并且把山东、豫东、苏北等解放区同华北解放区分割开来。1946 年初,正在重庆同国民党谈判的周恩来,敏锐地察觉到这一问题的严重性,进行了坚决的斗争。由于周恩来等多次不懈的谈判斗争和努力,随着堵口复堤工程的竣工,善后救济居民的妥善解决,使国民党"以水代兵"的阴谋彻底破产。

第一节　黄河归故斗争

黄河归故历史背景

黄河归故,就是要让黄河之水回归故道。黄河之水自西向东,几经变迁,抗战以前黄河故道是经过河南朝东北方向流入山东,一直到山东的利津口入海。1938 年夏,国民党军队在日本侵略军大举进攻下西撤。当开封陷落、郑州岌岌可危的时候,国民党当局想用黄河水来抵挡并迟滞日军的进攻,派军队在河南郑州、开封间的中牟县境内花园口实行决堤。6月9日,他们先后派三个团的兵力,在花园口用炸药炸开黄河南岸的堤坝,人为地造成黄河决口。黄河河水突然从决口处奔腾而下,改道南流,淹没豫东、皖北和苏北44个县5.4万平方公里的广大地区,造成中外闻名的黄泛区,使1250万人流离失所,89万人死亡,给人民带来严重的灾难,但未能阻止日军的进攻。这是有史以来黄河发生的一次最惨重的水害。

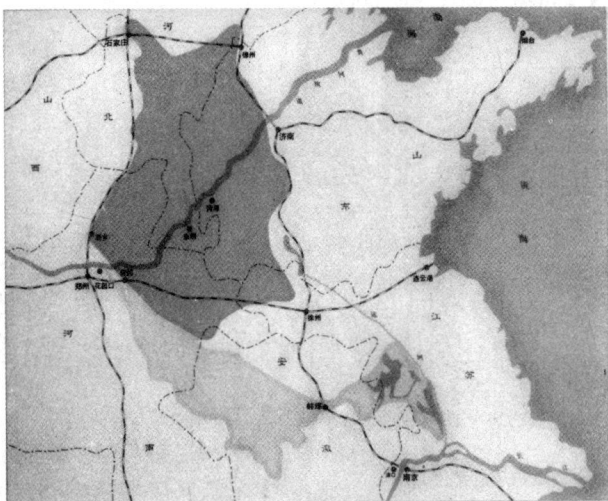

黄河堵口回归故道示意图

自此,黄河乃由花园口东南流至豫皖入淮河,转运河、长江入海。抗战期间,黄河故道两岸已连成一片。这里远处敌后,大部分地区成了解放区。原来的黄河故道,因河水南移,已成一片平陆。黄河故道全长744公里,四分之三在解放区内,属于冀鲁豫解放区的有考城、封丘、濮阳等17个县,属于渤海解放区的有济阳、青城等县。由于日本侵略军的蹂躏和战火的破坏,加之风雨侵蚀等自然作用,故道的旧堤防损坏在三分之一以上,河床内沙丘起伏,高出地面一丈多。黄河故道两岸的居民,8年来翻砂挖土、种植树木,由于长期无水,古老的黄河故道已经良田成片,树木成林,已有1700多个居民新村,大约有40万农民耕作生息在河床上,人力物力资源丰富。同时,这里地处津浦、平汉路内侧,是刘伯承、邓小平率领的八路军主力所在,向东与陈毅、粟裕率领的新四军相联系,向南则与郑位三、李先念率领的中原部队相呼应,成为军事上的三角之势,战略地位十分重要。

抗战胜利后,国民政府理应有计划地使黄河复归故道,解救黄泛区人民。但蒋介石一心要发动内战,反而想借黄河之水达到军事目的。早在1945年冬,国民政府就决定要堵塞花园口大堤决堤口,引黄河水回归故道,实际上是要让黄水东泛,以淹解放区。按照他们的计划,在1946年夏天,先消灭地处南京附近的苏北和中原两个解放区,同时通过花园口堵口,让黄水把冀鲁豫解放区分割成两半,再消灭刘邓大军,所以蒋介石把这件事列为"首要急务"。1946年1月,停战令公布的第二天,他们就派联合国善后救济总署(简称"联总")工程顾问、美籍工程师、国民政府黄河水利委员会(简称"黄委会")顾问塔德等人,视察黄河下游河床。按照塔德提出的方案,花园口堵口工程将在6月合龙,这个方案正符合国民党准备在七八月间在关内大打出手的军事需要。于是国民党军副参谋长白崇禧与郑州绥署主任刘峙等要员相继亲临花园口"视察",督促堵口工程早日进行。3月1日,在"善后救济"的名义下,擅自在花园口破土开工,计划在6月合龙。

堵口复堤之争

花园口堵口,直接关系到黄河故道上冀鲁豫和渤海两个解放区700万人民的切身利益。当听到堵口的消息后,他们奔走相告,坚决反对。但是豫皖苏三省黄泛区的人民已经饱尝了8年流离失所之苦,希望黄河早日回归故道,好重返家园。国民党当局就利用这个矛盾,百般挑动两个地区人民之间的对立,竭力煽动黄泛区群众和国统区舆论起来支持花园口立即堵口。

如果在原有堤防未及修复的情况下，黄河突然回归故道，势必四处泛滥，使解放区蒙受巨大灾难。正在重庆同国民党谈判的周恩来，立刻警惕地注意到这个严重问题。他敏锐地感到，在这个问题上，国民党当局是站在主动的地位，他们公开扛着"黄河回归故道"的大旗，从表面上看是天经地义的事情，如果共产党简单地反对堵口，就会脱离人民，特别是黄泛区的人民，也会给国民党造成大肆攻击的借口。但是如果简单地同意堵口，又会使居住在黄河故道及其两侧的人民遭受极大危害，也会使国民党"以水代兵"的阴谋得逞。为了击败这个阴谋，在被动中争取主动，必须制定正确的政策。周恩来反复思考，权衡利弊，并经党中央同意，提出了"先复堤后堵口"的原则，这就是在花园口堵口之前，先要修复已经荒废 8 年的故道两岸的堤坝，并把居住在故道河床内的居民安全搬迁出去。这条原则，既考虑到故道人民的生命财产，又符合黄泛区人民重返家园的愿望，且直接针对国民党当局以军事为目的，水淹解放区的阴谋，可以得到社会舆论的广泛支持。这一正确的决策，使中共一开始就从被动转为主动，并保证了在斗争中稳操胜券。

3 月 1 日，周恩来致电国民政府行政院善后救济总署（简称"行总"）主任蒋廷黻，明确提出，中国共产党同意堵复花园口，但必须保证现已迁居黄河故道的人民不因黄河突然回归而受危害。3 月 3 日，周恩来同马歇尔、张治中到新乡视察时，又同黄委会委员长兼黄河堵口复堤工程局局长赵守钰会晤，商谈黄河堵口、复堤、勘测、迁移居民等事，并提出黄河问题必须由国共双方洽商解决，并应坚持"先复堤后堵口"的原则。不久，周恩来又给冀鲁豫边区党委发了电报，明确指出，"黄河归故"是国民党的一个阴谋，但又是黄泛区广大人民所希望的，如果我们反对，就会脱离人民，所以不能反对，但黄河归故要有一个条件：先复堤，后堵口。

达成黄河归故协议

1946 年 3 月 23 日,冀鲁豫边区派出鲁西著名士绅和对黄河富有经验的晁哲夫、贾心斋、赵明甫三位代表前往开封,同黄委会、联总、行总的代表进行接触协商,阐述了中共方面的合理主张。后经同黄委会、联总、行总等多次谈判、协商,于 4 月 7 日达成《开封协定》。主要内容是:

1. 堵口复堤程序:堵口复堤同时并进,但花园口合龙日期须俟会勘下游河道堤防淤垫破坏情形及估修复堤工程大小而定。

2. 施工机构:直接主办堵口复堤工程之施工机构应本统一合作原则,由双方参加人员管理。(1)仍维持原有堵口复堤工程局系统。(2)中共区域工段得由中共方面推荐人员参加办理。

3. 河床村庄迁移救济问题:河床内居民之迁移救济原则上自属必要。应一面由黄河水利委员会拟具整个河床内居民迁移费预算专案呈请中央①核拨,一面由马署长②及范海宁先生分向"行总""联总"申请救济。其在中共管辖区内河段并由中共代表转知当地政府筹拟救济。所有具体办法,仍俟实地履勘后视必须情形再行商定之。

同时,对工程进行办法,以及招工、购料、运输、工粮发放等问题,也做了初步协商和规定。③

这个协议对花园口堵口虽有所制约,但没能实现先复堤、整险,迁移河床居民,而后堵口的主张,所谓"视下游河道堤防淤垫破坏情形及估修复堤工程大小而定",系活动语言,回旋余地很大。在施工机构和救济物

---

① 指国民党控制的南京国民政府。
② 即行总河南分署署长马杰。
③ 转引自王化云《我的治河实践》,河南科学技术出版社 1988 年版,第 22—23 页。

资分配问题上,由于缺乏谈判经验,没有争取派代表参加堵复局的工作,救济物资也应明确解放区部分由中共方面直接发放。这些问题在《菏泽协议》中才得到明确。

开封协议后,国民党方面赵守钰和美籍顾问塔德等多人,在中共方面代表赵明甫、成润陪同下,对黄河故道进行了查勘,从菏泽直达河口,历时8天,行经17个县,15日返抵菏泽,在冀鲁豫行署菏泽交际处举行了黄河问题会议。由于国民党代表目睹了堤防工程破坏的情况,所到之处地方政府和民众代表又纷纷请愿,要求先复堤后堵口,因此这次会商对中共方面比较有利。参加会谈的,国民党方面有赵守钰、陶述曾、左起彭、孔令落、许瑞鳌,中共方面有冀鲁豫行署主任段君毅,副主任贾心斋,秘书长罗士高及赵明甫、华夫、成润,渤海区代表刘季清等。经过协商达成了如下协议,即《菏泽协议》①。

1. 复堤浚河堵口问题:

甲、复堤、浚河、裁弯取直、整理险工等工程完竣后再行合龙放水。

乙、豫冀两省仍修旧大堤,鲁省北岸寿张以上,南岸千里铺以上先修临黄民堤,次再整修两岸旧大堤,十里堡下仍修旧大堤,有需要局部裁弯取直部分俟测量后决定之。

2. 河床内村庄救济问题:

甲、新建村由黄委会呈请行政院每人发给10万元迁移费。

乙、救济问题由黄委会代请联总、行总救济。

丙、解放区政府负责募集组织互助,并设法安置及组织转业。

3. 施工机构问题:

---

① 转引自王化云《我的治河实践》,河南科学技术出版社1988年版,第23—24页。

甲、冀鲁两省修防处设正副主任,正主任由黄委会派,副主任由解放区派,仍由双方电呈请示后再确定。所有测量施工工作一面先行推进。豫省复堤工程处组织时,仍以冀鲁两省组织原则办理。

乙、各级参加之解放区政府方面工作人员仍本开封会议商定原则办理。

4. 交通问题:为施工方便,急需恢复之交通,应根据施工情形逐步修复,但不得用于军事,并由当地政府维持秩序。

5. 币制问题:由黄委会,派会计审计人员与解放区政府会商后确定。

但是,《菏泽协议》签订不久,国民党即信手撕毁了这个协议。4月17日,国民党中央通讯社发出了"黄河堵口复堤决定两月内同时完成"的消息。4月20日,《中央日报》在一则消息中又宣称:"倘黄河汛前不克全部完成堵口工程,政府方面实不能负其全责。"这两则消息透露出国民党不顾《菏泽协议》,坚持汛前堵口的决心。之后,国民党当局调集了1.7万名民工,昼夜不停地加紧堵口工程,到5月上旬,整个工程只等栈桥架成就可以抛石合龙了。

为了揭露其阴谋,5月5日,新华社发表了晋冀鲁豫边区政府负责人的谈话,指出国民党决心汛前堵口,"显系包含军事企图,有意指挥黄委会放水,水淹冀、豫两省沿河人民","要求国民党当局立即停止花园口堵口工程,坚决反对两个月内完成堵口计划",声明"如当局不顾民命,则老百姓势必起而自卫,因此引起之严重后果,应由国民党当局负完全责任"[1]。5月10日,中共中央发言人就国民党违约堵口黄河问题发表答记者问,重申我党关于先修复下游堤防,后实行花园口堵口的合理主张,并

---

[1] 王化云:《我的治河实践》,河南科学技术出版社1988年版,第26页。

指出若坚持片面堵口,一切后果当由国民党当局负全责。"要求国内外各方人士,尤其是有关人士能够主持人道正义","努力制止花园口堵口工程,以援救冀、鲁、豫沿河数百万乃至千万人民免于死亡"。①

5月15日,也就是周恩来从宣化店回到南京后第5天,周恩来在南京梅园新村和晋冀鲁豫政府代表赵明甫、王笑一谈黄河归故问题,要他们在南京谈判中,维护解放区的合法权益。次日,周恩来同赵明甫、王笑一一起同国民政府水利委员会委员长薛笃弼会谈。

为防止国民党方面出尔反尔,周恩来还在5月18日同联总驻华代表、中国分署代署长福兰克芮·雷,联总工程顾问塔德谈判,达成六项口头协议(即《南京协议》)。② 具体如下:

一、下游修堤、浚河,应克服一切困难,从速开工。

二、关于工程所需要之一切器材、工粮,由联总、行总负责供给,不受任何军事、政治影响。

三、行总为办理器材物资之供应事项,在菏泽(曹州)设立办事处,由中共参加。

四、关于下游河道内居民迁徙之救济,由三方面组织委员会负责处理;该委员会由政府派二人、中共派二人、联总派一人、行总派一人组织之。

五、在六月十五日以前,花园口以下故道不挖引河,汴新铁路及公路不得拆除,至六月十五日视下游工程进行情形,经双方协议后,始得改变之。

六、打桩继续进行,至于抛石与否,须待六月十五日前视下游工程进行情形,然后经双方协议决定;如决定抛石,亦以不超过河底二

---

① 《国共谈判文献资料选辑》,江苏人民出版社1984年版,第191页。
② 《中共中央南京局》,中共党史出版社1990年版,第51页。

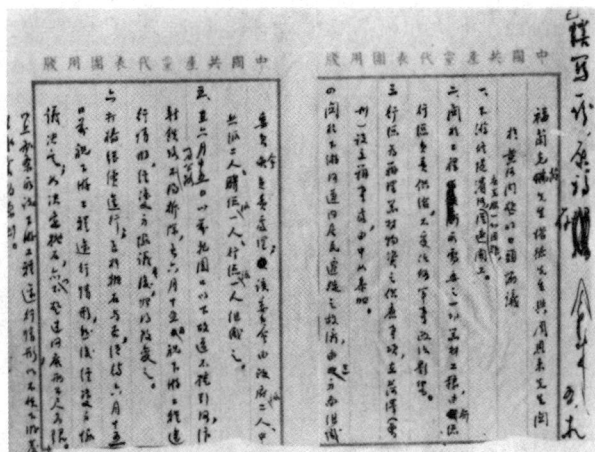

1946 年 5 月 18 日,周恩来与联总代表达成关于黄河问题的口头协议。

公尺为限。

　　以上两条所说下游工程进行情形,以不使下游发生水害为原则。

　　这一协议,使国民党当局在黄河问题上的行动,进一步受到道义的制约和舆论的监督。随后,周恩来又向马歇尔提出备忘录[①],具体如下:

　　黄河自张园[②]至利津海口六百公里之堤岸,应在放水前加高。大堤在八年抗战中,由于战争及自然的损害,损坏达百分之三十以上,坝埽破坏亦极严重。其整修工作为沿岸一千四百村庄将近五十万民工所负担。黄河恢复,不仅放水就可了事。本年四月开封黄委会与晋冀鲁豫边区地方政府代表之协议,一致同意,复堤尤重于堵口。塔德在本年一月菏泽之行,所拟堵口计划之理由,为堵口应在低水位时,此显然以堵口重于复堤,将陷故道为一严重之泛区。为解放人民之苦难,特作如下建议:

---

①《中共中央南京局》,中共党史出版社 1990 年版,第 50 页。
② 张园应为花园口。

1. 疏浚河南新道①,以防止泛滥,向时对灾区难民,施以广泛之救济。

2. 四月十五,菏泽协议之精神:堵口以前,应做好一切准备工作,疏浚,复堤,对此及救济目的之拨款,而此又在汛期以前办到。这样放水较好。

3. 黄委会应暂搁置堵口工作,而趁低水位时,对河身加以疏浚。

周恩来指出,"复堤尤重于堵口","堵口以前,应做好一切准备工作",对这个问题,周恩来在异常繁忙的谈判过程中始终没有放松过。

由于堵复花园口是国民党当局策动全面内战的一个重要环节,因此,国民党对堵复花园口更加迫不及待了。在向中原解放区发动进攻前三天,他们悍然撕毁《南京协议》,下令花园口工程立即抛石合龙,严令:"宁停军运,不停运石。"然而,由于当地游击队破坏采石场造成石料不足,加上黄河水涨,这次堵口没有成功。接着,白崇禧、陈诚等接连到花园口督促加紧进行堵口工程,企图赶在洪水季节到来前把口门堵复,使黄河复归故道,水淹解放区。斗争到了更加尖锐复杂的阶段。

6月下旬,全面内战爆发。为确保黄河故道两岸军民的生命财产安全,周恩来在6月29日、7月8日、7月10日,为此事连续三次向马歇尔致送备忘录,要求速将复堤所需面粉、物资、工款送到工地,否则复堤势必停顿。关于花园口堵口,工作进展也并非国民党当局想象的那样顺利,正当造桥工程完成,桥面行将通车之际,黄河水猛涨,桥桩被水冲去,桥身也被冲断,汛前堵口计划碰了壁。

在此期间,周恩来、董必武曾多次与马歇尔会晤,指控国民党当局背

---

① 指 1938 年黄河大堤决口后的新黄河道。

信弃义的行径。同时，又电告冀鲁豫行署："此项关系数百万人民生命财产事，我们时刻放在心上，不敢丝毫懈怠。"提醒大家要十分警惕。

冀鲁豫、渤海两个解放区动员了大批民工复堤修坝，上堤民工达到43万人。到7月上旬，解放区第一期复堤任务大部完成，故道大堤得到初步恢复，连前来视察的塔德和堵复局工程师张季春也承认解放区忠实地履行了《南京协议》。

第二节　谈判救济居民

建立救济总会

1943年11月，在美国大西洋城成立了一个拥有47个会员国的全球性国际组织——联合国善后救济总署（简称"联总"），它的宗旨是救济在第二次世界大战中遭受战争灾难的国家和人民，帮助其恢复生产和生活。二战结束后，联总在中国设立了分署，开始向中国提供援助。为接收和分配联合国的救济物资，1945年2月，国民政府在重庆成立了行政院善后救济总署（简称"行总"）。联总章程规定："在此项物资的分配上，不得因种族、宗教、政治信仰之不同而有所歧视"，"一切形式之救济应依各该区域中人民之相对需要而公平分配，不得因任何理由而对任何人有所歧视"。① 中国解放区在14年抗战中遭受的损失和破坏严重，根据联总章程，有充分权利接受应得的救济。

1945年7月13日，在延安召开的中国解放区人民代表会议筹备会上，通过了关于成立中国解放区临时救济委员会②（简称"解救"）的决

---

① 延安《解放日报》1946年1月14日。
② 1946年8月13日改称中国解放区救济总会，简称"解总"。

议,会议并选举董必武、李富春、周恩来、沈其震、傅连暲、沈仪之、邢肇棠、成仿吾、王子宜、伍云甫、张学诗、范长江、苏井观、钱之光、沈元恽等 15 位代表为救济委员会委员,推选董必武为主任,李富春为副主任,伍云甫为秘书长。7 月 21 日,"解救"宣告正式成立。"解救"成立后,对解放区军民在 14 年抗战中生命财产的损失、破坏以及所需援助等情况进行了调查统计,并协助各解放区政府对受灾人民开展了救济工作。

1945 年 8 月抗战胜利后,国共两党在重庆进行了和平建国的谈判。为解放区争取应得的善后救济物资,是以周恩来、董必武为首的中共代表团与国民政府谈判中的一项重要内容。1946 年 5 月,国民政府还都南京,联总中国分署、行总也由重庆迁至上海。同时,中共代表团在周恩来率领下也来到南京,继续同国民政府及联总、行总进行谈判。

谈判善后救济

鉴于国民政府在救济物资分配上的不公正做法,1946 年 7 月,周恩来在上海与行总署长蒋廷黻会谈时指出,中共应派代表参加行总各机构工作。同时为便于直接同联总、行总打交道,便于接收海内外友好人士、团体对解放区的援助,决定在上海设立"解救"上海办事处,并由已在沪工作的"解救"秘书长、上海工委委员伍云甫担任办事处处长。伍云甫在中共代表团驻沪办事处人员的协助下,很快完成了办事处的各项组织筹备工作,1946 年 8 月 2 日,"解救"上海办事处便正式开始工作,办公地点设在福州路行总总部,另租下蒲石路(今长乐路 613 弄)沪江别墅 4 号为办事处职员宿舍。"解救"上海办事处成立后,在周恩来、董必武的领导下,在善后救济及黄河归故等问题上同联总、行总及国民党水利委员会展开了面对面的谈判和说理斗争。

7月14日下午,周恩来到上海,访问联总的雷易和行总的蒋廷黻,商谈黄河堵口问题。16日,他回南京,再次同马歇尔商谈,提出要把黄河治理问题脱离政治、军事问题来解决。17日下午,他再次飞抵上海。第二天上午,周恩来出席联总、行总和水利委员会为解决黄河堵口复堤问题召开的联席会议,严正驳斥了主张立即堵口的论调,坚持在堤岸修复、居民迁出以后,方可堵口放水。

1946年7月18日,周恩来在上海与行总、联总代表就黄河堵口复堤工程和救济问题进行谈判。

在谈判中,双方对复堤用粮、设备及河床居民的补偿等进行协商,特别是对河床居民救济问题做了反复辩论。解放区提出最低限度不少于304亿元,而国民党方面认为数字太大,只同意给80亿元。周恩来严正指出,这个数字是解放区人民经过详细调查提出来的,如无保证,最初我们就不会同意黄河归故工程。蒋廷黻见中共方面态度强硬,又提出在8、9、10三个月付给80亿元外,愿再提供70亿元,总共150亿元。周恩来接着指出,他"不信地方政府(指解放区政府)

能接受此种办法","拟亲至各地与地方政府在当地商谈此事"。①

　　为了讨论有关的具体措施,需要到河南当地根据实际工程情况来解决。19 日清晨,周恩来偕同王笑一、成润以及负责黄河堵口工程的工程师塔德和美方代表塔里斯、普莱士乘飞机赴开封,再转飞郑州。飞机在花园口上空盘旋了 10 分钟,周恩来对黄河堵口工程的全貌做了初步观察。当飞机回到开封降落后,他又立即驱车到花园口做详细的实地视察。当他看到河水湍急,为堵口而抛下的石头全被洪水卷走的情景时,他的心里有底了。事物的客观规律不以国民党的意志为转移,国民党违约堵

1946 年 7 月 19 日,周恩来由上海飞往开封,视察黄河堵口工程。

口的阴谋被洪水卷走了,因而在回答中央社记者提问时,他高兴而意味深长地说:"很满意,两年的事情一年做,太仓促了嘛!"随即,他欣然跟同行的马杰、塔德等人在花园口堤坝上合影留念。事隔几十年后的今天,我们再看看周恩来当年的这张照片,他眉宇舒展,口角含笑,似乎还可以察觉到他当时内心的喜悦之情,而这种心情正体现了他与人民同命运、共呼吸的崇高品德。

　　在开封,周恩来听取了冀鲁豫区党委书记张玺、行署主任段君毅和解放区黄委会主任王化云的汇报,告诫他们,谈判仅是一个方面,不要把希望寄托在一纸协议上。你们要抓紧赶修堤防工程,争取时间。按照周恩来的这个指示,当地解放区军民在农事大忙季节里,仍有 20 多万人投入到热火朝天的黄河大堤的抢修工程中,取得了巨大的成效。

　　周恩来还会见了联总、行总的代表,参加了在开封由国民政府黄委

---

① 王化云:《我的治河实践》,河南科学技术出版社 1988 年版,第 31 页。

会举行的座谈会。他十分注意斗争策略。他在会见联总外籍工程技术人员时指出，联总向来以善后救济工作为方针，但你们把分配给黄河堵复工程上的各种设备和运输器材，绝大部分都用在花园口堵口工程上，而担负整个堵复任务三分之二以上的解放区什么也没有。假如联总真正遵守"没有政治歧视"和"公平分配"的原则，就应该采取公正而明确的态度，立即制止蒋介石政府堵口放水的阴谋，立即拨付解放区应得的全部工款、工粮、机器设备、运输器材和河道居民的迁移费，并保证故道复堤、险工修复和裁弯取直工程全部完成后，才能堵口放水。在座谈会上，周恩来做了长篇谈话，从黄河悠久的历史谈到黄河改道，从国共谈判讲到中国的前途，列举大量事实，揭露了国民党当局破坏修堤、拖延拨付施工粮款和杀害修堤员工的罪行，有理有据，有礼有节，得到与会工程技术界人士的同情。他那渊博的知识、庄严的风度、明晰的说理以及对事实的深刻理解，使许多听者为之折服。一个在场的国民党中央通讯社记者在所发的专稿中称周恩来"是气宇轩昂的人物"，回答问题"是深刻的"①。

经两天赴开封的实地考察，周恩来等从开封回上海后，于 7 月 22 日上午再次参加联总等联席会议，详细地介绍了花园口视察情况以及地方政府和各方面工程技术人员的一致意见，使谈判对手十分孤立。经过激烈争论，使对方不得不接受各方面的意见，并达成了协议，由周恩来、蒋廷黻、福兰克林共同签署了《黄河工程协定备忘录》（又称《上海协定》）共 10 项，确定"先修故道，后堵决口"的原则，并对修复故道和迁移居民等费用的处置办法做出规定。主要内容是：堵口工程须待 9 月涨水退后方可继续进行；偿付修堤工料款 60 亿元，拨发居民救济费 150 亿元，发放复堤工粮面粉 8600 吨。蒋廷黻还答应在工程技术人员及专家就地考察后，拨

---

① 《怀念周恩来》，人民出版社 1986 年版，第 98—99 页。

发另一批救济费 78 亿元。①

10 月 2 日,周恩来致函联总艾格顿及行总霍宝树,指出:"政府迄未遵守协议,致使我方整理险工等工程无法进行。于下游工程未竣,救济河床居民款项毫未拨给之际,而花园口堵口工程则在积极进行。"②他提议立即停止堵口工程,联总、行总应催促政府依约迅拨复堤所欠粮款,整理险工等工款及救济河床居民等费用。23 日,解总上海办事处代表与行总、联总及国民政府水利委员会代表就黄河工程救济进行了讨论,经讨论决定,政府批准之黄河救济费 150 亿元,现款与物资之比例为 2∶1,并由行总分三期发放,1 月 5 日前拨发 100 亿元,其余 50 亿元在 1 月底发放。同年 12 月,伍云甫向新闻界发表书面谈话,要求政府履行协议,即日拨交工程费,以便解放区早日复工,迅速拨出迁移救济费,马上办理迁移救济工作。

周恩来与联总代表塔德(左一)、行总河南分署主任马杰(左二)等在花园口合影

12 月 15 日,国民党当局在花园口抛石合龙,又没有成功。27 日,国民政府在联总庇护下,违反三方协议,在黄河下游复堤工作尚未完成的

①《黄河归故斗争资料选》,山东大学出版社 1987 年版,第 54—57 页。
②《黄河归故斗争资料选》,山东大学出版社 1987 年版,第 107 页。

情况下,悍然放水引导黄河归入故道,水淹解放区。12 月 31 日,董必武指示伍云甫对国民党违约堵口阴谋,要在南京、上海招待记者予以揭露,提出抗议,同时要抓紧工作,想尽一切办法延迟堵口时间。1947 年 1 月 5日,伍云甫根据中央及董必武指示,在周公馆举行记者招待会,严厉指出国民党当局私自在黄河堵口处放水,黄河故道下游中共区内数百万人民生命财产尽于洪水滚滚之下付之东流。伍云甫指出"国民党片面堵口,私自放水,实含有重大军事阴谋,企图水淹共军",同时指出"解放区军民为争取生存而采取了自救行动"。① 次日,伍云甫偕成润、林仲等为黄河河床居民安全问题与联总、行总代表进行了讨论,双方商定设立两个委员会以办理此项事务。

周恩来在上海出席黄河堵口工程联席会议

　　1 月 8 日,董必武应联总、行总之邀由南京来到上海,商讨黄河复堤堵口及救济问题,解总上海办事处与董必武一起参加了同联总、行总的谈判。11 日,董必武、伍云甫、成润、赵明甫、王笑一、林仲赴行总,与霍宝树、艾格顿及国民党水利委员会主任薛笃弼等就黄河堵口工程问题举行谈判,董必武重申堵口复堤必须同时进行,堵口工程并应延至 5 个月后。

----

① 上海《文汇报》1947 年 1 月 6 日。

行总则坚持立即堵口放水的无理要求,商谈 3 小时无结果。13 日,伍云甫、赵明甫前往联总访艾格顿,商讨关于黄河复堤区域停止冲突问题,伍云甫指出政府应停止进攻解放区,政府不等居民迁移,复堤竣工,即行堵口放水,而有意造成解放区灾难,这种堵口本身,即是一种军事行动;解放区坚决反对这种不顾下游人民生命财产的堵口。15 日,董必武、伍云甫等与行总、联总及国民党水利委员会再次会谈,中共代表再次重申上游堵口须与下游复堤救济工作同时进行。但国民党方面仍坚持其不合理意见。17 日,双方继续谈判,取得一致意见,即立即停止抛石,以免黄河水位提高,但可抛石加宽,保护工程。2 月 7 日,董必武、伍云甫等与联总、行总及水利委员会就堵口延期及抢修下游河堤问题再次达成协议,中共区复堤工程即刻开始,堵口工程照常进行,合拢日期至 3 月中旬视下游抢修险堤及合龙工程实际需要再由三方确定,水利委员会日内拨行总 40 亿元转中共为复堤工程费。

无论是中共的一再呼吁,还是联总的建议,国民党均取敷衍的态度。3 月 11 日,国民党当局又开始抛石合龙并决定于 14 日完成堵口。13 日,伍云甫、成润访霍宝树,抗议国民党方面片面堵口,并要求将尚留沪之工程费 40 亿元以最快、最有效之办法送到施工地点。同日,伍云甫致函行总,对水利委员会违背 2 月 7 日《上海协议》,擅自决定于 3 月 14 日合龙表示抗议,并希望立即停止合龙工程。3 月 15 日,国民党当局第三次在花园口合龙,滔滔黄水流归故道。但这时解放区的黄河故道堤防工程已基本修复,没造成大的灾难。17 日,伍云甫、成润等代表解总就国民政府单方面堵口问题接受了《大公报》《文汇报》《新民晚报》等报记者的采访,表明了中共的立场。次日,解总为国民政府于 15 日将黄河缺口堵塞合龙一事发表告中外人士书,申诉一年来在黄河堵口问题上所遭受之待遇,并提出迫切呼吁。

黄河归故后,国民党当局以花园口堵口已合龙为理由,于 4 月 14 日通知驻开封的解放区代表即日停止与冀鲁豫解放区的电报联系。5 月 17 日,国民政府行政院发出 1826 号训令,令其水利委员会与黄委会正式宣布与解放区驻开封代表断绝关系,解放区代表于当天被迫撤离。为时一年多黄河归故谈判至此宣告破裂。整个谈判斗争,为推迟堵口,争取修堤时间,揭露国民党当局的险恶用心,教育和保护人民,夺取反蒋治黄的最后胜利,起了重要的作用。

通过谈判争取到的救济物资正在运往解放区

花园口堵口工程于 1947 年 5 月底全部结束,国民党大肆吹嘘黄河天险可抵 40 万大军,但 3 个月后,即 6 月 30 日,刘伯承、邓小平率晋冀鲁豫野战军 13 万人,一夜之间就从 8 个渡口一举突破黄河天险,直插鲁西南,进而千里跃进大别山。在黄河重归故道问题上的这场斗争,是周恩来在全面内战爆发初期为维护人民利益做出的重大贡献。

第五章

抵制"国大"召开

国共南京谈判期间,以周恩来为首的中共代表团,真诚地团结渴望和平、一度对国民党抱有幻想的中间势力,用事实教育和帮助他们认清国民党的反动本质,使爱国民主党派与中国共产党站在一起抵制出席伪国大。由于国民党召开一手包办的"国民大会",破坏了政协召开以来的一切决议及停战协议与整军方案,堵塞了和平民主商谈的道路,致使中共代表团被迫撤离南京,返回延安,国共和谈最终破裂。

第一节　争取中间势力

第三方面奔走和谈

1946 年 10 月 11 日,国民党军攻占解放区的张家口,蒋介石被暂时的"胜利"冲昏了头脑,悍然单方面宣布 11 月 12 日召开"国民大会"。与此同时,又摆出一副和平姿态,策动第三方面出来对国共关系进行调解,企图利用第三方面力量,对中共施加压力,逼迫中共投降,如果中共不屈服,则给中共扣上"破坏和平"的大帽子。此时,蒋介石的一意孤行已使美国的调处政策陷入尴尬境地,马歇尔也因此失去中共的信任,不得不宣布退出调处,但美国又不愿意放弃支持蒋介石的方针,竭力支持第三方面出面调停。马歇尔认为,"最后的希望是第三方面或许能觅取某种和解的基础,那样比由美国人进行调停更可取得多"。"第三方面的出现是目前局势中唯一的希望","是影响中国最近将来的前途的关键"①。10月上旬,国民党方面首先由孙科出面做第三方面工作,派人到上海密访民盟领导人张君劢,表示愿同第三方面共同协力,挽救和平,并亲自在上海设宴招待第三方面人士。与此同时,美国驻华大使司徒雷登也在南京做民盟秘书长梁漱溟的工作,鼓励第三方面出来进行斡旋,要梁漱溟邀请周恩来立即由沪返京,恢复和谈。

梁漱溟代表第三方面斡旋和平的报道

此时,第三方面因渴望和平及对国民党还抱有幻想,便代替马歇尔开始了新一轮调处。10月8日,民盟、青年党、社会贤达政协代表集会,决定派一个代表团去南京,同国民党商定向周恩来发出返回南京的邀请。10月11日,民盟代表梁漱溟由南京抵上海,敦请民盟政协代表和周恩来返京,并与周恩来商讨恢复和谈问题。周恩来表示,政府如有诚意

①　马歇尔:《马歇尔使华——美国特使马歇尔出使中国报告书》,中华书局1981年版,第362页。

国共谈判面临破裂,但第三方面仍竭力在国共两党之间奔走
调解,希望恢复和谈。民盟发表谈话,要求全面停止内战。

恢复和谈,必须立即停止进攻张家口,并将部队撤回原防。否则,中共将不参加任何谈判。次日,第三方面得知国民党攻占张家口并单方面决定召开"国民大会",非常气愤。梁漱溟愤慨地说:"一觉醒来,和平已经死了。"在沪民盟代表在张君劢家紧急集会,取消了即日晋京的决定。第三方面的调处濒临搁浅。

蒋介石需要继续利用第三方面的调处为其内战做幌子。10 月 13日,国民党政府代表吴铁城、王世杰、邵力子、张厉生联合宴请民盟代表梁漱溟、青年党代表李璜,请他们转告在上海的第三方面代表,政府希望他们来南京继续为和平做出努力。

10 月 14 日,蒋介石在南京召集国民党要员孙科、吴铁城、邵力子等人开会,商讨对策。会议提出一个方案,其内容是:(一) 重开三人小组会议,尽快制定避免冲突、整编军队的计划;(二) 召开非正式五人小组会议,讨论改组政府问题;(三) 宪法起草委员会尽快开会,以完成宪法草案的修改工作;(四) 上述问题中的任何一项一经获得解决,政协综合小组应即开会审议通过。① 会后孙科发表谈话,表示要为打开和谈僵局而努

---

① 马歇尔:《马歇尔使华——美国特使马歇尔出使中国报告书》,中华书局 1981 年版,第 332 页。

力。他又打电话给在上海的民盟代表,说明这个方案和国民党的态度,希望他们转告周恩来。

针对蒋介石假和谈、真内战的阴谋,考虑到第三方面等各界民主人士渴望和平、对和谈抱有幻想的实际状况,中共中央决定,仍不放弃政治谈判,通过谈判揭露蒋介石的真面目,以教育和争取群众,尤其是第三方面人士。10 月 13 日,中共中央致电周恩来:"在全国大打条件下,一切谈判是为彻底暴露美蒋反动面目,教育群众。只要美蒋一日不主动放弃政治谈判,以欺骗群众,则我亦不应主动对美蒋宣告谈判最后的破裂,使自己陷于被动。"①

周恩来同国民党代表吴铁城(左)、邵力子(中)在一起

10 月 15 日,国民参政会副秘书长雷震等人受国民政府委派到达上海,先后与民盟、青年党代表会商。随后沈钧儒、章伯钧、罗隆基、黄炎培、张君劢等民盟代表到周公馆拜访周恩来,转达国民党 10 月 14 日的方案和继续谈判的意见。周恩来知道国民党的和谈纯属骗局,对这个方案不置一词,但对民盟的朋友还是热情相待。拜访结束后,民盟代表连忙

①《周恩来年谱(1898—1949)》,中央文献出版社 1998 年版,第 715 页。

在张君劢家中开会,将协商一致的两点意见告诉雷震:(一)政府须切实表示愿意停战的诚意;(二)应派更高一级的官员来沪,进一步表明态度。① 雷震回到南京后,向蒋介石汇报了第三方面的意见。10 月 16 日,蒋介石发表了他与马歇尔、司徒雷登共同草拟的一项声明,提出谈判的八项条件,即:"(一)依照今年六月间三人小组所拟定的恢复交通办法,立即恢复交通。(二)在军事调处执行部各执行小组及北平之执行部内,双方不能同意之争执,依照今年六月间三人小组拟定之办法处理之。(三)今年六月所拟定之东北军队驻地,应即定期实施。(四)华北华中之国军与'共军'暂驻现地,以待三人小组协议,商决国军与'共军'驻地分配及整军统编与缩编诸事宜,而达成全国军队统一之目的。(五)五人小组所成立之协议,应即交由政协综合小组,获得其协议。(六)关内之地方政权问题,由改组后之国府委员会解决之。(七)宪草审议委员会应即召开,商定宪法草案,送由政府提交国民大会,作为讨论之基础。(八)在共产党同意以上各点后,即下令停止军事冲突令,在下令之同时,共产党应宣布参加国民大会,并提出其代表之名单。"②

这八条貌似公允,实际上完全推翻了《停战协定》和《政协决议》,有利于国民党而不利于共产党。如第四条规定停战时国军与"共军"暂驻现地,就是要中共承认 1 月 13 日停战令生效后国民党军队占领解放区大片土地的既成事实。又如第八条规定下停战令时,中共应同意出席"国大",并交出代表名单,就是要中共默认国民党单方面宣布召开"国大"的非法行为,逼迫中共在政治上屈服。

蒋介石八条的提出,暴露了他鼓动和谈的真实目的,中共当然不能接受。但是考虑到第三方面人士对蒋介石仍抱有幻想,并力促国共重开

① 童小鹏:《风雨四十年》(第一部),中央文献出版社 1994 年版,第 465 页。
② 《国共谈判文献资料选辑》,江苏人民出版社 1984 年版,第 447—448 页。

谈判的情况,中共在坚持原则的同时,也十分注意斗争策略,以争取第三方面力量。

在蒋介石声明发表的当天,周恩来便致电中共中央,说明八条我们不能接受,但要给第三方面以面子,以免这些朋友对我们产生误解。10月17日,中共中央致电周恩来表示同意,指出"蒋的方针是政治大攻、军事大打,现在他骄气正盛",为"给第三者面子,参加三人会议与政协综合小组(不参加非正式五人小组),不必提出先停战再开会,在会上提出我们实行停战令及政协决议的主张,争得主动。对于美蒋背信弃义破坏和平,作历史性的解释"。[①]

为了更好地团结第三方面,中共代表团同意接受第三方面调解,与国民党政府继续谈判。1946年10月18日,在第三方面代表的参与下,国共代表在上海吴铁城公馆进行了非正式商谈。图为商谈后的合影。前排左起:张君劢、陈启天、沈钧儒、邵力子、周恩来、左舜生、郭沫若、李维汉、曾琦、吴铁城。后排左起:黄炎培、杨永俊、华岗、章伯钧、余家菊、罗隆基、胡霖、蒋匀田、李璜。

---

① 转引自李燕奇《走向合作的历程——中共与民主党派关系的形成及演变》,华文出版社1996年版,第163页。

同日,中共中央正式发表声明。声明历数了中共在抗战结束后,为了求得国内的和平、民主所做的八次让步,以及蒋美得寸进尺,非迫使中共与中国民主运动完全消灭不止的事实,并指出,蒋介石的八项条件,只是为了再一次欺骗人民,以达到自己的野心。尽管如此,仍然认为:"只要蒋介石在人民压力之下愿意实现真正有效的和平,则本党亦可不咎既往,重新协商。"最后,明确提出了重开谈判的两项条件:"必须承认停战、政协两协定的神圣效力,即承认恢复一月十三日国共双方军事位置为一切军事商谈的准则,承认实行政协一切决议为一切政治商谈的准则。"①这一声明表明了中共求和平、争民主的真诚愿望和原则立场。

三方代表常在南京新街口交通银行会谈

这样,谈判尚未恢复,国共双方都把各自的牌摊了出来。一方是八条,一方是两条,针锋相对,毫无妥协余地,这就预示了谈判不可能有什么结果。但这时国民党代表仍为促使重开谈判继续在上海游说,第三方面人士也抱着"死马当活马医"的态度为和谈奔走。尽管中共已对和谈不再抱任何希望,但为了揭露国民党的和谈骗局,教育和争取第三方面

① 《国共谈判文献资料选辑》,江苏人民出版社 1984 年版,第 451 页。

人士,周恩来于 10 月 20 日向国民党、第三方面等各方代表表示,和平是中共的一贯主张,他愿意回南京恢复谈判。

愤责折中方案

根据中央的指示,中共代表决定接受第三方面调处。10 月 21 日,中共代表周恩来、李维汉和第三方面代表张君劢、沈钧儒等 21 人由上海抵达南京,准备与蒋介石重开谈判。然而蒋介石根本没有诚意,只与抵达南京的各方代表寒暄了 8 分钟,交代政府方面由孙科负责,就借故飞往台湾。蒋介石的这一举动,令第三方面大失所望,无疑是给对和谈充满热情的第三方面人士浇了一盆冷水,他们的心顿时凉了半截。众所周知,没有蒋介石的首肯,什么问题也谈不成,孙科怎么能代表得了他呢?

1946 年 10 月 21 日,中共代表和第三方面代表返回南京时在上海机场合影。

尽管第三方面人士感到和谈的前景非常黯淡,但是既然来到南京,总不能不为重开谈判做一番努力。此后,第三方面人士在交通银行与国共双方代表频繁接触。国民党代表坚持以蒋介石的八条作为重开谈判的先决条件;中共则明确表示不能接受蒋的八条。由于双方没有谈判的基础,代表们到南京 3 天了,正式商谈还没能开始。这时,国民党军队加紧向解放区进攻。10月25日,攻占东北解放区的安东。第二天,周恩来得知这一消息后,异常气愤地说,我们要回延安,从此以后不再谈了。蒋介石和我们打了十几年交道,并不了解共产党。共产党从无到有,从最底层翻上来,哪怕国民党的压力?怕压力当初就不会有共产党①。黄炎培、梁漱溟力劝周恩来不要回延安,以免不明真相的人误解。他们还表示要加强和中共合作。周恩来和他们商定,以后有什么重要主张和行动,彼此先通通气,以免蒋介石利用第三方面孤立中共,欺骗人民。

这时,第三方面人士来到南京已6天了,尽管他们为重开谈判付出了极大努力,但离问题的解决仍相距甚远,而且国民党决定召开"国大"的日期业已临近,如果再提不出双方都能接受的方案,重开谈判必将流产。第三方面人士很着急,没有细加研究,也没有与中共代表商量,就于28日仓促提出一个折中方案②,并立即分送国共双方和马歇尔。方案如下:

和平是中央政府一贯的目标,休战一直是政府的愿望。我们悯于人民的苦难,认为应求迅速解决。因此建议三点,希望双方获致谅解,并急速停战。

(一)双方立刻颁发停火令,部队各驻留于现防阵地。停战及恢复交通的办法将由三人会议经由军事调处执行部及其执行小组实施之。双方部队将根据前此之协定加以整编。部队之分配则由三人会议处理之。("共军"在满洲之驻地,齐齐哈尔、北安、佳木斯应事先予以确定。)

(二)全国地方政府应根据政协决议及和平建国纲领,由改组后之国府委员会加以处理。凡有关军事民事之纠纷,应急速分别处理之。但沿中长路除政府所已占有之县以外,政府应派铁路警察,加

---

① 童小鹏:《风雨四十年》(第一部),中央文献出版社1994年版,第469页。
② 《国共谈判文献资料选辑》,江苏人民出版社1984年版,第465页。

以接受。

（三）根据政协决议和已通过之程序，应召开政协综合小组会议，以筹划改组政府。此时一切党派均将加入政府，并讨论召开国民大会问题，俾使各党派均能参加国民大会的会议，同时应召开宪草审议委员会，以完成宪法的修改工作。

莫德惠　　梁漱溟　　黄炎培　　陈启天

张君劢　　余家菊　　缪嘉铭　　罗隆基

李　璜　　章伯钧　　左舜生

这一名为"折中"的方案，实际上有利于国民党而不利于中共。尤其是第一条关于全国军队一律就地停战和中共东北军队驻地的规定，无疑要中共承认国民党侵占解放区的既成事实，将自己的军队置于狭小的地区，在战略上处于不利地位。这一方案明显迎合了蒋介石八条的要求，而和中共提出的恢复1月13日停战协定生效时双方军事位置的意见大相径庭。

当天下午3时，梁漱溟等人到梅园新村向周恩来送交这个方案。当他兴致勃勃地讲到第二条时，周恩来神色骤变，以手制止说，不要再往下讲了，我的心都碎了。周恩来愤怒地责备他们不遵守前约，指出这个方案是完全有利于国民党的，国民党进攻我们，想不到你们第三方面也从背后捅我们一刀。蒋介石要把我们打倒在地，你们还要踩上一脚。[1] 第三方面代表醒悟过来，立即赶到孙科、马歇尔处将方案收回，终未铸成大错。事后周恩来对李维汉说，对中间分子，平时以说服教育为主，但在他们严重的动摇关头，必须坚决斗争，以自己的坚决态度纠正他们的动摇。

10月27日，蒋介石回到南京。这时，他依然对国内局势的发展充满幻想，自信国民党在5个月内便能打垮中共军队，因而在谈判条件问题上

---

[1] 童小鹏：《风雨四十年》（第一部），中央文献出版社1994年版，第471页。

毫不让步,仍然坚持以他提出的八条作为重开谈判的前提。10月29日,蒋介石分批接见第三方面人士,表示不同意他们的方案,并要他们交出参加"国大"的名单。蒋介石的顽固立场从反面教育了第三方面人士,他们认识到蒋介石对和谈根本没有诚意,即使提出新方案也不会被采纳,他们决定不再提方案了,建议三方面直接商谈。

10月29日,三方面代表在孙科官邸举行非正式会谈。孙科提出先从改组政府入手,问题一个一个地解决。周

由于国民党当局坚持无理要求,第三方面调解宣告失败。

恩来则提出首先应延期召开"国大",因为政府决定的会期已经逼近,这个问题不解决,不能改组国民政府与行政院,这不符合政协决议。① 孙科知道蒋介石不会同意"国大"延期,不敢答复周恩来的要求。会谈遂无结果而散。由于国民党方面顽固地坚持蒋介石的八项条件,会谈无法进行下去。10月31日,第三方面人士张君劢、黄炎培、郭沫若等相继离开南京回上海。第三方面的调停宣告失败。

第二节　国共和谈最终破裂

拒绝出席伪国大

第三方面调停失败后,国内局势更加恶化。10月底11月初,国民党

---

① 童小鹏:《风雨四十年》(第一部),中央文献出版社1994年版,第472页。

军队加紧包围延安,国民党驻延安的联络官已准备撤退,中共代表团周恩来等人也准备返回延安。国共关系的最后破裂已是指日可待的事情了。

然而,这时蒋介石还要弄新花招,于 11 月 8 日突然单方面宣布:"明令关内外国军,除为防守现地所必须者外,停止其他军事行动。"同时重申"国大"如期召开,并举行军事三人小组会议,要中共派代表参加。蒋介石此举无疑是说,我宣布停战了,中共还不参加"国大",破坏和谈的责任在于中共。为此,11 月 10 日,中共针锋相对地发表两项声明,指出这次停战令"系由国民党政府片面颁布","政府今日可以片面宣布停止军事行动,明日即可片面宣布开始军事行动,而不肯受任何协议之约束";而且停战令将"为防守现地所必须者"除外,那么,今后政府的一切军事行动,"均可以此为借口"。至于政治方面的内容,则是违反政协决议的。如果蒋介石真有和平诚意,应立即停止召开一党"国大",撤退入侵解放区的军队,恢复 1 月间第一次停战令时的位置。[1]

1946 年 10 月 1 日,周恩来在上海周公馆举行记者招待会,就国民党军进攻张家口、企图召开分裂的"国大"等问题,发表重要讲话。

---

[1]《国共谈判文献资料选辑》,江苏人民出版社 1984 年版,第 477—479 页。

对于中共的要求,蒋介石以前没有答应,现在更不会答应。结果,非正式政协综合小组会议和非正式三人小组会议虽然分别于10日和11日召开了,却毫无作用。

1946年10月14日,民盟中央主席张澜对时局发表谈话:民盟坚决拒绝参加一党"国大",决心为争取和平民主奋斗到底。

11日下午,蒋介石突然宣布"国大"延期三天召开,这又是一个阴谋,他知道,延期三天中共也不会参加,但可以多拉几个第三方面人士参加"国大",以粉饰门面。果然,在国民党的诱胁下,第三方面中的某些党派和少数"社会贤达"犹豫动摇了,表示愿意参加"国大",以民盟为主的中间派也处于动摇之中。为了争取第三方面,反对国民党孤立中共的图谋,周恩来于12日出席第三方面人士会议。他语重心长地说:二十多天追随诸位先生之后,一切都是为了实现政协决议及停战协定。政协召开决定于"双十会谈",有国共谈判才产生政协,有政协才有第三方面。现在国民党要我们交名单,就是要分化中共与第三方面,其用心是为他们的脸上搽粉,把中共踢开。现在有人去跳火坑,进"国大"。我们愿意谅解各位的苦衷,但我们必须坚持政协决议。我们共事了多年,现在临别了,我们对继续挨打无所畏惧,我们党就是在"围剿"压迫中发展壮大起来的。我们有武装,可以同国民党周旋,而诸位将难免受压迫,希望有一天仍能一起为和平民主奋斗。① 经过周恩来耐心细致的说服工作,第三方面的中坚力量民盟决定与中共站在一起,拒绝参加"国大"。14 日,民盟主席张澜向记者发表谈话,表示"民盟绝不参加一党国大"。② 这样,就使国民党孤立中共的企图遭到破产。

11 月 15 日至 12 月 25 日,由国民党一党包办的"国民大会"在南京召开。出席大会的代表中,国民党代表占 85%,除国民党外,只有依附于国民党的青年党、民主社会党③和若干所谓"社会贤达"参加了大会。会议通过了所谓《中华民国宪法》。这部"宪法",抄袭了欧美资本主义国家宪法中关于国会制、责任内阁制和"自由""平等"的一些条款,但其实质是维护蒋介石独裁统治。"宪法"规定,总统拥有至高无上的权力,不需向任何机关负责;行政院要受总统指挥;立法委员会的产生,"以法律定之";省县制定"自治法",须以中央制定的《省县自治通则》为依据。显然,这部"宪法"完全违背了政协决议的精神,以根本法的形式确认了"总统"即蒋介石个人独裁的国家制度,从而使蒋介石的独裁统治"合法化"。

"国民大会"会场

---

① 李维汉:《回忆与研究》(下),中共党史出版社 1986 年版,第 651 页。
②《国共谈判文献资料选辑》,江苏人民出版社 1984 年版,第 482 页。
③ 中国民主社会党(简称"民社党"),是由原国家社会党和民主宪政党于 1946 年 8 月合并而成。

伪国大的召开,标志着国民党彻底撕毁政协决议,关闭了和谈的大门。

愤然退出谈判

11 月 16 日,即"国大"开幕后的第二天,周恩来会晤马歇尔,告诉他由于"国大"的开幕,和谈大门已被国民党关闭,他不得不返回延安。但中共仍将在南京、上海、北平保留一些人,便于今后一旦重开谈判时有人出面联络,并告诉他董必武将留在南京。这时,马歇尔觉得"国大"既然召开了,他已没有理由挽留周恩来了,只是表示美方愿为中共人员返回延安提供交通工具。①

对这个阶段的谈判,周恩来后来做了这样的分析:

> 七月以来谈判的本身不会有什么结果,但马歇尔、蒋介石还在欺骗。假如那时我们不谈就会孤立,因为人民不了解,我们只有在"国大"开了之后才能走,一定要在第三个阶段结束后才能走,这样才能完成教育人民的一课。②

周恩来在重庆、南京进行的历时一年多的谈判结束了。11 月 16 日下午,他在南京梅园新村举行告别性的记者招待会,发表《对国民党召开"国大"的严正声明》,指出,国民党一手包办的"国大"最后破坏了召开政协以来的一切决议和停战协定以及整军方案,隔断了和平商谈的道路,表示中共"愿同中国人民及一切真正为和平民主而努力的党派,为真和平真民主奋斗到底"③。他还是穿着在政协开会时所穿的那套黑呢中山装,还是那样目光炯炯、彬彬有礼。会上还散发了书面声明,严正谴责国

① 童小鹏:《风雨四十年》(第一部),中央文献出版社 1994 年版,第 473—474 页。
② 《周恩来选集》(上卷),人民出版社 1980 年版,第 260 页。
③ 《周恩来选集》(上卷),人民出版社 1980 年版,第 244 页。

民党一党召开的"国大"是违反政协决议和全国民意的,中共决不承认。接着,周恩来便开始回答记者们的提问。

1946 年 11 月 16 日,周恩来在梅园新村 17 号举行中外记者招待会,就国民党单独召开"国民大会"发表严正声明。

问:"周先生认为现在已无可再谈了吗?"答:"是的。一党'国大'召开后,已把政协决议最后破坏,政协以来和谈的道路也已被完全阻断。"

问:"几时回去?"答:"两三天内。"

问:"几时回来?"答:"现在还没有想到这个问题,不过我相信总有一天。"

一个记者问到延安的军事情况。周恩来详细地叙述了这方面的形势,接着就指着墙上"国民党进攻解放区形势图"中代表解放区边界的蓝线说:"我们一直是在自己区域实行自卫。但假如政府继续进攻,特别是进攻中共和解放区的中心延安,那就逼得我们从蓝线里打出来,那就是全国变动的局面。"

话题转到第三方面。有记者问:"青年党参加'国大'后,还能再称'国大'为一党包办的吗?"周恩来气愤地回答:"一党包办的性质并无改变,因为这一'国大'是以近千个十年前一党包办选出的旧代表作基础的。政协时因为改组政府、宪草修改原则等一切决议都成立了,而且政府还保证在国大中通过由政协审议完成的宪草,这样我们才做最大的让步,承认这些旧代表。但是现在政协各项决议一条也没有实行,而'国大'却仍以旧代表为基础。其次,这一'国大'的召开不是经各党派协议的,而是一党召开了之后,再请其他党派参加的。青年党的参加,也是单独和政府交涉的。"

有一个记者问:"假如'国大'通过对中共下讨伐令,中共将何以自处?"周恩来笑笑说:"那有什么不同呢?早就在打了。我们在南京的人早就准备坐监狱的。"他很有信心地说:"抗战前十年内战,抗战中八年摩擦,胜利后一年纠纷,都经历过了。再二十年还是如此,我们还是要为人民服务。只要不背叛人民,依靠人民,我们在中国的土地上一定有出路的。"他平静下来,温和地对发问者说:"假如你是替我们担心的话,我可以告诉你,不要紧的。"大家听了,都笑起来。

问:"国共分裂后,中国革命的形势如何?"答:"百年来,中国的革命都是为了独立和民主。这个阶段是不能超越的。我也是生长在城市里的,但自从进入农村后,认识了农民力量的伟大。中国的工业化是不能建筑在沙滩上的,必须依靠农业的发展,农村的解放。"

1946年11月14日,周恩来在梅园新村设宴招待民盟代表,并合影留念。左起:周恩来、邓颖超、罗隆基、李维汉、张申府、章伯钧、沈钧儒、董必武、黄炎培、张君劢、王炳南。

问："战争的前途如何?"答："可以假定两种前途：一、国民党军多占城市就须多付代价。过去已经损失了三十五个旅,占的城是空的。我们的主力未受损失。渐渐地,他的损失达到或超过总兵力的二分之一时,占的城市和交通线就保不住。那时逼得他考虑新问题。二、国民党一面占领许多地方,一面又消灭了我们主力,那就叫作胜利。但我可以肯定地说,这种胜利他是永远得不到的。"

问："假如国际干涉,中共采取什么态度?"答："如果是武装干涉,不论来自何方,我们一概反对。如果善意调解,我们都愿考虑。"

周恩来公开宣布,由于国民党当局单方面召开"国大",关闭谈判的大门,中共代表团将于两三天内撤回延安,但南京、上海两办事处仍将保留,由董必武、钱之光主持。[1]

记者们提的问题什么都有。周恩来一直站着侃侃而谈。他有时语调激昂,有时冷静分析,有时诚恳解释。散会后,记者们围着他,请他签名题字。他题道："为真民主真和平而奋斗到底!"[2]

17日中午,周恩来、董必武、邓颖超在梅园新村宴请民盟领导人,并摄影留念。当天晚上,他给正在上海的郭沫若夫妇写了一封告别的信件[3]。信中说：

> 民盟经此一番风波,阵容较稳,但问题仍多,尚望兄从旁有以鼓舞之。民主斗争艰难曲折,居中间者,动摇到底,我们亦争取到底。"国大"既开,把戏正多,宪法、国府、行政院既可诱人,又可骗人,揭穿之端赖各方。政协阵营已散,今后要看前线,少则半载,多则一年,必可分晓。到时如仍需和,党派会议、联合政府仍为不移之方针

①《周恩来一九四六年谈判文选》,中央文献出版社1996年版,第689—692页。
②《怀念周恩来》,人民出版社1986年版,第402页。
③《周恩来书信选集》,中央文献出版社1988年版,第356页。

也。弟等十九日归去,东望沪滨,不胜依依,请代向诸友致意,并盼保重万千。

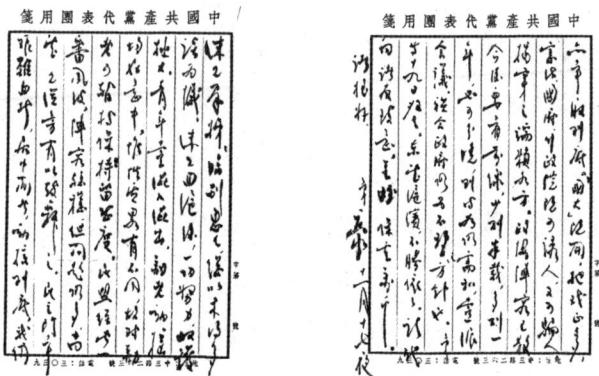

周恩来给郭沫若的亲笔信

由于国民党不顾中共和全国人民的反对,悍然召开一党包办的"国民大会",国共和谈之门被国民党一手关闭。伪宪法通过后,中国共产党立即严正声明:蒋记"国大"及其制定的蒋记"宪法"均属非法和无效。

周恩来送给司徒雷登的花瓶

马歇尔送给周恩来的皮包

19日,周恩来率中共代表团邓颖超、李维汉等15人,乘美军专机离开南京返回延安。董必武、钱之光、吴玉章等继续在南京、上海和重庆坚持工作。临行前,周恩来满怀信心地向朋友们道别说:共产党一定要回南京、上海,蒋介石已经完全撕毁和谈的假面具,放手大打起来了。我们全党、全军坚决以自卫战争来粉碎蒋介石的进攻。从各方面看来,再经过几年的苦战,蒋介石的进攻,是能够打败的。看形势,三五年之后回来。这番话给朋友们极大的鼓舞。同时,周恩来还让代表团负责外事工作的王炳

1946 年 11 月 19 日,周恩来、邓颖超、李维汉等离开南京返回延安。返回延安前夕,周恩来、邓颖超、李维汉与仍将留在南京与国民党政府保持联系的董必武在梅园新村 30 号院内合影。

南将一只五彩人物敞口瓶赠给美国驻华大使司徒雷登。虽然谈判中在原则问题上周恩来与美方代表针锋相对,但司徒雷登对周恩来的人品一向十分赞赏。司徒雷登收到这件礼物后,十分珍惜,后来他携带此瓶返回美国,一直悉心珍藏。1988 年 5 月 26 日,司徒雷登秘书傅泾波的女儿傅海澜专程从美国来到中国,将花瓶回赠给梅园新村纪念馆。国共南京谈判期间,美国特使马歇尔对周恩来的品德和才能也非常敬佩,称"周恩来将军不愧为世界上第一流外交家"。为了表示对周恩来的敬意,他特地送给周恩来一只手提式公文包,皮包表面有烫金英文:"马歇尔将军赠周恩来将军"。

周恩来在南京机场

周恩来等正登上飞机

民盟拒绝参加伪国大

第三方面的调解失败后,蒋介石为了从政治上孤立共产党,使国民党的独裁统治涂上一层"民主"和"多党联合"的色彩,又劝诱第三方面参加伪国大。抵制国民党一手操纵的"国民大会",实际上是维护《政协决议》斗争的继续。在这关键时刻,中国共产党对第三方面进行团结、教育和引导,争取其坚持与共产党合作的立场。10月30日,周恩来等参加第三方面会议,明确表示:国民党要我方交名单才停战,这种哀的美敦书的方式,我们坚决不接受。董必武等也强调,军事与政治不可分割,政协五项决议也不可分割。在中共影响下,章伯钧等代表第三方面向孙科表示,中共不交"国大"代表名单,他们也不能交。周恩来获悉后鼓励第三方面说,蒋介石是拿停战作为交换名单的诱饵,是假停战;我们要的是真和平、真停战;希望第三方面要团结,这次谈不成,将来还会有机会,要保持自己的立场和信誉。

11月8日,蒋介石单方面下停战令,重申如期召开"国民大会"。周恩来态度坚决地对第三方面表示,中共方面绝对不承认11月12日"国民大会"开幕的日期。若"国大"如期开幕,他将返回延安,不再商谈。他主张由各党派协商定一个召开"国大"的合法日期,并希望"在野的都团结起来","不要受人挑拨"。[①] 周恩来还亲自打长途电话到上海,催请已返沪的民盟代表黄炎培、沈钧儒、章伯钧即来南京。

10日,蒋介石会见社会贤达代表莫德惠、缪云台等,对他们施加压力说:"国大"代表报到者已达法定人数,"国大"无法延期,如第三方面提交"国大"代表名单,可以延期开会,你们考虑,请于11日下午7时答复。面对蒋介石的政治压力,第三方面出现了动摇。罗隆基表示:"我们向政府

---

① 李勇、张仲田编著:《解放战争时期统一战线大事记》,中国经济出版社1988年版,第291页。

所要的政治价钱高些,然后压迫中共在军事上让步,做到一齐参加国大的目的。……我们应劝劝中共,不要太固执,让他们了解我们,不是总跟着他们走的。"莫德惠说:"应向中共建议,民盟与中共交出部分名单,以换取延期……国大如仍召开,劝中共不要即走。"①青年党代表李璜提出,要压中共在军事上让步。在张君劢和李璜的主持下,最后商定致函蒋介石,希望"国民大会"延期到12月1日举行,以便有时间继续调停国共争端。如蒋接受第三方面的延期条件,则信上签名的人,即是提出的一部分"国大"代表名单。

沈钧儒、章伯钧、张申府将第三方面这一行动告知周恩来,周恩来立即指出其错误,认为提名单做开会准备,就是违背政协程序。于是,张申府立即去交通银行,将信上签的沈钧儒、章伯钧、张申府的名字抹去。张君劢气急败坏地说:"知有今日,何必当初! 调人如此下场,未免信人而忘己了。"他立即驱车回沪。由此,第三方面因政见分歧发生分化。

11日,蒋介石对第三方面的信予以答复,同意延期三天,要求各方在两天内提交"国大"代表名单。在这种情况下,周恩来、董必武等又一次出席第三方面人士的会议。会上,青年党左舜生、陈启天指责张申府等当了中共的尾巴,并说:"宁为鸡首,不为牛后。"周恩来当即起来驳斥说,牛吃的是草,挤的是奶,造福人类,鸡最可耻,只知抢粮食吃。

14日晚,"国大"召开前一天,莫德惠、钱永铭、缪嘉铭、胡政之、李烛尘向"国大"报到。青年党曾琦向蒋介石递交了参加"国大"的名单。接着,原先表示"将与民盟采取一致行动"的民社党领导人张君劢也宣布"有条件地参加国大",并致书蒋介石表示:"在此还政于民之日,自当出席以赞大法之完成。"当民盟代表对其加以劝阻时,张君劢以不愿让手下人"老饿着肚皮"为由,表示拒绝。

---

① 转引自邱钱牧《中国民主党派史》,浙江教育出版社1987年版,第191页。

139

在第三方面代表中民盟占着多数。在这关键时刻,民盟态度如何,关系重大。中共代表团加强了对民盟的工作。周恩来当时对民盟强调,参加"国大"就一定破坏政协,成为蒋介石发动内战的帮凶。他希望民盟拒绝参加"国大"。民盟在中共代表的帮助下,坚定了立场。

11月12日,民盟留在南京的中央委员举行谈话会,决定坚决拥护《政协决议》,"一切行动以此为唯一依据",在《政协决议》关于国大开会以前各项手续完成之后,"即一致参加国大,未完成前,暂不参加"①。当晚,民盟主席张澜由重庆致电南京的民盟政协代表,再三强调"我们同盟必须在政协决议程序全部完成后,才能参加国大,否则即失去了同盟的政治立场,希望大家要万分慎重,绝不可稍有变动"②。在"国大"召开前一天,民盟总部发出《紧急通知》,指出民盟决定不参加国民党一党包办的"国民大会",并坚决反对国民党召开分裂的"国民大会",并要求各省市民盟组织广泛宣传民盟总部的决定和张澜主席的电函。同一天,张澜也向记者发表谈话,指出:"国大"延期三日,其目的是要换取第三方面"国大"代表名单,目前即使第三方面提了"国大"代表名单,不但不能促进中国的和平、民主、统一,相反更会造成纠纷,"所以民盟绝不参加一党'国大'"③。12月24日,民盟中央常委会决定将参加"国大"的民社党开除出盟,而对拒绝参加"国大"并宣布退出民社党的张东荪等人,则继续保留他们的盟籍。这场围绕抵制还是参加伪国大的政治分野,实际上体现了第三方面在国共两党之间的政治选择,他们所标榜的中间立场已经从根本上发生了动摇。

12月31日,民盟中央发表声明,谴责国民党"用破坏政协的行动而制成片面的宪法,则所谓宪法已失去了法律根据,而违法造法者必不能

---

①② 李勇、张仲田编著:《解放战争时期统一战线大事记》,中国经济出版社1988年版,第295页。
③《中国民主同盟历史文献》,文史资料出版社1983年版,第247页。

示人以守法之保证"①,表示绝不承认这部"宪法"。

继"国大"之后,国民党于 1947 年 4 月又导演了"改组政府"的骗局。民社党、青年党和某些"社会贤达"在国民党的拉拢下,参加了国民政府。蒋介石宣称,这次改组后的政府是"自由主义"和"多党政府","国民党已实践还政于民之诺言"。对于国民党这一"改组政府"的把戏,中国共产党斥之为"继承袁世凯旧筹安会的新筹安会"。民盟指出,改组后的政府"不是促进和平的政府","不是实现民主的政府",而是"国民党领导而民、青两党参加的政府,乃共同负责与共产党作战之政府"②。

对于蒋介石煞费苦心地召开伪国大、通过伪宪法和改组政府等一系列政治欺骗行径,毛泽东做了如下的评说:"蒋介石的一切政治欺骗,由于蒋介石的迅速扮演而迅速破产。""什么召开国民大会制定宪法呀,什么改组一党政府为多党政府呀,其目的原是为着孤立中共和其他民主力量;结果却是相反,被孤立的不是中共,也不是任何民主力量,而是反动派自己。"③人们甚至把是否拒绝参加"国大"和"改组政府"当作评价一个人或党派政治操守的标准。在这一年多维护政协决议、反对非法国大的共同斗争中,共产党与民主党派的关系经受了严峻考验,进一步巩固了团结。尤其是民盟,在这个有关国家前途命运的大是大非问题上,最终克服了内部的某种危机,与中共采取了一致的行动。对此,周恩来评价甚高,他说:"我们也料想到青年党、民社党一定要参加'国大',只要把民盟拉住不参加,'国大'开了就很臭。这个目的达到了。"④蒋介石"单独召开'国大',中共不参加,民盟不参加,立刻就使它不能起作用,人民就不拥护它"。⑤

---

①《中国民主同盟历史文献》,文史资料出版社 1983 年版,第 249—250 页。
②《中国民主同盟历史文献》,文史资料出版社 1983 年版,第 320—321 页。
③《毛泽东选集》(第 4 卷),人民出版社 1991 年版,第 1226 页。
④《周恩来选集》(上卷),人民出版社 1980 年月版,第 259 页。
⑤《周恩来选集》(上卷),人民出版社 1980 年月版,第 275 页。

第三节　中共代表团被迫撤离南京

国民党背信弃义

1946 年 11 月 15 日，国民党当局召开了一党"国大"，谈判之门被国民党一手关闭，时局更趋恶化。但国民党和美国"调停人"还想留有余地，以便继续进行欺骗，而中共也希望在国民党统治区留下公开联络机关，以便继续与各方联系宣传，教育群众，按照党中央指示坚持非赶不走的方针，表示决不由中共主动关死谈判之门。

国民党当局在召开"国大"的同时放出空气，将派政府要员赴延安与中共恢复和谈。

中共代表团撤回延安以后，蒋介石不承认他关闭了国共和谈的大门，仍继续耍弄真内战假和谈的两面手法。11 月 30 日，蒋介石对国民党各战区发出密令，要求"在今后一年内……彻底消灭万恶之'奸匪'"。然而，这时国民党对解放区的军事进攻却连连受挫，有生力量损失很大。为了取得一点喘息的时间，准备力量再度进攻，同时也为了欺骗群众和国际舆论，把和谈破裂的责任推给中共，蒋介石又玩弄花招，大造"和谈"舆论。12 月 9 日，国民政府外交部司长叶公超对中外记者透露：政府现在正考虑派员飞赴延安访问共产党领袖毛泽东及该党代表周恩来。12 月 31 日晚，蒋介石发表 1947 年元旦广播辞说：对中共问题以政治解决，国民政府绝不关闭谈判之门，而且还期待中共参加政府。随后蒋介石又把曾长期同中共谈判的国民党代表、时任国民政府西北行营主任兼新疆省主席张治中召回南京，准备派赴延安与中共谈判。

为了揭穿蒋介石的"和谈"骗局，以教育人民，同时也为了尽最大努力挽救时局,争取和平民主,中共表示愿意与国民党重开谈判,并提出了重开谈判的条件。12月3日,周恩来在延安致电马歇尔表示,尽管由于一党包办"国大"的召开,政协决议已被破坏无疑,国共两党已无谈判基础,但为"符合全中国人民争取和平与民主之愿望,本党主张,如国民党立即解散正在开会的非法国大,恢复一月十三日停战令时之军队原防,则两党仍可重开谈判"。[①] 12月28日,周恩来在和新华社记者谈话时进一步指出:"谈判之门是国民党政府拿它召开'国大'的手关闭的。如要重开谈判,国民党政府必须:(一)根据停战协定,承认恢复一月十三日双方驻军位置,实行停战。(二)根据政协路线,取消非法国大及伪宪,重开党派会议协商一切。"[②]这两项条件是为实现真正的和平民主所必需的,集中体现了当时全国人民的愿望和要求,表明了中共重开谈判的诚意和原则立场。如果蒋介石接受了这两项条件,对人民是有利的;如果他拒绝了这两项条件,就会使他的"和谈"骗局破产,有利于教育人民。当然,蒋介石对于中共提出的致内战独裁政策于死命的两项条件,他是绝对不会接受的。同日,延安《解放日报》发表题为《弄假成真》的社论,指出蒋介石打出了最后一张牌,但是,这张牌却只是把弄假成真的"国大"再弄真成假,这是蒋介石一生中最大的政治失败。社论重申:"中国共产党将与全国一切拥护政协路线、拥护一月份停战令的党派、阶级和人物永远团结一致,来恢复中国的和平,实现中国的独立与民主。"

鉴于蒋介石坚持以武力消灭中共而又玩弄假和谈阴谋,以及中共坚持两项条件的坚定态度,马歇尔感到继续待在中国进行调处,不可能有任何进展,再加上美国在调处中偏袒国民党的立场和援助国民党打内战的行径,日益为中国人民所认识,于是,美国政府于1947年1月6日宣布

---

① 《国共谈判文献资料选辑》,江苏人民出版社1984年版,第494页。
② 《周恩来一九四六年谈判文选》,中央文献出版社1996年版,第719页。

调马歇尔回华盛顿报告中国局势。7日,马歇尔发表离华声明,并于次日返回华盛顿。他在声明中避开美国和蒋介石对中国内战的责任不谈,而说中国和平最大的障碍是"国共两方彼此完全以猜疑相对",而且把谈判破裂的责任推到中共身上,指责中共提出的重开谈判的两项条件是政府所不能接受的,从而"促使谈判中断"①。马歇尔的离华宣告了他调处国共冲突的失败和美国对华政策的破产,尽管马歇尔在华期间以"调停人"的身份进行活动,实际上在他"调处"国共冲突期间,美国政府帮助国民党完成了发动全面内战的准备。蒋介石所以敢冒天下之大不韪,发动全面内战,美国政府负有不可推卸的责任。

马歇尔离华后,蒋介石继续玩弄"和谈"花招。1月9日,国民党中宣部长彭学沛发表谈话说:政府对于停止冲突及改组政府等问题的具体办法,甚愿与中共竭诚商谈,以期和平统一能早日实现。

1947 年 1 月 8 日,美国总统特使马歇尔离华回国,王炳南代表中共代表团到机场送行。左图:马歇尔(左二)、王炳南(左四)、司徒雷登(右)。

中共驻南京办事处王炳南于 10 日即予以批驳:国民政府一方面在解放区实行大规模军事进攻,一方面奢谈迫切需要和平,如国民政府愿与

———————————

① 《国共谈判文献资料选辑》,江苏人民出版社 1984 年版,第 515—517 页。

中共恢复和谈,则应该接受所提出之两项要求。①

　　1月16日,蒋介石经过司徒雷登转告王炳南,国民政府将派张治中赴延安与中共恢复和谈。中共中央获悉这一消息后,即于当天致电董必武,根据目前形势,蒋介石提出恢复和谈,只有利于蒋方重整军队、再度进攻,以及为美方在3月莫斯科四国外长会议上粉饰太平。我党的对策仍是坚持恢复去年1月13日军事位置与取消蒋宪另开制宪会议两条。第二天,周恩来代表中共中央发表谈话指出,国民党当局对于中共中央两项要求置之不理,证明其所谓和谈完全是骗局。它的企图是求得休息时间,以便重新进攻。我们对于所谓"和谈",完全丧失信任。② 18日,王炳南当面明确告诉司徒雷登,如果国民政府答应中共提出的两项条件,和谈即刻可在南京恢复。否则,即使派人赴延,亦无补于事。③

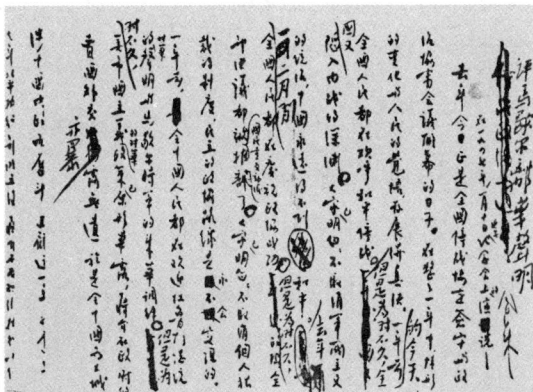

　　马歇尔离华时,美国国务院发表了马歇尔离华声明,为美国政府以调处为名,支持国民党发动内战,干涉中国内政的对华政策辩解。对此,周恩来于1947年1月10日,在延安发表了题为《评马歇尔离华声明》的重要演说。这是周恩来演说的部分手稿。

---

① ③ 童小鹏:《风雨四十年》(第一部),中央文献出版社1994年版,第478—479页。
② 《周恩来年谱(1898—1949)》,中央文献出版社1998年版,第735页。

可是,国民党当局在坚决拒绝中共提出的、为争取真正的和平与民主所必需的两项要求的同时,却又提出所谓"和谈"的条件。1月20日,国民党中宣部发表声明,公布了国民政府恢复"和谈"的四点方案:(一)政府愿意派员赴延安,或请中共派员来京,继续进行商谈或举行圆桌会议,邀请各党派及社会贤达参加;(二)政府与中共双方立即下令,就现地停战,并协议关于停战之有效办法;(三)整编军队及恢复交通,政府仍愿根据三人会议过去协议之原则,继续商谈军队驻地、整编程序以及恢复交通之实施办法;(四)在宪法实施以前,对于有争执区域之地方政权,政府愿意与中共商定公平合理之解决办法。① 这四条的要害是第二条和第三条。所谓"就现地停战",实际上就是要把国民党在发动内战后侵占解放区的地盘合法化;所谓"整编军队",实际上是要共产党交出军队,或者把共产党的军队置于国民党规定的狭小地区之内,加以歼灭。声明所提的四项条款,表明国民党所谓愿意重开谈判,仍然是骗局。对此,中共中央宣传部于1月25日发表声明,揭露国民党当局提出的四点方案,"是用来拒绝真正和谈的先决条件的","其目的,仅在空言搪塞,以便骗人而已"。声明指出,恢复和谈,"一定要蒋介石实现取消伪宪及恢复去年一月十三日军事位置两条",这是为维护政协决议和停战协定所必需的,否则便无法保证以后谈判中获致的协议不被国民党撕毁。声明最后正告蒋介石,"一切的欺骗都是无用的",现在蒋介石既然拒绝中共提出的两项条件,而以四点方案来对抗,"则一切后

刊载于《解放日报》上的有关国民党当局逼迫中共人员撤离南京、上海、重庆的报道

---

① 《国共谈判文献资料选辑》,江苏人民出版社1984年版,第522页。

果当然由蒋介石负责"①。1月24日,中共中央致电董必武、王炳南,指示董暂驻上海不回南京,王应对美蒋洽谈,拒绝国民党所提四条,而要美蒋接受我党提出的两条,否则,不能开谈。②

由于中共的揭露和针锋相对的斗争,国民党的"和谈"骗局很快便被揭穿了。广大群众,尤其是第三方面的大多数人士都认清了蒋介石的真面目。此后,国民党当局即采取一系列步骤,使国共谈判完全破裂。

早在1946年10月,周恩来已经预见到谈判必将破裂,为了保证一旦公开机关中共代表团被迫撤回延安后,能继续保持南京局与所属地区地下党组织的联系,便预先做了安排。11月上旬,钱瑛就从梅园新村秘密转移到上海。对于这次转移,南京局做了精心的安排。先派张述成在上海吴淞路三角地租了一间弄堂房子(一楼一底),然后派张文澄夫妇带一个5岁小孩去与张述成开茶庄,张文澄当老板,张述成当会计,钱瑛以张文澄表姐的身份住在一起,组成转移站性质的秘密机关,成立复员委员会,领导原南京局系统钱瑛所管的党员和外围组织。经过3个月的观察,证明转移成功,才进入上海分局。1947年3月,南京局和四川省委被迫撤退,西南地下党与上级组织失去联系,由于钱瑛事先成功转移,使西南地区的关系很快得到了恢复。周恩来离开南京前还写信给刘晓,嘱咐地下党的同志:黑暗的时间又要到了,要做长期斗争的思想准备,要准备5年左右的时间。

对机关人员也分别情况,做了周密妥善的安排。1946年9月,组织部就拟定了机关干部分批撤退的计划,报周恩来批准后开始执行。一部分干部撤往香港;一部分干部隐蔽埋伏下来,坚持地下斗争;一部分干部陆续撤往延安和各解放区;一部分干部留在京、沪公开机关坚持斗争。

---

① 《国共谈判文献资料选辑》,江苏人民出版社1984年版,第523—527页。
② 童小鹏:《风雨四十年》(第一部),中央文献出版社1994年版,第479页。

在人员撤退的同时,对档案材料做了有计划的安全转移,由陈浩管理带回延安。

中共代表团分别向各界人士进行了告别活动。10月,周恩来在上海约请郭沫若、许广平、马叙伦、马寅初等座谈,向他们表示:蒋介石已经撕毁和平协定,向解放区全面进攻,中共坚决以自卫还击粉碎蒋介石的进攻。困难是暂时的,最后胜利属于人民,按照中共中央的指示,中共代表团将要撤回延安,不论是南京还是上海,我们一定是要回来的①。梅益也分别约请新闻界的朋友们召开座谈会,请便宴叙别,向他们分析当时的形势和发展前途,鼓励他们为和平、民主、

中共代表团上海联络处和《新华日报》上海办事处登载于上海《新民报晚刊》上的撤离启事

正义继续努力,有的还留下联系暗号以待必要时使用。邓颖超也对郑瑛等妇女界民主人士,就今后开展妇女界民主统一战线工作做了告别布置。

1947年1月29日,美国驻华大使馆发表声明,美国政府决定终止它对三人小组会的关系,以及与军事调处执行总部的关系②。30日,国民政府宣布解散军事三人小组及北平军事调处执行部。2月3日,美国驻延安联络团人员撤离延安。2月6日,美国驻华大使馆又发表声明,美国政府将协助受委任的中共人员,返回中共区域,至3月5日为止③。2月21日,国民政府逼迫北平军事调处执行部中共代表叶剑英及工作人员全部

---

① 夏顺奎:《周恩来同志一九四六年四次来上海》,《文史资料选辑》(第二十八辑),上海人民出版社1979年版。

②《国共谈判文献资料选辑》,江苏人民出版社1984年版,第528页。

③《国共谈判文献资料选辑》,江苏人民出版社1984年版,第530页。

撤离北平。国民党当局在京、沪、渝三地中共人员逼而不走的情况下,于
1947年2月27日以重庆警备司令部名义,28日又以京、沪两地卫戍司令
部名义分别通知三地人员,限于3月5日前撤离,并一度包围重庆、上海
两地联络处。

再见之期,当不在远

3月2日,中共中央负责人就蒋介石强迫中共驻南京、上海、重庆代
表及工作人员撤离一事发表评论,指出:"蒋方这一荒谬措施,无论是出
于蒋介石本人的命令或是其地方当局的胡作非为,都是表示蒋方已经决
心最后破裂,放手大打下去,关死一切谈判之门","妄图内战到底,实现
其武力消灭中共及全国民主势力的阴谋"。"蒋介石这一荒谬步骤,如不
立即改变和放弃,那真是他自己走到了绝路,一切后果应由他负责。"[①]根
据1947年2月28日中共中央决定中共联络处及工作人员撤回延安的指
示,南京局在董必武领导下,在早有准备的基础上,从容不迫地办完了撤

**1947年3月5日,中共代表团驻沪办事处最后一批人
员撤离上海时在周公馆合影。左起:鲁映、王知还、计锦
洲、陈家康、王凝、吴月凤、刘昂、钱之光、黄月仙、华岗、王
文忠、潘梓年、杨少林。**

①《毛泽东年谱(1893—1949)》(下卷),人民出版社、中央文献出版社1993年版,第172页。

退事宜:珠江路秘密电台带往香港;白下路秘密电台迁往上海;中华门剪子巷的秘密电台及负责人王家瑞留在南京暂时隐蔽。中共留在京、沪、渝、蓉、昆等地的房屋、物资器材、交通工具,由周恩来致电民盟主席张澜,委托民盟代为保管,双方签订契约,并请林秉奇律师作证,公开发表声明,以防国民党当局插手①。3月7日晨,董必武率中共驻上海、南京办事处人员华岗、潘梓年、王炳南、陈家康、梅益等74人从南京乘飞机返回延安。离开南京时,董必武在机场发表书面谈话:"必武等今日离此,感慨莫名。十年来从未断绝之国共联系,从此断矣。观此一举动,系企图配合政府之改组,借以鼓励士气,镇定人心。战事显将继续,人民之灾祸必将更大更深。目前虽战祸蔓延,中共党员,仍将一本初衷,竭力为和平民主奋斗到底。当兹握别之际,必武等愿以此与全国一切爱好和平民主

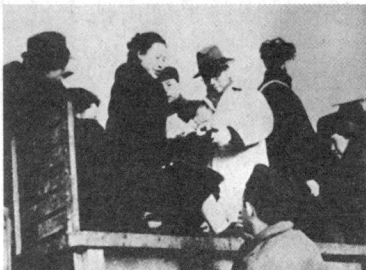

　　1947年3月7日,中共代表团驻南京、上海的全体人员74人,分乘四架飞机返回延安。图为中共代表团撤离时的情景。

---

① 《国共谈判文献资料选辑》,江苏人民出版社1984年版,第542—543页。

人士共勉。"[1]他对送行的朋友说："再见之期,当不在远。"3 月 8—9 日,中共驻重庆办事处及《新华日报》报馆人员、吴玉章等也乘飞机回到延安。至此,长达 10 年之久的国共谈判彻底破裂。

1947 年 3 月 7 日,董必武率领南京、上海中共代表团成员由南京飞返延安。董必武在机场与送行的邵力子(左二)、张治中(右四)等合影。

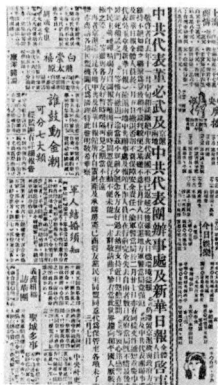

董必武在《大公报》上发表的向南京人民告别启事

1947 年 5 月 6 日,中共中央决定将原上海分局改为中共中央上海局。上海局管辖长江流域、西南各省及平津一部分党的组织与工作,于必要时指导香港分局。上海局继续南京局的领导工作,领导蒋管区中共党的地下斗争直至解放[2]。

从 1945 年 8 月抗日战争胜利至 1947 年 3 月和谈破裂,中共同国民党进行了 18 个月的和平谈判。尽管中共在谈判中为争取和平民主付出了巨大的努力,并做出许多重大让步,但由于蒋介石集团缺乏诚意,顽固地坚持内战独裁政策,谈判没有达到制止内战独裁、实现和平民主的预期目的。尽管如此,谈判仍是有重要意义的。通过谈判,表明了中共争取和平民主的诚意和原则立场,暴露了蒋介石集团真内战假和谈、真独

---

①《国共谈判文献资料选辑》,江苏人民出版社 1984 年版,第 545 页。
②《中共南方局组织系统概况》,《中共党史资料》(第十二辑),中共党史资料出版社 1985 年版,第 8 页。

裁假民主的真面目,全国人民认清了和谈破裂的责任在于国民党,从而使中共进一步赢得人心,取得了国际舆论的广泛同情。而蒋介石集团则失去人心,在政治上更加孤立。

1946年11月21日,毛泽东、刘少奇、周恩来三人开会时,对一年多的南京谈判给予了充分肯定。毛泽东说:南京谈判有成绩,达到了教育人民的目的。刘少奇说:谈判整个说来是很成功的,成绩就是证明了妥协的不可能。周恩来也说:谈判虽然破裂了,"但另一面则收获甚大,使党的和平民主方针与蒋的独裁内战方针被群众认识"。[①]

---

① 转引自金冲及主编《周恩来传》(二),中央文献出版社1998年版,第814—815页。

第六章

开展宣传工作

　　1946 年 5 月,中共代表团从重庆迁到南京后,同国民党继续谈判。在将近一年的时间里,在周恩来领导下,中共代表团以新闻出版为武器,揭露国民党和美国政府假和谈、真内战的阴谋,宣传中国共产党和平民主的主张,为团结国统区人民,扩大民主统一战线,开辟第二条战线,加速解放战争的胜利,做出了重大贡献,在中国共产党新闻出版史上写下了光辉的一页。

第一节　创新党的新闻工作

召开新闻发布会

　　中共代表团到南京以后,中共代表团、中共中央南京局以公开的和秘密的、口头的和文字的多种方式,向广大人民宣传中国共产党坚持民主、坚持政协决议的一贯立场,不断揭露国民党出尔反尔破坏协议、协定和美国支持国民党军队打内战的真相,使群众从事实上认清形势,起来争和平、反内战,出色地完成了历史赋予的宣传工作使命。

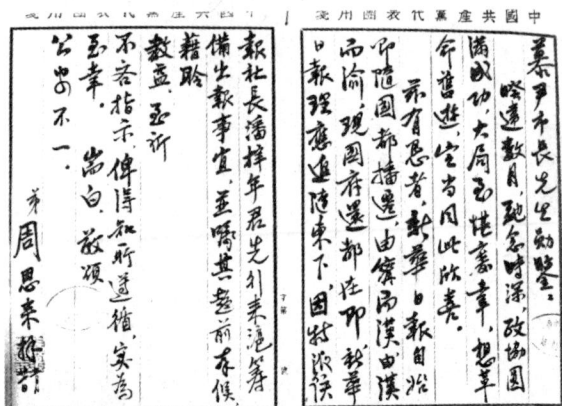

为开辟宣传阵地,中共代表团在重庆时,积极筹备在上海出版《新华日报》,因遭到国民党当局的阻挠,未能成功。1946 年 2 月 21 日,周恩来为《新华日报》迁沪出版一事致国民党上海市市长钱大钧函。

中共代表团(中共中央南京局)负责宣传工作的是陆定一(先)、李维汉、廖承志。除周恩来、董必武、陆定一、邓颖超亲自主持记者招待会外,中共代表团还指定廖承志、王炳南、范长江、梅益、陈家康作为专门发言人,代表中国共产党,找个地方进行新闻发布。这种很灵活的办法,是最及时、最直接,也是最有效地通过新闻媒介与外界舆论联系的宣传方式,也是一种创新的宣传方式。

梅益回忆说:"作为代表团的发言人,我的工作主要是:1. 把我方活动包括前线战事的消息通知新闻界,让他们了解谈判和战场上的情况、我党的政策和对时局的态度等。2. 回答新闻界提出的问题。3. 搜集情报。由于新闻记者接触面广,消息既快又多,通过同他们的接触,多少可以了解一些敌人的动态。如 1946 年国民党准备在苏北战场动用毒气弹,有的记者把消息告诉我们,我们立即报告周恩来同志,以后又报告党中央,并在报纸上给予揭露,弄得国民党很被动。""王炳南也是中共代表团发言人,主要是对外国记者。我的工作对象是中国记者。"①

---

① 《中共中央南京局》,中共党史出版社 1990 年版,第 337—338 页。

　　面对国民党军进攻苏皖解放区的紧迫形势,1946 年 7 月 15 日,周恩来在梅园新村 17 号代表团驻地大饭厅举行记者招待会,他手指着代表团军事组绘制的《国民党军进攻苏皖解放区要图》,用铁一般的事实,揭露国民党蒋介石挑起内战,破坏停战和谈协议,大打内战的罪行。

中共代表团常在梅园新村 17 号饭厅举行记者招待会

　　11 月 16 日下午,在返回延安的前夕,周恩来在梅园新村 17 号的大饭厅举行了在南京的最后一次记者招待会。杨兆麟回忆说:"这次到会的中外记者人数之多是空前的,有些特务也混迹其间。"代表团的同志都知道周恩来过几天就要回延安去了,谁也不想错过这个难得的机会,都来听他讲话。屋里坐满了,有些同志就站在门口和窗外。周恩来慷慨陈词,一面指着挂在墙上的"国民党军进攻解放区形势图",一面精辟地分析战场的形势,论证人民必胜的前途,回答了记者们提出的问题,泰然自若、机智巧妙地驳斥了特务分子的挑衅言词。①

　　除了中共代表团直接召开记者招待会外,周恩来、董必武、邓颖超还经常接待外国友好人士和新闻记者的访问,争取他们的同情与支持。

---

①《中共中央南京局》,中共党史出版社 1990 年版,第 348—349 页。

筹备报刊出版

重庆谈判时期,国统区有许多人因受国民党当局的宣传影响,对蒋介石的"和谈"和美国总统特使马歇尔的"调处"寄予厚望,而对中共却有种种误解。尤其是国民政府迁回南京以后,正如周恩来指出:"南京、上海已成为反动舆论中心,谣言之盛超过重庆。"[①]在此形势下,我党所面临的一项十分紧迫而重要的任务,就是要迅速占领国统区特别是宁沪地区的宣传舆论阵地。周恩来向党中央建议:"我党在京、沪均有报纸,才便作战与动员群众,否则处在围攻中,我无还手机会。"[②]

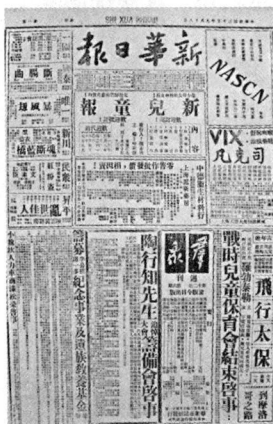

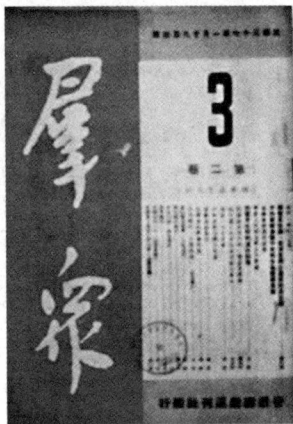

为开辟上海的宣传阵地,中共代表团在重庆时,积极筹备在上海出版《新华日报》,因遭到国民党当局的阻挠,未能成功。党在国统区公开出版的《群众》杂志,1946 年 6 月东迁上海,并改为周刊。

为了加强国统区的新闻舆论工作,周恩来在中共代表团到南京之前就进行了许多切实有效的工作。1945 年 8 月,周恩来在为中共中央起草的文件《目前紧急要求》中,明确要求国民政府"取消一切妨碍人民自由的法令和对新闻出版物的检查条例"[③]。9 月 14 日,毛泽东、周恩来致电

①②《中共中央南京局》,中共党史出版社 1990 年版,第 46 页。
③《周恩来选集》(上卷),人民出版社 1980 年版,第 222 页。

中共中央转张云逸、饶漱石等："上海《新华日报》及南京、武汉、香港等地以群众面目出版的日报,必须尽速出版,根据国民党法令,可以先出版后登记,早出一天好一天,愈晚愈吃亏。"①并派范长江、钱俊瑞、阿英、梅益去上海工作。同时,将党的理论刊物《群众》杂志由重庆迁到上海。在此期间,周恩来还派夏衍、徐迈进等人到上海,恢复《救国日报》和筹建新华日报馆。10 月 10 日,《救国日报》改名《建国日报》在上海出版,郭沫若任社长,夏衍任总编辑。

1946 年初,在上海地下党组织的努力下,上海新华日报馆的筹备工作基本就绪,印刷机和编辑部、排字房、机器房等全部落实,随时都可开机出报。2 月 21 日,周恩来致函国民政府上海市市长钱大钧,正式声明:"《新华日报》自始随国都搬迁,由宁而汉,由汉而渝②,现国府还都在即,《新华日报》理应追随东下。"③周恩来特派潘梓年社长持函至沪办理该报登记手续。4 月,周恩来又派石西民等人到宁筹办分社。石西民等带着周恩来的亲笔信和中共代表团的公函,多次找国民政府南京市市长马超俊和社会局,要求从没收的敌伪产业中拨出房屋给新华日报分社用,同时为《新华日报》申请登记。但南京国民党当局推诿敷衍,迟迟不予办理。

周恩来到达南京主持中共中央南京局工作后,抓紧了南京、上海地区的新闻出版工作。他派石西民到国民政府行政院,派陆定一、章汉夫去上海,分头联系《新华日报》出版事宜;同时加快了该报南京分社的筹建工作。在国民党拒拨报馆用房的情况下,中共中央南京局被迫自行设

---

① 《毛泽东文集》(第 4 卷),人民出版社 1996 年版,第 23 页。
② 抗日战争爆发后,国共两党合作抗战形成,中共在南京筹创《新华日报》,南京沦陷前随国民党首都迁至武汉,1938 年 1 月 11 日,《新华日报》创刊。同年 10 月 25 日,武汉沦陷,该报又随国民党首都迁至重庆继续出版。直至 1947 年 2 月 28 日被国民党反动派强迫停刊。
③ 《上海周公馆——中共代表团在沪活动史料》,上海人民出版社 1994 年版,第 15 页。

法买下南京中山路 360 号作筹备处,并开始试编试印报纸。但几经交涉,国民党当局始终不予办理出版登记手续。

为了建立在国统区的中共舆论阵地,中共中央南京局迅速采取了下列措施:

1.《群众》杂志由渝迁沪,依法办理变更登记手续,改半月刊为周刊,以担负起党报的战斗任务。潘梓年任社长,章汉夫为总编辑。上海的新华日报筹备处人员和设备,都转到《群众》杂志社。

2. 南京的新华日报筹备处改为办事处,经销重庆版的《新华日报》及进步书籍。

3. 在上海创办中共历史上第一种外文刊物——英文刊物《新华周刊》。龚澎任发行人,乔冠华为总编辑。

4. 南京局秘密领导的《青年知识》《现代妇女》《中国学生导报》《科学时代》等杂志由渝迁沪。

由龚澎、乔冠华等主办的英文版《新华周刊》创刊于 1946 年 5 月 17 日,出至第四期因遭国民党当局查禁而被迫停刊。

中共代表团驻沪办事处、上海工委秘密领导《联合晚报》《青年知识》《现代妇女》《科学时代》等报刊开展宣传活动,扩大中国共产党在国民党统治区内的政治影响。

5. 由南方国统区各级党组织自办或请爱国民主人士出面创办了《联合晚报》《文萃》《正报》《华商报》《今日中国》《经济导报》《自由世界》《人民报》等报刊。

6. 开展新闻统战工作,联合国统区新闻出版界进步同仁共同战斗。在宁沪地区团结了《新民晚报》《世界日报》《南京人报》《大公报》《和平日报》《文汇报》等报刊中的一大批进步记者,并肩作战。

经过一段时间的努力,中共中央南京局迅速建立了以南京、上海为中心的党的新闻出版阵地,打破了国民党的新闻垄断和封锁。延安的消息、解放区的战报、南京的谈判情况,通过新闻媒介在国统区广为传播。英文刊物《新华周刊》行销世界各大城市,在国际上揭露了蒋美假谈真打的丑恶嘴脸,宣传了中共争取和平民主的主张。国民党当局对此十分恼怒,随着他们制造的内战的升级,新闻封锁和迫害也不断加剧,没收杂志、打砸报馆、封闭报刊营业所、勒令报社停刊等事件屡有发生。

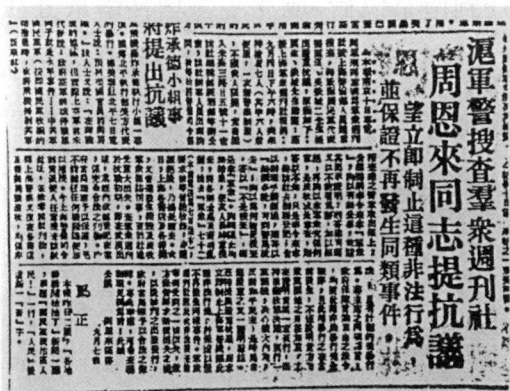

《群众》周刊在上海出版,迭遭国民党当局的阻挠破坏。对此,中共代表团驻沪办事处、上海工委一方面向国民党当局据理交涉,另一方面诉诸舆论进行揭露。图为刊于《新华日报》上的周恩来向国民党当局提出的抗议函。

面对逆流,中共中央南京局针锋相对,据理斗争,"继续努力,坚持不屈"①。1946年9月,周恩来为《群众》周刊社遭无理搜查并勒令停业事亲赴上海,申明我方报刊的合法性,抗议国民党当局践踏蒋介石在1946年政协会议上公布的包括出版自由在内的四项诺言,非法破坏我方新闻出版事业。10月下旬,国民党军侵占张家口,蒋介石一手操纵的"国民大会"即将召开,和谈实已无望。周恩来估计形势将进一步恶化,便及时电告中共港粤工委"(香)港目前只能成京(南京)、沪第二线"②,令其利用英美矛盾速筹办《群众》杂志港版和新华分社,同时派章汉夫、乔冠华、许涤新等人前去主持。在南京、上海、重庆则仍然继续坚持,运用灵活机动的策略,适时转移,多线配备,建立了纵深坚持的新闻舆论阵地。直到1947年3月,全面内战已持续了9个月,中共中央南京局被迫撤返延安时,在国统区仍有党的报刊在继续战斗。

建立新华分社

中共代表团迁到南京以后,成立了新华社南京分社,分社设在梅园新村17号。分社人员最初为新华社重庆分社的班底。重庆分社是1946年2月1日成立的,分社负责人先为杨述,不久杨述调走,由宋平继任,工作人员有杨兆麟、郭冶方等。4月下旬宋平等来到南京,着手建立新华社南京分社并开展工作。5月间宋平调往东北,范长江接替中共代表团发言人和分社社长职务,直至同年11月离京赴延安。此后梅益继任分社社长并兼代表团发言人,坚持到新华社南京分社最后撤离。

新华社南京分社工作人员,前后有杨兆麟、郭冶方、邹晓青、杨翊、祝季伟、卞景等。廖承志夫人经普椿和梅益夫人尹绮华也曾在分社工作。

---

① 《周恩来年谱(1898—1949)》,中央文献出版社1998年版,第734页。
② 《中共中央南京局》,中共党史出版社1990年版,第178页。

负责为分社抄收与翻译新华总社新闻电讯的报务组,开始设在南京中山北路的《新华日报》筹备处内,后来搬到梅园新村17号,报务员有蔡明德、顾世俊等人。

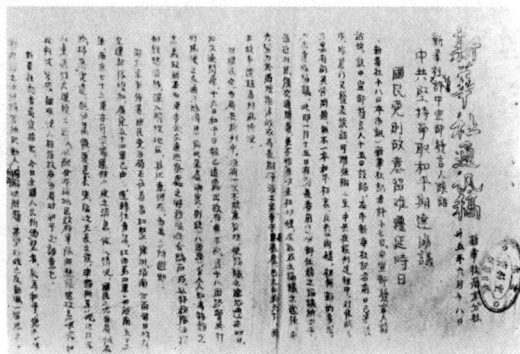

中共代表团新闻组以新华社南京分社的名义,每天将抄收延安的新华社电讯稿,编写、油印成《新华社通讯稿》,分送各党派、各报社和文化新闻机构。

由于国民政府不准许《新华日报》在南京出版,新华社南京分社已不可能进行公开的采访报道,编印发行的《新华社通讯稿》成为中国共产党当时在南京的唯一新闻工具。南京分社选编的《新华社通讯稿》的重点内容是:中共中央领导人的谈话、声明,新华社、《解放日报》的重要社论,新闻组自己编写的谈判消息,抄收延安总社发布的大量战报、军事消息,有关解放区生产建设、人民生活的消息、通讯等。1946年下半年内战全面爆发后,每天各地的战报成了《新华社通讯稿》的主要内容,因为战局的发展关系着国家的前途,是全国人民最关心的。有的报纸直接采用新华社的消息,有的则将其改头换面后再行发表。

每天早晨,分社编辑拿到报务组抄收并译出的新华总社播发的新闻电报后,立即开始阅读、选编、拟标题、排次序,经分社负责人审阅后,由几个人分头刻写蜡纸。印刷开始仅有一台手推油印机,费力多,进度慢,后来购买了一台滚筒油印机,工作效率大大提高,每天能发行100多份,每份 10 多页至 20 页。

邹晓青回忆当年的工作情景时说："五月的南京，天气逐渐热起来，连蜡纸上的蜡都化了，印出来发花。我们刻写时就用纸垫在胳膊下，不使手臂直接碰到蜡纸，结果还是不行。我们就把这个问题向组织上提出来，组织上就每天派人送冰放在室内降温。电讯稿印好后装订，再装信封送走，我们的任务就完成了，当天晚报可以见报。我们不采访，有时有送来的南京的稿子，当天必须发出，如周恩来的谈话、代表团的一些活动情况、新华社在南京的记者

南京群众在中山路新华日报南京办事处门前阅读《新华日报》

采访民主党派的一些活动情况等。早报赶不上，一般都是赶晚报，这样就要发第二次稿。如果下午再发稿，赶不上当天晚报，就要到第二天才能见报，所以总是争取当天上午发第二次稿。第二次稿印得较少，常有号外性质，11 点左右能出来。"[1]

《新华社通讯稿》印好后，在长桌（或几张桌子拼成）上按顺序摆开，大家像走马灯一样，从这头跑到那头，一页页配齐并装订成册。这时，南京各报社记者已在梅园新村 17 号门口等着取走当天的《新华社通讯稿》。其余的由新闻组分送代表团领导和各个部门，交收发室分发南京各新闻机构、民主党派和民主人士，邮寄南京各高等学校、文化团体和图书馆等，以及一些外城市的文教单位。中共代表团驻上海办事处每天派人来南京取回一份《新华社通讯稿》，在上海翻印，分送当地进步团体和人士。代表团外事组也每天从《新华社通讯稿》中选择一部分，译成英文，打印成外文《新华社通讯稿》，分发给外国驻南京各报社、通讯社。

---

[1]《梅园故事》，南京出版社 1997 年版，第 29—30 页。

南京各报社记者每天都到梅园新村 17 号
新闻组来取《新华社通讯稿》

　　与此同时,分社工作人员每天还按时收听延安新华广播电台的口语广播,将广播新闻或记录新闻仔细地记录下来,有选择地刻印出版,作为对新华社文字电讯稿的补充。因为新华社未被国民党当局批准在南京派驻从事采访活动的记者,分社同志有时也需要担负一些国共和谈以及代表团重大活动的报道,如周恩来的记者招待会和重要谈话等,将稿件经分社和代表团负责人审核后,直接发往延安新华总社。

　　1946 年 8 月 7 日,国民党在北平一手挑起了"香河事件",猖狂地向中国共产党军队进行武装挑衅,并开动所有的宣传机器,歪曲事实真相,把挑起内战、破坏协议的责任推到中国共产党身上。周恩来一面指示《新华社通讯稿》编辑人员迅速、准确地报道"香河事件"的真相,一面在谈判桌上和敌人进行了针锋相对的斗争,迫使他们接受重新调查这一事件的主张,其反动宣传机器不得不偃旗息鼓。1946 年 8 月 2 日,国民党悍然出动 7 架飞机,大肆轰炸中共中央所在地延安。在周恩来的指示下,《新华社通讯稿》从 3 日开始,连续四五天刊登了大量新闻、社论,以无可辩驳的事实有力地揭露了国民党的罪行,又一次揭穿了蒋介石和谈的真面目。

《新华社通讯稿》的编印发行,打破了国民党的新闻封锁,被一些进步的报刊大量采用,一批进步的记者、编辑则把通讯稿的内容巧妙地在他们自己编写的文章、消息中透露出来,扩大了宣传范围。

保证通信畅通

为了保证中共代表团的通信畅通无阻,周恩来十分重视电台工作。当时电台的主要任务是与延安党中央直接联系,就是把中共代表团每天的电报拍到延安党中央,并把党中央的指示准确、及时地收录下来。对外的公开活动,机要科和电台的同志都不参加,目的就是为了更好地完成通讯联络任务。电台除了与党中央保持通信联络、收发密码电报外,还抄收延安新华社播发的新闻广播。代表团掌握的电台有:(1)公开的大电台,是 BC610 型的,号称 500 W,实际发射功率是 450 W,是在国民党那里登记备案的。(2)秘密的小电台,设在中共代表团内,是自制的,仅 5 W,电台很小,一本书大小。平时收藏起来,联络时再取出来,不用时把真空管拔掉,用时再把真空管插上去。(3)设在中共代表团外面的秘密电台,有三处:珠江路的地下秘密小电台,由杨家德、林泽敏负责,开始

梅园新村 30 号中共代表团机要室

由童小鹏联系,后期由刘澄清与他们联系,并与延安取得了联系;白下路秘密电台,由刘昌文、许国平负责;中华门剪子巷秘密电台,由王家瑞负责。

中共代表团电台先设在梅园新村 17 号,1946 年底搬到梅园新村 35 号。先后在代表团电台工作过的有邱正才、彭国安、王家瑞、萧瑞云、顾念时等 10 余人。1947 年初,刘澄清和康瑛就住在廖承志原来住过的房中。梅园新村 35 号对面有特务机关监听,为了防止特务掌握我们活动的情况,代表团电台工作人员经常紧闭窗户,用黑色和深色的双层窗帘挡住。

根据当时的情况和可能发生的问题,为了保证与延安党中央的联系不间断,遵照周恩来的指示和童小鹏的具体布置,电台工作人员做好了三种准备,即平时用中共代表团公开的大电台联络;如果国民党封闭公开电台,电台工作人员就启用秘密的电台联络;如果在代表团住处的秘密小电台也不能使用,就用设在代表团外面的秘密小电台进行联络。总之,无论如何必须与中共中央保持联系,不能中断通信联络。当时 3 部电台每天都在工作,公开的大电台收发电报,秘密小电台与延安保持联系。中共代表团的电台与延安党中央通报时,国民党特务机关除了用电波干扰,不让中共代表团顺利进行工作外,还抄收代表团的发报。为了不让国民党抄收完整,中共代表团电台工作人员采取了经常改变频率的办法,国民党想从抄收的电报中破译代表团的密码,窃取情报,但始终没有得逞。

在一般情况下,电台用电厂发的电即可进行工作,可是国民党经常故意停电捣乱,为了使工作能正常进行,代表团购买了一部 10 匹马力的柴油发电机,一旦停电,就立即开柴油发电机自己发电,照常进行工作。

梅园新村 17 号中共代表团电讯室

电台和机要科是平行的关系,电台管收发电报,报务员不知道电报的内容;机要科翻译密码电报,知道电报的内容。机要和电台由童小鹏总管。为了对外保密,在办事处和代表团的同志都把机要科称为"鸡行",把电台称为"鸭行",把机要科和电台统称为"鸡鸭行",童小鹏就是"鸡鸭行"的"行长"。[①]

第二节 贯彻党的宣传方针

坚持鲜明党性

新闻媒体应是党和人民的耳目喉舌,必须无条件地宣传党的主张。这是我党领导下的新闻事业的根本属性,也是新闻工作党性原则的大众化、通俗化表述。周恩来一直坚持这一马克思主义的新闻理念。

抗日战争刚刚胜利,周恩来就根据我党提出的和平建国方针,明确指出党在国统区"应集中于宣传反对内战、反对独裁、主张和平、主张民

---

①《梅园故事》,南京出版社 1997 年版,第 20—22 页。

主四个口号"①。1946 年 5 月,中共中央南京局建立后,每当形势发展的关键时刻,周恩来都及时地向南京局所属党组织发出宣传要领,指导新闻出版人员坚定地站在党的立场上开展工作。如在制止内战爆发问题上,5 月初中原战事危急,周恩来立即向中共中央建议,要在政治、军事、宣传上多方设法,包括动员国内外舆论,一致反战。同时,给南京局所属各级党组织及报刊负责人写

周恩来在南京东郊中山陵

信、致电,号召大家共同配合,积极制止或推迟内战爆发。6 月 26 日,蒋介石公然挑起中原内战,周恩来立即组织新华社写文章、发英文通讯、向各报社投稿,并大量印行小册子,向国内外公布:"国民党进攻中原,就是大战的开始。"②7 月,中共中央发表《七七宣言》和《以自卫战争粉碎蒋介石的进攻》等文章后,马歇尔、司徒雷登和蒋介石一唱一和,掩饰他们制造中国内战的罪恶阴谋,反诬中共进行战争动员,掀起欺骗宣传高潮。周恩来为了反击国民党蒋介石集团的欺骗宣传,于 7 月 7 日、8 月 14 日、8 月 19 日、8 月 24 日,连续 4 次向中共中央南京局所属党组织提出宣传要领,从 12 个方面详细阐述我、蒋在"战"与"和"问题上的原则分歧③,并对国统区我党报刊做了具体的宣传部署,从而有力地揭穿了蒋介石表面上大谈和平、实际上大打内战的阴谋和美国一边援蒋、一边调处的两面政策。同时,也向国统区人民宣传了中国共产党合乎民意的主张。

　　为避免党的宣传工作在国统区特别是在国民政府所在地南京遭到

---

① 《周恩来选集》(上卷),人民出版社 1980 年版,第 223 页。
② 周恩来、董必武关于时局分析及宣传工作致中共中央电,1946 年 6 月 30 日。
③ 南京局向香港、重庆党组织领导人发出宣传要点,1946 年 8 月 24 日。

损失,周恩来要求中共中央南京局的新闻工作者在宣传中要讲究策略和斗争艺术,"不放松任何一种矛盾的利用,以避〈免〉自己孤立"①。因斗争环境恶劣,周恩来还特别关心那些以民办面貌出现的报刊,提醒他们不要把政治色彩搞得太浓,要办出各自的风格来,要使左、中、右三种人都喜欢看。如他指示《联合晚报》的同志:你是搞工商统战的,要在商言商,讲究统战政策,要利用有利条件,讲人民要讲的话,报道人民要知道的事实②。《联合晚报》据此指示,在和平、民主与经商、民生的关系上展开宣传,既有效地揭露了美蒋挑起内战的阴谋,又团结教育了工商界和广大群众,很好地完成了党赋予的宣传任务。

廖承志、范长江、邓颖超、曾宪植、经普椿(右起)
在梅园新村 30 号院内合影

维护新闻真实

新闻要尊重事实,实事求是,记者要忠于事实,忠于真理。这是周恩来新闻思想的重要组成部分,也是他对新闻媒体的一贯要求。

1946 年 8 月 14 日,中共代表团在为批驳蒋介石文告的宣传指示中

---

①《中共中央南京局》,中共党史出版社 1990 年版,第 45 页。
② 王纪华:《联晚的战斗历程》。

指出:蒋文告"文字曲折甚多","颇能使国内外不明政治内情的人认识糊涂",但其"最大弱点是无事实根据,无异撒谎。因而我之宣传应着重事实,不宜空论,以争取舆论同情,而又能团结中间派"。① 周恩来曾因中共华中局和有关新闻单位对国民党第 49 师和第 72 师进攻苏北解放区的战报不准确而连续更正一事,批评道:"以后此类事件请有十分把握后再播出。"②周恩来不仅严格要求别人,而且自己首先以身作则。每次写文章、举行记者招待会或参加谈判,他都要先把援用的事例、数据核对准确,因而他的每次讲话、每篇文章,都是言之有据、极有战斗力的。每当周恩来举行记者招待会,他都以无可辩驳的事实、充分说理的精神、渊博的知识和政治家的风度,征服了中外记者,所以每次招待会都是座无虚席。

杨兆麟(左)、邹晓青在梅园新村 30 号院内

国共南京谈判中,周恩来还十分善于将战场上的形势和谈判桌上的斗争密切结合起来,从全局上把握谈判斗争的方向,从而更全面地维护新闻真实,向各界人士宣传事实的真相。曾在新华社南京分社工作的杨兆麟回忆说:"夏天的一个傍晚,我照例把《通讯稿》分送到梅园新村 17 号和 30 号的各个部门,当我走进 30 号的周恩来的办公室的时候,看样子,

①《中共中央南京局》,中共党史出版社 1990 年版,第 122—123 页。
② 周恩来关于对外宣传材料要慎重的指示,1946 年 8 月 4 日。

他刚刚从外面回来,正站在屋子中间和几位领导同志谈话,接过我递给他的《通讯稿》,以敏锐的目光,注意到《通讯稿》上的头条新闻,是我军在苏北取得大捷的消息,就对我说:'像这么重要的消息,以后要早一点告诉我。我下午去和他们谈判了,要是知道这条消息,就好说话了。'"①事实胜于雄辩,周恩来正是用事实说话,揭露国民党的战争行径。这一点,就连谈判对手马歇尔也不得不佩服,称赞"周恩来将军是一个很厉害的谈判者,一个很吸引人的谈判者,也是一个很难对付的谈判者,总之,是我所遇到的最能干的一个谈判者"②。

重视队伍建设

周恩来高度重视新闻宣传队伍的建设。为了加强对这支队伍的组织领导,中共中央南京局成立了宣传部和新闻处。在由周恩来亲任书记的外交事务委员会中,也成立了新闻处和联络处。为了壮大新闻宣传队

上海《联合晚报》驻南京办事处的三位记者在办事处门前合影。左起:陆慧年、胡塞、胡星原。

① 杨兆麟:《一个记者的足迹》,北京广播学院出版社 2001 年版,第 342 页。
②《梅园故事》,南京出版社 1997 年版,第 5 页。

伍,周恩来又指示新闻界的党员,如范长江、梅益、陈家康、石西民、鲁明等,与宁沪地区的记者广交朋友,对有进步倾向的报刊和同仁,从政治上、新闻来源上,以及资金、物质上,给予帮助和支援;同时也很注意做争取反动报社的记者的工作,从而在中共中央南京局周围形成了以党员新闻工作者为骨干的新闻网络,消息十分灵通,传播非常迅速。

办报的人都很重视独家新闻,周恩来根据斗争的需要,多次教育在新闻界工作的党员:各报有各报的读者,对新闻消息一定要互通有无,互相支援,加强新闻界的团结,不能只争独家新闻。有段时间,《新民晚报》因电话线路中断,消息传递不灵,《联合晚报》总编陈翰伯便将本报的各种消息,包括南京长途电话专稿供给《新民晚报》。由于各方面力量的协同作战,南京局的宣传范围也逐步扩大①。1946 年 12 月 24 日,北平发生女大学生遭美军强奸事件。当时,国民党当局新闻封锁很严。25 日,平津南系党组织领导下的北平一家民营通讯社——亚光社,发布了有关简短报道,中共中央南京局系统联系的党员、《益世报》记者兼

中共代表团外事组部分人员在梅园新村 30 号院内合影。左起:吴展、陈浩、王炳南、杨致英、吴青、沈野。

————————

① 陆诒:《周恩来与〈联合晚报〉》,《上海文史资料选辑》(第 75 辑)。

《联合晚报》驻北平特派记者刘时平,立即深入采访,很快了解了事件真相,写出了一篇较为详细的通讯航寄上海,在1947年元旦出版的《联合晚报》上以醒目的大字标题刊登出来,推动了全国性反美抗暴运动的发展①。

周恩来非常注意从政治上、业务上关心新闻出版工作者。在国共南京谈判中,他与记者接触甚多,经常给他们讲形势,进行党的政策教育。他告诫新闻界要加强团结,发消息、写文章要互通有无,照顾全局。《联合晚报》出版后不久,就由上海地下党移交给中共南京局上海工作委员会(即周公馆)领导了。② 5月初,周恩来刚到南京,就与廖承志、范长江一起接见了前往南京筹设《联合晚报》驻南

1946年6月,《新华日报》南京办事处的部分人员及其家属在南京东郊灵谷寺。

京办事处的该报采访部主任陆诒,详细地询问了报纸筹办出版的经过,语重心长地指出:"办报就是打政治仗,你们在工作实践中,时刻不能忘记发展进步势力,争取中间势力,孤立反共顽固势力的政策。即使在同反共顽固势力斗争中,也要采取争取多数、反对少数、各个击败的策略。政治上的原则一定要坚持,但必须与灵活的策略相结合,切不可求一时的痛快,不作长期的打算。《新华日报》虽然也在南京筹备出版,但能不能出版还得看形势的发展。因此,你作战。对革命总是团结多一点的人

① 刘时平:《采访"沈崇事件"的回忆》,《新闻研究资料》(总第十三辑)。
② 参照《为革命事业奉献终生——王纪华纪念集》,华龄出版社1995年版,第252页。

为好，团结就是力量，眼前的任务困难一定能够克服！"①们已经出版的进步报刊肩荷着重大责任，不仅要努力把自己的报纸办好，还要更好地团结新闻界同业一起前进，共同奋斗，切不可孤军6月24日，王纪华接到通知赶赴南京梅园新村，正忙于处理"下关事件"的周恩来接见了他，指出："办报要讲究统一战线政策，要尽一切努力同社会各界人士进行广泛的接触，团结一切可以团结的人。

同志们休息时，在梅园新村 30 号院内打康乐球。

要运用《联合晚报》的有利条件，讲出人民要讲的话，报道人民要知道的事实，以全心全意为人民服务的精神去获得千万读者的同情与爱护。一定要从各方面表达他们主张民主、和平，反对独裁、内战的愿望，紧紧抓住不断巩固、扩大党的统一战线这个纲。团结人民，教育人民，打击敌人，把千百颗子弹打在一个标的上。"②当同志们取得成绩时，周恩来总是充分肯定、热情鼓励。全面内战一开始，上海《文汇报》就发了头条新闻《内战还打下去》。当天，周恩来即对该报驻宁记者称赞道："标题好，态度鲜明，切中要害。"③同志们在工作中如有不足，周恩来也总是循循诱导，帮助大家在政治上、业务上不断进步。

　　新华社南京分社几任负责人都平易近人，对下属关怀备至。杨翊回忆说："我于 1946 年 8 月分配到分社工作时，我的第一个公开的上

①陆诒：《周恩来与〈联合晚报〉》，《上海文史资料选辑》（第 75 辑）。
②《统战工作史料选辑》（第 2 辑），上海人民出版社 1983 年版，第 92 页。
③徐铸成：《周恩来同志对〈文汇报〉的关怀》，《文史资料选辑》1979 年第 6 辑。

级、分社社长范长江了解到我将继续前往延安后,安排我担任编辑、资料工作时,特别解释了这一工作的重要性,要求努力做好工作,不能有临时观点。当我9月份离开分社时,他又表扬我工作中具有'积极性、主动性和创造性'。这虽只是对一个年轻人的鼓励,却也使我体会到这几个词汇的真切含义,将它们作为以后生活的追求目标。分社人员的工作是紧张的,但也是活跃的。分社在17号楼下一个大房间内办公,每天都有一段时间,几个人一道印刷、装订、发行,说说笑笑,气氛融洽。时为代表团成员的廖承志到我们办公室来时,总爱同大家开开玩笑,画几笔漫画,写两句歪诗,有时还诙谐地逗弄一下他的夫人经普椿,引得同志们哄堂大笑。9月1日是当时的记者节,解放区的新闻工作者在这天要举行庆祝活动,南京分社也在30号院内举行了纪念性晚会。范长江同志在会上讲话时,要求大家坚守岗位,勇敢战斗,学习解放区同业的坚定、豪迈精神。这是我第一次参加纪念自己节日的宴会,印象十分深刻。"①

周恩来虽然自己忘我地工作,却十分关注分社和代表团工作人员的工作条件、学习安排和休息情况。他总是叮嘱管后勤的同志:大家工作辛苦,一定要安排好吃住,才便于展开工作。他经常抽空去各部门看望,同大家亲切交谈,了解各方面的情况与问题,有时还在院子里与同志们打一会乒乓球。许多同志都感到在分社工作时间虽短,却受益匪浅,杨兆麟就是在新华社南京分社工作期间加入中国共产党的。

中共代表团在国统区的新闻宣传工作的环境是很险恶的。周恩来不仅以高度负责的精神,尽量为这些同志创造好的工作条件,而且更关心他们的安全,使其免遭国民党的迫害。周恩来刚到南京时,自己住处

---

① 杨翊:《战斗在敌人心脏的南京分社》(内部资料)。

周恩来在上海周公馆

尚未安顿好,就一面给郭沫若夫妇写信表示问候,一面派人前去帮助他们解决住房问题。由于周恩来和中共中央南京局事先做了周密安排,在国民党实行大逮捕之前,章汉夫、夏衍、许涤新、胡绳、乔冠华等一大批党内外的新闻出版工作者和文化艺术界人士安全转移至香港,不少同志还撤退到了解放区,为中华人民共和国成立后党的新闻宣传事业,在组织上做了一定的准备。

第七章

开辟第二战场

国共南京谈判期间,周恩来根据时局的发展,准确地把握形势的变化,敏锐地判断反动当局可能采取的措施,为中共中央起草了大量文电,提出了长期的战略计划,积极宣传党的政策,灵活地运用党的斗争策略,团结各界爱国民主人士,成功地开辟了对国民党斗争的第二战场,为配合人民解放军夺取全国胜利,做出了不可磨灭的贡献。

第一节　广泛开展统战工作

积极宣传中共政策

1945 年 12 月 15 日,中共中央在《一九四六年解放区工作的方针》中指出:"援助国民党区域正在发展的民主运动(以昆明罢课为标志),使反动派陷于孤立,使我党获得广大的同盟者,扩大在我党影响下的民族民主统一战线。"[①]1946 年 7 月 20 日,中共中央发出指示,为着粉碎蒋介石

---

① 《毛泽东选集》(第 4 卷),人民出版社 1991 年版,第 1177 页。

的进攻,必须和人民群众亲密合作,争取一切可能争取的人①,建立最广泛的统一战线。根据中央指示,南京局为建立、巩固和发展革命的统一战线,积极采取了一系列措施。为了加强对第二条战线的领导,12 月 16 日,中共中央决定成立中央城市工作部,由周恩来兼部长,李维汉任副部长。中央城市工作部的任务是在中央领导下,管理中共在国民党统治区的一切工作(包括工、农、青、妇),并负责训练这方面的干部。解放区的各中央局、分局和有关区党委均设立城工部;在国民党统治区,以上海局管辖长江流域及西南各省和平、津、青岛、台湾地区的工作;香港分局管辖华南地区的工作。这就加强和统一了中共对国民党统治区工作的领导。在周恩来、董必武的亲自参与和领导下,广泛深入地开展了统一战线工作。

1946 年初起,中共在解放区实行孙中山关于"耕者有其田"的主张和政治协商会议的有关决议,一部分民主人士则不满于对地主的清算,甚至不赞成耕者有其田。黄炎培指责中共:"自今年春初起,到处闹清算斗争,逼得天怒人怨。"②他向民盟中央提出:"及此时,应以民盟同人公告名义,向中共委婉而恳切地劝告其从速改善苏北、华北等地政治作风……此劝告书付之公表。"③

为此,5 月 3 日,周恩来致电中共中央:"最近上海、南京、重庆等地接到许多封关于苏北清算斗争的信件,众口一词,提到过火。""来信者多与我方原有好感,故不能一律以斗争初期不可免的判断答之。"建议"可否在苏北之斗争方式择较温和办法,以便争取上层中产者阶级"。④ 7 月 19 日,中共中央发出了《中央关于向民盟人士说明我党土地政策给周恩来、

①《毛泽东选集》(第 4 卷),人民出版社 1991 年版,第 1187 页。
②《中华民国史资料丛稿》(增刊第五辑),中华书局 1979 年版,第 111 页。
③《中华民国史资料丛稿》(增刊第六辑),中华书局 1980 年版,第 110 页。
④《周恩来年谱(1898—1949)》,中央文献出版社 1998 年版,第 680 页。

董必武的指示》。指示指出：

中央正在研究和制定土地政策，关于征询各地意见的电报，已发你处，对民盟人士，你们是否可向其作如下表示，请你们考虑。

（一）使他们了解解放区群众运动的历史过程，说明各地农民在抗战八年中，曾三次起来要求土地，我党均用了极大的说服解释工作，推延下去。自日本投降后，各解放区广大农民起来清算汉奸恶霸，自己动手解决土地问题，我党无法和不应阻止这种群众的正当要求。因此，只有实行孙中山耕者有其田的主张和政治协商会议耕者有其田的决议，满足农民的土地要求，才能领导农民运动走入正轨，才能为国家民主化、工业化，造成巩固基础。

（二）向他们说明我党中央正在研究和制定土地政策，除敌伪大汉奸的土地及霸占土地与黑地外，对一般地主土地，不采取没收办法，拟根据孙中山照价收买的精神，采取适当办法解决之，而且允许地主保留一定数额的土地。对抗战民主运动有功者，给以优待，保留比一般地主更多的土地。

（三）向他们解释几千年被压迫剥削的农民起来之后，在个别地区或有过火之处，仅仅是个别地区的个别现象，这是难免的。但根据最近苏北的统计，淮海区在减租、反奸清算之后，全区现有地主一万一千零五十二户，共有土地一百三十四万二千九百五十亩，如平均计算，每户地主尚有一百二十一亩，如以每户八口人计算，地主每人平均有十五亩，等于中农每人土地的五倍。太行区最近反奸清算后的统计，地主每人平均有地十三亩七分，中农每人只三亩一分地，贫农每人只二亩一分地，地主每人平均所有的土地，等于中农四倍半，等于贫农六倍半。其他各区地主保留的土地，等于中农的两倍至五倍。这些材料，证明解放区农民忍受了很大的损失，来照顾地主在土地改革后必需的生活，希望民盟人士对解放区的农民土地改革运动，加以全面的具体的调查研究。

（四）我们很愿意和他们共同研究这一有关一万万几千万人民生活的重大问题，欢迎他们提供意见，必要时可以与他们开座谈会来研究这个问题。他们认为对抗战民主有功须特别照顾的具体人物，他们也可提出。①

根据中央这一指示，李维汉、齐燕铭、许涤新三人找黄炎培整整谈了两天，经过耐心的解释，黄炎培改变了原先的态度。

1946 年 8 月，李维汉、齐燕铭草拟了一个对"五五宪草"②修正案的未定稿，作为同各方面交换意见的根据。当时，中共对宪草问题设计了两种可能：一是如果按照政协决议，召开各党派力量合作的国大，即提出自己的宪草作为修改研讨的根据；二是如果国民党违反政协决议，召开公开分裂的"国大"，则在解放区召开人民代表大会时提出自己的宪草。李维汉、齐燕铭为此专门去上海，向各党派人士征求对宪草未定稿的意见，经过详细的解释和协商，黄炎培、江问渔、冷御秋、杨卫玉等认为"其中许多部分已经采纳政协决议，人民权利章极细致，地方制度大体上与鄙见颇合"③，得到了他们的认可和同意，这就为共同反对国民党一党制定的独裁宪法提供了斗争的基础。

真诚团结社会名流

在政治协商会议的各项谈判中，作为中间势力的第三方面，是国共双方都在争取的对象。他们要求和平、民主，反对内战、独裁，在这个重

---

① 《中共中央文件选集》(16)，中共中央党校出版社 1992 年版，第 256—258 页。
② 国民党政府曾决定在 1936 年 11 月 12 日召开"国民大会"，1936 年 5 月 5 日颁布了"宪法草案"，简称"五五宪草"。
③ 《中华民国史资料丛稿》(增刊第六辑)，中华书局 1980 年版，第 115 页。

要方面是与中共一致的。在谈判斗争中,他们政治态度的向背,直接影响到国共两党谈判的成败。因此,谁能争取到第三方面的支持,谁就扩大了自己的同盟军。政协开会前,国共两方在商谈停战条件上争论不决,民盟约请国民党与共产党双方代表谈话时,黄炎培提出:"商谈停止内战,要无条件停打。"周恩来立即表示这是商谈停战的好途径,在得到党中央同意后,中共代表团就根据这个方针提出无条件停止内战,终于在三人会议中获得了结果,签订了《停战协定》,发表了停战命令。以后无条件停战一直是中共代表团在商谈停战问题中所坚持的原则。1946年下半年,蒋介石凭借军事上的优势,向解放区发动全面进攻,引起第三方面大部分人的不满,认为理在中共方面。民盟认为战争不可免,向中共表示:要打便打,并愿与中共共患难。

周恩来与郭沫若(左一)、李维汉在周公馆门前合影

在6月东北休战谈判中,国民党提出赋予美方"最后决定权"。第三方面的一部分人,害怕国共分裂,对美蒋有幻想,不相信人民的力量,他们向周恩来提出:"所谓美方决定权,只是名义上不大好听,实际上没有什么,在这一问题上最好让步,以谋和平。"①周恩来耐心解释说,我们中

---

① 《中华民国史资料丛稿》(增刊第六辑),中华书局1980年版,第77页。

国的事情,为什么美方有最后决定权呢?难道美方是太上皇吗?现在美国一面进行调解,一面又大量援助国民党进行内战,事实已明显地证明,美方已经偏向国民党,在这种情况下,我们又怎么能给他决定权呢?但是为了争取和平,教育第三方面,中共代表团还是按照他们的愿望做了一定的让步,承认了执行部及执行小组中美方代表的某些权利。

中共代表团在争取第三方面时,对右翼的青年党以及同青年党具有相同立场的人士采取了灵活的斗争策略。当时并不预言他们一定参加"国大",而是强调指出参加"国大",就一定破坏政协,成为蒋介石发动内战的帮凶。平时仍把他们作为第三方面的一部分与之交往,采取积极争取的方针,直到他们最后宣布参加"国大",公开暴露出投靠国民党反动派的真面目为止。所以,在青年党、民社党分子和部分"社会贤达"代表依其本来面目先后分裂出去,跟随国民党走时,他们就在群众面前陷于孤立和遭到唾弃。张君劢虽参加了"国大",但在其会见记者时,还说希望共产党原谅①。胡政之也说:"不参加,《大公报》会受压迫,参加了又怕没有销路。"青年党说:"左右为难,内外夹攻。"②

在维护《停战协定》和《政协决议》的斗争中,民盟是靠拢共产党的,在许多重大问题上都与中共的步调一致,双方合作得很好。中共和民盟曾协商一致,联合争取14名国府委员名额,以保持在国府中三分之一以上的否决权,保证政协施政纲领不致被国民党片面修改。在国大代表席位上,两党也同意集合在一起计算,以保持国民大会中的否决权,保证政协原则和宪法草案的通过。南京谈判期间,两党在关于停战、改组国府、抵制国大等重大问题上,互相支持,互相配合,采取一致立场,挫败了国民党企图拉拢民盟,在政治上孤立、打击中共的阴谋。

---

① 《周恩来选集》(上卷),人民出版社1980年版,第253页。
② 《周恩来选集》(上卷),人民出版社1980年版,第260页。

中共代表团对民盟的工作,是要把民盟拉住不参加"国大","这个目的达到了,这是八年抗战和最近一年来谈判的成果"。①

1947年10月,国民党政府宣布民盟为"非法团体",下令解散。民主人士在国统区难以立足。根据周恩来的指示,一批民主党派领导人、无党派民主人士在中共地下组织妥善保护下,得以安全转移到香港。中国国民党革命委员会于1948年元旦宣布成立,中国民主同盟也于1月在港重建领导机关。周恩来指示中共中央城工部和社会部,不仅要做好香港民主人士工作,还要指导北平、天津等地的上层统战工作。在党中央和周恩来的正确指导下,中国民主建国会、中国民主促进会、中国农工民主党、九三学社、中国致公党、台湾民主自治同盟等也积极开展活动。

周恩来在坚持对敌斗争的同时,在统一战线内部,坚持有团结有斗争,以斗争求团结的原则。对非原则问题善于妥协,照顾同盟者的利益,以维护团结;原则问题则揭示本质,晓以利害,善意批评,并依靠进步分子去帮助他们,使他们坚定进步立场,求得在新的认识的基础上达到新的团结。他经常给在外地的民主人士写信,争取他们为国内的和平、民主而斗争。1946年中共代表团到南京不久,周恩来、董必武、陆定一、邓颖超就于5月20日,联名致信给民主同盟中常委张君劢、黄炎培、梁漱溟、章伯钧、陶行知诸先生,表示要"以披发缨冠之心,为奔走和平之举",并"亟盼民盟方面,速有代表来京,共同努力"②。

5月23日,周恩来又致信南方民主运动领导人之一、民盟南方总支部主席彭泽民,望为"扭转危局,端赖全国民主力量之一致努力"③。

1946年初,蒋介石片面撕毁政协决议,李公朴、闻一多等许多爱国志

---

① 《周恩来选集》(上卷),人民出版社1980年版,第259页。
② 《周恩来书信选集》,中央文献出版社1988年版,第288页。
③ 《周恩来书信选集》,中央文献出版社1988年版,第292页。

士被国民党特务暗杀,民盟华南地区负责人丘哲(映芙)与民盟南方支部同仁在香港创办的《人民报》也被国民政府查封,时局动乱,许多民盟领导人、民主人士、进步教授和学生纷纷避难香港。5月间,丘哲将南方民主党派、爱国人士状况及自己对时局的看法,致信周恩来,并向他请教。8月5日,周恩来复信在香港的丘哲。信中说:"目前局势诚如尊示所言,内战正在扩大,谈判已在若断若续之中,和平坚持,端赖各方协力。敝党仍当本和平、民主、独立之一贯方针,继续奋斗,誓为各方后盾。"①这封信给对前途感到渺茫的民主人士指明了正确的方向。另外,在南京还有一批名教授,如中央大学的梁希、涂长望、潘菽等继续与中共中央南京局保持着联系。

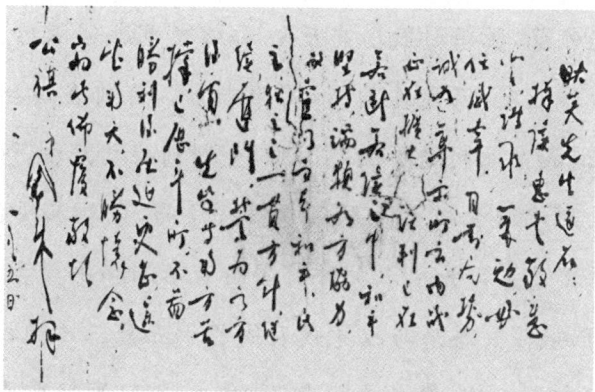

1946 年 8 月 5 日,周恩来写给民盟华南地区负责人丘哲
(映芙)的亲笔信。

努力争取反蒋派别

战争的胜利,不仅靠己方的作战,还要靠敌方的瓦解。根据中共中央关于"在国民党军队中,应争取一切可能反对内战的人,孤立好战的分

① 周恩来致丘哲信、手稿,梅园新村纪念馆馆藏。

子"①的指示,周恩来在南京谈判期间,精心组织开展对敌统战和策反工作,从国民党营垒中打击顽固派,这一工作的成果,体现在以后各阶段的战局发展中。

1945年秋,周恩来与驻海南岛的国民党第46军军长韩练成取得联系,希望韩尽可能保护琼崖党组织和游击队。后韩调至山东,在莱芜战役中起义。

1946年5月23日,周恩来致信蔡廷锴,希望他所领导的原第19军旧友反独裁志士进一步增进团结。蔡廷锴曾任国民党第19路军总指挥兼19军军长,1946年春与李济深、何香凝等组织了中国国民党民主促进会。周恩来在信中说:

> 久违教范,驰想时殷。自反法西斯战争胜利以后,举世和平民主之局大体已定,而前途曲折,困难尚多。目前在当局武力统一方针之下,造成东北问题解决之困难,全国内战之危机严重存在,人民权利自由到处遭受极大之摧残。扭转危局,争取和平民主之实现,实为当前之急务。先生以抗日前导而为华南和平民主之支柱,力挽狂澜,举国瞩望。恩来与敝党代表团已于五月三日迁抵南京。奉闻民主促进会之工作,在先生指导下,民主浪潮蓬勃发展,无任欢腾。今日华南反独裁反内战、民主和平之事业,端赖各方一致合作,向所信迈进。想桂粤往日十九路旧友反独裁志士,必能在先生领导下更增团结也。恩来现寓国府路梅园新村十七号,尚祈不时赐教,以匡不逮,无任感祷。②

1946年夏,周恩来在南京秘密会见了中共地下党员、国民党第三绥

---

① 《毛泽东选集》(第4卷),人民出版社1991年版,第1188页。
② 《周恩来书信选集》,中央文献出版社1988年版,第290页。

靖区副司令张克侠,指示说:"现在,要多向蒋军官兵,向那些高级将领和带兵的人,说明我们党的政策,指明他们的出路。蒋介石是一定要打内战的。他要打我们就也打,我们不但在战场上狠狠回击他们,也要从敌人内部去打击顽固派。要争取策动高级将领和大部队起义,这样,可以造成更大声势,瓦解敌人的士气。"①1948年11月淮海战役中,张克侠与中共地下党员何基沣率领国民党第三绥靖区所属1个军部、3个半师共2.3万余人,在徐州运河前线起义,为战役的胜利铺平了道路。

国民党第84师师长吴化文对蒋介石排斥杂牌军不满,为了避免自己的部队被吃掉,急于寻找出路。1946年6月17日,周恩来电告陈毅:吴化文、孙良诚②派人在南京、上海同我党接头,请派人做他们的工作。11月1日,又致电中共中央,建议中央通知刘伯承、邓小平、陈毅、邓子恢加强对孙良诚、张岚峰、吴化文等部的工作。1948年9月,济南战役中,吴化文率所部2万余人举行起义;同年11月淮海战役中,孙良诚率军部及1师投诚,为解放徐州做出了贡献。

为策反国民党海军主力舰只"重庆号"巡洋舰起义,周恩来指示上海局,要派人去进行工作。淮海战役后期,这艘巡洋舰于1949年初起义。1949年,西南地方实力派刘文辉拟通电起义,周恩来即复电:刘邓大军即将西行,望积极准备,相机配合,不宜过早行动。12月上旬,刘邓大军已进军大西南,周恩来即电示他人转告刘文辉,时机已到,应配合行动。12月9日,西康省政府主席刘文辉,西南军政公署长官邓锡侯、潘文华在雅安联名通电起义。

1946年9—10月间,中国国民党民主促进会的王葆真曾数度访晤周恩来,商洽军运问题,共同制定了一个合作协定。对此,李济深深表赞

---

① 《中共中央南京局》,中共党史出版社1990年版,第427页。
② 孙良诚,时任国民党暂编第21师师长。

同。周恩来还与李济深商定给他一部分活动费用,当时董必武给了李济深 700 万元,其中 500 万元给了王葆真,要他到北平和叶剑英接洽①。

据统计,解放战争时期,国民党的海陆空军中师以上重大起义事件多达 60 余起,15 个整师、1000 多名将领、72 艘舰艇、26 架飞机、官兵有数十万人起义、投诚和接受和平改编。② 在长期的革命实践中,周恩来认为"敌人营垒是会变化的",他们之间是有矛盾的,完全可以为我所利用。"我们应该很好地分析……利用矛盾、争取多数、反对少数、各个击破","才会不犯'左'的右的错误"。③ 在对敌统战和策反工作中,周恩来有效地组织和正确地领导,团结壮大了革命力量,孤立瓦解了敌人,为加速解放战争在全国的胜利做出了重要贡献。

广泛争取舆论支持

中共中央南京局对新闻界的工作是广泛深入的,争取了一大批新闻界人士的支持与合作。范长江、梅益、陈家康、石西民、鲁明等都与京沪各报采访和谈新闻的记者有联系。对进步倾向比较明显的报纸,更是从政治上、新闻消息上以及资金物质上给予支援。如对南京于去疾主办的《小时报》,石西民派专人与他联系,给他送《新华社通讯稿》,并在经济上给予资助。有些不便在《新华日报》上公开发表的消息,通过他登了出来,使《小时报》成了一张比较进步的报纸,产生了好的影响④。当时一些进步的记者出于对国民党内战独裁政策的义愤,经常发表一些言辞激烈的文章,为此遭到反动派的恐吓,范长江总是一面肯定他们鲜明的态度,一面又热情地帮助他们,对他们说,办一张能为人民说话的报纸很不容

---

① 《中华民国史资料丛稿》(增刊第六辑),中华书局 1980 年版,第 22 页。
② 童小鹏:《风雨四十年》(第一部),中共文献出版社 1994 年版,第 553 页。
③ 《周恩来统一战线文选》,人民出版社 1984 年版,第 99 页。
④ 访问石西民记录,于去疾自传。

易,希望他们不要因太露锋芒而轻易丢失阵地。当时,南京局还很注意做反动报社记者的工作。原《中央日报》记者陆铿回忆说:当年总理[①]、邓大姐[②]等对我们如同小兄弟那么爱护,那么亲切,不管提到什么问题,都是有问必答,即使三更半夜把总理吵醒,也是如此[③]。

周恩来与外国来访客人在梅园新村 30 号院内交谈

　　南京局还通过民主党派、进步朋友来做宣传,如民盟的宣传部部长罗隆基,周恩来、董必武经常把我党的政策告诉他,通过他的讲话,把中共的主张透露出去。

　　团结在南京局周围的一大批新闻界人士,由于他们的工作能接触到国民党党、政、军的各个方面,消息灵通,一些记者主动向中共代表团提供了许多非常及时、非常重要的内幕消息。1947 年 2 月底,国民党当局勒令中共公开机关限时撤离京沪等地,梅园新村中共代表团驻地受到特务的严密监视。3 月 6 日下午,《南京人报》记者王孚庆收到梅益托人捎出的口信,要他设法到梅园新村去。王孚庆立即与《联合晚报》驻南京特派记者胡星原商量,他们考虑到当时只有国民参政会接管人员能进入梅

① 即周恩来。
② 即邓颖超。
③ 香港《文汇报》1985 年 5 月 16 日第 17 版。

园新村,于是设法利用亲戚关系,借来了国民参政会的汽车以接管财产的名义进入梅园新村,带出了中共代表团办事处的告别启事,3月7日一早,便在《南京人报》头版刊登出来①,使人民及时了解了中共代表团办事机构被迫撤离的真相。

为争取世界各国人民对中国人民解放事业的同情和支持,中共代表团十分重视做好外事工作。周恩来等经常与各国驻华使团、友好团体、新闻机构代表等广泛联系。中共代表经常在南京、上海中共代表团办事处接见外国朋友和新闻记者。周恩来在南京先后会见美国著名记者安娜·路易斯·斯特朗、李勃曼,哥伦比亚大学教授裴斐,加拿大友好人士文幼章,同他们做了详尽的谈话。

1946年9月,中国政局开始急速恶化。4日,国民党军参谋总长陈诚公开发表谈话,宣布国民党军队将进攻解放区政治军事中心之一的张家口。进攻张家口表明了国民党决心实行最后破裂。然而,周恩来仍极力进行挽救工作。

就在这个时候,南京梅园新村中共代表团驻地来了一个戴眼镜、身背照相机的外国人。这位身材健壮的外国人就是美国《纽约时报》驻南京记者李勃曼。他此次来访的目的,是为了采访富有传奇色彩的中共代表团主要领导人、首席代表周恩来。

周恩来深知,在国共谈判面临危机的关键时候,要充分利用外国新闻媒介,积极争取国际友人对我党的同情和支持,彻底揭露国民党假和谈、真内战的阴谋。为此,周恩来十分重视这次采访,从紧张的谈判与繁忙的事务间隙中抽出时间,专门接受了李勃曼的采访。

从8月下旬到9月上旬,周恩来应李勃曼的要求,分三次向他谈了个人与革命的历史。谈话期间,周恩来的英文秘书章文晋担任翻译,外事

---

① 王孚庆:《梅园新村三小时》,《新闻研究资料》(第十八辑)。

组工作人员吴青做记录,在南京梅园新村进行了两次谈话。南京,俗有"火炉"之称。9月份的天气,依然闷热,当地人戏称这种天气是"秋老虎"。为了避暑和谈话的方便,周恩来偕中共代表团工作人员章文晋、吴青、吴展等与李勃曼前往东郊灵谷寺进行谈话。

周恩来在南京东郊灵谷寺同美国《纽约时报》记者李勃曼谈话。
右起:吴青、周恩来、章文晋、李勃曼、吴展。

在阐述中国革命运动发展过程时,周恩来深刻指出:"中国共产党的产生不是偶然的,而是有它的社会基础和历史根源的。"他科学地分析了鸦片战争以来,中国饱受外国资本主义、帝国主义侵略,政治危机、经济落后、民不聊生的现状,指出太平天国革命、义和团运动、辛亥革命的弊病和失败原因,强调"中国共产党的产生,是百年来中国革命运动发展的结果"。周恩来还根据国民党每一时期包括的阶级成分及其所代表的利益,把国民党从历史上划分了五个时期,即辛亥革命以前的兴中会、同盟会;辛亥革命时期的国民党、中华革命党;1924年改组后的中国国民党;"四一二"反革命事件之后的大地主大资产阶级的政党;抗战开始到现在(1946年)的以地主、官僚、资本家和上层军人阶级为代表利益的国民党。同时,周恩来逐一做了分析。接着,周恩来又回顾了1924年他回国以来个人的斗争经历和1944年5月以来中共与美国的关系。他指出,史迪威与赫尔利政策的差别,就是史迪威主张平等地援助一切抗日军队,他是执行罗斯福政策的。赫尔利的主张却是要经过蒋介石来援华。因蒋介石反对,"赫尔利放弃了自己的联合政府主张,公然站到蒋介石方面反共,于是赫尔利的帝国主义面目暴露了"。马歇尔"直率、朴素、冷静,与史迪威相似"。"但在一九四六年三月东北问题起来之后,双方意见常有距离。他对苏联有猜疑,往往把苏联牵涉到各种问题上去,加上美国政府的错误政策,使我们和马歇尔无法取得一致意见。但是,我与马歇尔个人关系很好,我认为他是一个有智慧的人。"①

周恩来透彻的分析,独到的见解,敏锐的判断,不仅再一次折服了在场的中共代表团工作人员,而且也令这位美国记者李勃曼敬佩不已。李勃曼从周恩来身上看到了中国共产党人的博大胸怀和远大抱负,看到了中国的未来一定是会属于人民、属于中国共产党的。

1946 年 10 月 18—20 日,美国争取和平委员会及民主远东政策委员会等 198 个团体在旧金山召开"中国与远东"大会,会议由民主远东政策委员会主席、退伍海军陆战队准将卡尔逊主持。周恩来特致如下电表示祝贺:

1946 年 10 月,美国争取和平委员会等 198 个团体,在旧金山召开"中国与远东"大会,周恩来致电祝贺,呼吁美国人民尽力促使美国政府改变对华政策。

卡尔逊将军:

谨热烈致贺贵会开幕。贵会开幕之日,适为美国错误政策促使中国濒临全面破裂之际。中国人民竭诚热望贵会能尽一切力量,以促使美国政府改变其政策,撤回在中国之驻兵,并在中国和平与联

---

① 《中共党史资料》(第一辑),中共中央党校出版社 1982 年版,第 4—16 页。

合政府实现以前,停止对中国政府的一切援助。贵会为中美人民友谊之表征,谨祝其一切之成功。①

大会除通过各重要议案外,还有一封给中国人民的公开信。信中说:"我们对中国当今的局势特别感到关切。"他们呼吁"立即撤退所有美国驻华军队","停止所有对国民党政府的借款,信用放款,军事接济和租借物资的供应"。②

1946年5月20日,作为中国解放区妇联代表的邓颖超③,收到了国际民主妇女联合会邀请她参加6月27日在巴黎召开理事会的信函。邓颖超认为,这是一个好机会,她可以在会上向各国妇女揭露美国帮助国民党打内战的真相,唤起世界舆论对中国人民的同情与支持。她立即向国民政府外交部及社会部交涉办理出国护照。但这两个部门推诿拖延,不予办理。

为了揭穿国民政府耍的花招,6月11日上午,邓颖超在梅园新村举行中外记者招待会,就国民政府拒发出国护照,阻挠其参加会议一事慷慨陈词。她说,"我此次出席是以该会执委的资格"受到邀请的,"我是完全有理由而且有资格出席该会的,亦有权利取得出国护照的","如果我因不能取得护照以致不能如期出席该会,则在国际间势必引起极不良影响"。④ 她在向新闻界揭露南京政府的同时,两次致电国际民主妇联主席戈登夫人,陈述南京政府故意刁难拒发护照的情况,争取得到她们的同情和支持。虽经国际民主妇联多次与中国驻法大使馆交涉,各解放区妇联和国民党统治区的广大妇女,纷纷声援、谴责南京政府,但国民政府最

---

① 《国共谈判文献资料选辑》,江苏人民出版社1984年版,第452页。
② 《国共谈判文献资料选辑》,江苏人民出版社1984年版,第453—454页。
③ 1945年11月,41个国家的妇女代表聚集巴黎,成立了国际民主妇女联合会。同时接纳中国解放区妇女联合会筹委会为正式成员,并推选蔡畅、邓颖超为执委。
④ 《国共谈判文献资料选辑》,江苏人民出版社1984年版,第212页。

终还是以"时间迫促,故不必前往"为由,搪塞了事。

国民政府阻止邓颖超赴巴黎之行的余波未息,7 月 30 日,邓颖超又接到邀请她和宋庆龄等人参加 10 月中旬在美国举行的国际妇女会议的请帖。国际妇女会议是由美国前总统罗斯福夫人倡议、美国 19 个妇女团体共同发起组织的。邓颖超收到请帖之时,正是国民党大举进攻解放区、发动全面内战的时候。为了让世界人民了解国共和谈的真相,呼吁世界人民支持中国的和平民主事业,8 月 3 日,邓颖超复函国际妇女会议指导委员会主席卡特尔夫人,表示接受邀请,并表示已向政府申请出国护照。在争取出国参加这次会议的问题上,邓颖超再次同国民党当局进行了不屈不挠的斗争,也再次受到国民政府的阻挠而未能成行。

虽然因国民党当局的阻挠,邓颖超没能出席这两次国际会议,但她领导全国妇女界进行的这场争取和平民主的斗争,意义非常深远,不仅得到解放区和国统区妇女的热烈支持,推动了全国和平民主运动,而且在国际上也产生了很大影响。①

1946 年 9 月,为应邀出席 10 月下旬在美国召开的国际妇女大会,邓颖超领导向各界妇女征求意见的活动。由于国民党当局拒发护照,邓颖超最后未能成行。图为广为印发的《向妇女界征求意见》文件。

①《忆邓大姐》,中央文献出版社 1994 年版,第 456—457 页。

第二节　领导开展民主运动

声援和平请愿

　　面对日益扩大的战火,国民党统治区广大人民对时局越来越感到忧虑。他们经历了 14 年抗战,渴望能进行和平建设,因而对国民党一意孤行的好战态度越来越感到难以忍耐下去。1946 年 6 月 23 日,上海各界人士 5 万余人举行声势浩大的示威游行,欢送马叙伦、黄延芳、张絅伯、包达三、盛丕华、吴耀宗、阎宝航、雷洁琼、陈震中、陈立复等 10 位代表组成的和平请愿团赴南京请愿,呼吁制止内战,实现和平。这样规模的要求和平的示威游行,在以前还不曾有过。在请愿代表中,有教授,有大学生,有工商界人士,还有宗教界人士。

1946 年 6 月 23 日,由上海工委和中共上海地方党组织相互配合,发动了反内战请愿运动。图为上海数万群众在北站集会欢送请愿代表团。

赴南京和平请愿的部分代表。左起:黄延芳、胡子婴、包达三、张絅伯、阎宝航、雷洁琼、盛丕华、马叙伦。

　　召开大会欢送这次和平请愿运动,是由中共上海工委书记华岗提议,报经南京局周恩来同意的。当天下午,请愿和平的代表们乘火车到达南京下关车站,被国民党当局精心策划指挥的自称"难民"的暴徒包围毒打。暴行前后持续达 5 个多小时。马叙伦、阎宝航、雷洁琼、陈震中等

4 人以及《新民报》记者浦熙修、《大公报》记者高集、民盟派去车站欢迎的叶笃义等在场记者与欢迎人员 12 人被打成重伤,造成了震惊中外的"下关惨案"。

惨案发生时,周恩来得到消息,立即向国民党有关方面和马歇尔进行交涉,要求他们立即采取措施,制止暴行,将受伤的代表和记者等送往医院。当受伤代表送进医院后,董必武、李维汉先到医院看望他们,看到被打伤昏迷的陈震中躺在水泥地上,随即向医院提出

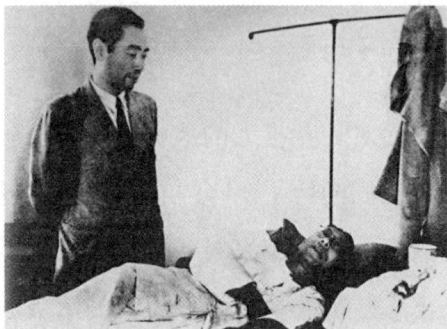

"下关惨案"发生后,周恩来等深夜赶至医院,慰问受伤代表。图为周恩来慰问马叙伦。

了抗议。深夜 2 点,周恩来、邓颖超带着衣服和食品赶到医院慰问受伤代表。他激动地拉着受伤者的手说:血不会白流的。有的代表被打得遍体鳞伤,衣服也被撕破。浦熙修流着眼泪对周恩来说:我过去总是劝你们少要一些兵,少要一些枪,现在我认识到你们的战士不能少一个,枪不能少一支,子弹不能少一点。身负重伤的马叙伦教授也握着周恩来的手说:中国的希望只能寄托在你们身上了![1]

这天晚上,周恩来以中共代表团的名义给马歇尔和徐永昌写了一份备忘录,向国民党当局提出严重抗议,要求惩办祸首、追究责任、撤销特务机构、保证不再发生类似事件,以及人民和个人有请愿申述之权、政府支付赔偿受伤代表的医药费及个人损失,保证代表的自由安全等六点要求。

6 月 25 日,毛泽东、朱德也从延安打电报慰问受伤代表,指出:

---

[1]《不尽的思念》,中央文献出版社 1987 年版,第 144 页。

先生等代表上海人民奔走和平，竟遭法西斯暴徒包围殴打，可见好战分子不惜自绝于人民。中共一贯坚持和平民主方针，誓与全国人民一致为阻止内战，争取和平奋斗。谨电慰问，并希珍摄。①

同日，民盟、民建等各民主党派也纷纷致函国民政府，要求严惩"下关惨案"肇事者，取消特务机关，切实保障"人民应享有集会、结社、言论、出版及请愿之自由"。并严正指出："殴打这些人民代表，就是殴打全国要求和平的人民，与全国人民为敌。"②

6月29日，周恩来、董必武、滕代远、邓颖超、李维汉以中共代表团的名义致函马叙伦等诸位代表，亲切慰问。信中对代表们"不顾特务暴徒之威吓殴辱，坚持呼吁和平，反对内战，至诚至勇"，表示感佩，申明："中共对当前国事主张，要无条件停止内战，奠定长期和平，实施政协决议、整军方案，实现政治民主化，军队国家化，而致中国于统一富强之基。目前为争取长期停战，已作极大之让步，虽尚未获得协议，仍当与全国人民一致继续为和平而奋斗，不达目的，誓不休止。"最后请代表"以此意转达上海各界团体人士，并望再接再厉为实现和平民主而努力"。③

李维汉后来写道："这次上海和平请愿运动和'下关惨案'，是大革命以来上海的乃至全国的第一次声势浩大的群众运动，影响极大，深刻地教育了广大人民。"④

南京局对这场斗争自始至终给予了具体的关怀和指导。"六二三"前夕，周恩来亲自听取了先期来南京安排代表团食宿的罗叔章的汇报，指出："要准备国民党破坏，要提高警惕。"⑤6月24日，又通知上海工委许

---

① 《国共谈判文献资料选辑》，江苏人民出版社1984年版，第250页。
② 《中国民主同盟历史文献》，文史资料出版社1983年版，第180页。
③ 《国共谈判文献资料选辑》，江苏人民出版社1984年版，第251页。
④ 李维汉：《回忆与研究》（下），中共党史资料出版社1986年版，第643页。
⑤ 访问罗淑章记录。

涤新等来南京汇报上海的情况,详细询问了代表中几个工商界人士的表现,并对国民党当局可能进行的迫害做了紧急布置。和平请愿团在南京期间,中共代表团每天都有人去医院看望受伤代表,还在梅园新村宴请了他们,同他们做了多次深入的交谈。代表中盛丕华、包达三都是蒋介石当年在上海证券交易所的老朋友,"下关惨案"血的教训打破了他们对蒋介石的幻想。蕢延芳同蒋介石是知交,他到南京后就有人给他通风报信,没有挨打,蒋介石还单独接见了他。蕢延芳在政治上并不倾向共产党,但对内战不满,中共代表同样和他交朋友,对他进行工作。李维汉还请他开座谈会,让他提问题,谈了两个半天。后来他的政治态度有了改

1946 年 6 月 29 日,和平请愿代表及其家属在南京中央医院门前合影。左起:严景耀、吴耀宗、胡子婴、陈震中、包达三、阎宝航、张絅伯、盛丕华、蕢延芳、陈立复、马叙伦、雷洁琼、罗叔章、陆兰秀、盛康年。

变。周恩来、邓颖超在上海时，还亲自走访了他，并参观了他所办的学校、医院等事业，给了他很多鼓励。他在 1949 年参加了新政协①。

"六二三"和平请愿运动是上海工委和上海地下党共同商定、统一布置的，是共产党和民主党派、党的公开机关和秘密组织、上层统战工作和下层群众工作紧密结合、协同作战的一个典型的成功经验。周恩来去沪时，经常在马思南路周公馆会见上海民主人士，并多次在包达三的住宅约见陈叔通、马寅初、胡子婴等，向他们宣传中共的方针政策，揭露蒋介石假和谈、真内战的阴谋，使包达三等一批进步的工商界人士认清了形势，对中共的政治主张表示同情和支持。9 月 21 日，还在周公馆邀请周信芳、白杨、丹尼、于伶、黄佐临、吕复等 100 多位戏剧、电影界人士座谈，鼓励他们"为了争取胜利的明天，一定要坚持进步，多做工作"。10 月，又约于伶、刘厚生谈话，交代他们去向因演出《祥林嫂》而受到国民党当局迫害的袁雪芬表示慰问和支持②。

发动学生运动

1946 年 12 月 24 日，侵华美军强奸北京大学女生的"沈崇事件"发生后，爆发了一场规模巨大的抗议美军暴行的群众爱国斗争。国统区各大中城市 50 余万学生相继举行反美反蒋游行示威，强烈要求"维护国家主权""美军退出中国"。中共中央发出指示，要求国统区各级地下党组织，发动各大城市群众响应北平学生运动，努力在运动中"造成最广泛的阵容"，"使此运动向孤立美蒋及反对美国殖民地化中国之途展开"③，并要求各地党组织坚持以"美军退出中国"为中心口号，把斗争引向深入。

---

① 参见《中华民国史资料丛稿——人物传记》第十三辑"黄延芳"，中华书局 1982 年版。
② 夏顺奎：《周恩来同志一九四六年四次来上海》，《文史资料选辑》（第二十八辑），上海人民出版社 1979 年版。
③《中共中央文件选集》(16)，中共中央党校出版社 1992 年版，第 366—367 页。

1946 年 12 月 24 日,北平发生美国士兵强奸北京大学女学生的暴行。国统区各大城市的学生,相继罢课游行,抗议美军暴行,要求美军撤出中国。图为北平学生抗暴游行。

1947 年 2 月 1 日,毛泽东为中共中央起草了一份对党内的指示。他指出:"目前各方面情况显示,中国时局将要发展到一个新的阶段。这个新的阶段,即是全国范围的反帝反封建斗争发展到新的人民大革命的阶段。现在是它的前夜。我党的任务是为争取这一高潮的到来及其胜利而斗争。"[1]

2 月 28 日,周恩来在为中共中央起草的关于蒋管区工作的指示电中指出:根据当前的形势,"蒋管区群众斗争,固然要经过一些迂回起伏,但总的趋势必然会继长增高,问题就要看我们领导的斗争策略如何,组织力量如何,以决定群众斗争增长的快慢与可否避免一些挫折"。他指示:

  针对目前蒋的镇压政策,我们应扩大宣传,避免硬碰,争取中间分子,利用合法形式,力求从为生存而斗争的基础上,建立反卖国、反内战、反独裁与反特务恐怖的广大阵线。在宣传上,我们对蒋之任何一个反动设施、恐怖行为,都要尽情揭露,宣告中外,只要我们善于抓住其弱点,击中其要害。蒋美的反动阴谋是最怕被人揭穿

---

[1]《毛泽东选集》(第 4 卷),人民出版社 1991 年版,第 1211 页。

的。在行动上,我们应避免在不利的条件下去硬碰,这不是保守,而是领导群众变换方式,绕过暗礁。……此次蒋特捕人打人,是其预定计划,我如不管条件如何,仍在学生中号召游行示威,有遭其屠杀的危险。且一般学生对捕人事件,有愤激的,也有畏缩的,我应顾及此种不同情绪,联合大多数学生首先向学校当局要求生命保障与释放同学,继之联合学校当局向地方当局要求生命保障与释放同学。如仍捕人,则在校内实行自保,如集体出入,互相联保,在条件成熟时,亦可实行罢课,要求释放同学等。同时在斗争中要联系到、有时要转移到经济斗争上去,才能动员更广大群众参加,而且易于取得合法形式。有了经济斗争的广大基础,也易于联系到反特务反内战的斗争上去。在组织上,学生的抗暴联合会虽已在京、沪、平、津、渝学生中有了基础和联络,但也要建立可以自保的防线,即在名称上与行动上,在蒋特发现施以高压后,不妨改换名称或分开作战,使我损失不大,而仍能继续斗争,继续联络。在工人与城市贫民(如小贩)中,更要着重经济斗争的领导和发展。现在沪津一带,工人反对一月指数、要求加薪的斗争已起,我应善为领导,求得局部胜利,以便巩固阵地,利于今后发展。[①]

周恩来灵活地运用党的斗争策略,根据形势的发展,恰当地掌握斗争的火候,准确估计到学生中不同层次群众的不同要求和接受程度,及时提出斗争的任务和适用的方法,力求避免可能的挫折和损失,引导运动健康地、波浪式地一步一步向前发展。

到 1947 年 4 月,形势又有了进一步的发展。国民政府加紧了经济统治和剥削,加强了政治压迫,全国物价暴涨,人民生活极为困苦。这就促

---

①《周恩来选集》(上卷),人民出版社 1980 年版,第 269—270 页。

使人民群众日益觉醒,群众斗争此起彼伏,日趋频繁。包括民族资产阶级在内的社会各阶层对美蒋的统治更加不满,爱国民主统一战线不断扩大。上海局根据中央的上述指示,分析了当时的形势,认为这一切说明蒋管区的群众运动,继 1946 年底至 1947 年初抗议美军暴行(即沈崇事件)运动之后,第二个高潮即将到来,并预计到 5 月份可能是这一新高潮的开始。同时决定发动群众首先从生活斗争的不断发展中来进行突破,逐步引导到反对国民党政府借外债打内战的政治斗争上去,并且集中力量组织几个中心运动,作为整个运动在汇合时的主流。4 月 28 日,上海局将上述分析和决定,向中央做了报告。①

国统区的上海市民在抢购粮食

人们带着大捆钞票抢购生活用品

5 月 5 日,周恩来为党中央起草《关于蒋管区工作方针的指示》。针对国民党当局捏造所谓"中共地下斗争路线纲领",企图镇压蒋管区人民运动,他要求国民党统治区的党组织,"在蒋管区统治尚严的地方尤其是蒋管区大城市中的工作方针,就是要保护我党及民主进步力量,以继续加紧开展人民运动。为此目的,既要坚定勇敢,又要机警谨慎。要时时注视情势的发展,坚持我党放手动员群众进行反美反蒋的方针,灵活地

---

① 刘晓给中央电,1947 年 4 月 28 日。

既结合又分别合法与非法的斗争。将适合群众迫切要求、提高群众斗争情绪的口号,均经过群众面目提出,以发动群众;将党的宣传工作,侧重于以群众中有职业有地位人物,利用公开刊物、报纸、集会,批评时政,增强不满;而将党的广播言论、解放区胜利消息,经过极可靠关系,辗转秘密散布。党与民主团体、群众组织及进步人士等关系,亦要多发展极端隐蔽党员及同情分子,成单线领导,居中工作,不要以党的公开面目经常来往,尤要避免书信文件来往,以防牵涉。党的组织要严守精于隐蔽,平行组织,单线领导,不转关系,城乡分开,上下分开,公开与秘密分开等原则。……高级领导机关更须十分隐蔽,少开会,少接头,多做局势研究与策略指导的工作。"[1]第二天,他又为中共中央起草电报,通知将上海中央分局改为上海中央局,管辖长江流域、西南各省及平津一部分党的组织与工作,并于必要时指导香港分局,以刘晓为书记、刘长胜为副书记。这些就为行将到来的群众性的反饥饿反内战运动,在政治指导和组织领导上准备了必要的条件。

1947年5月,国统区学生掀起了反饥饿、反内战、反迫害的民主运动,声势浩大,席卷几十个城市。5月20日,南京、上海、苏州、杭州的学生在南京示威游行,遭到国民党军警的镇压,造成"五二〇惨案"。

---

[1]《周恩来选集》(上卷),人民出版社1980年版,第270—271页。

　　根据中共中央的指示精神和上海局的决定,从5月初开始,国民党统治区南北各地大学的学生,纷纷举行各种形式的纪念五四运动等活动。这样便揭开了斗争的序幕。当时国民党统治区物价暴涨,国立大学学生一个月的公费只能买到两根半油条,伙食极差,学生们十分不满,议论纷纷,斗争的形势已经成熟。上海局抓住这一时机,同时为使斗争能够发生较大影响,决定首先从国民政府首都南京进行突破。中共南京市委按照上海局的决定,部署南京中央大学率先发动,通过学生组织发出了符合广大学生群众迫切利益的反饥饿的要求。中央大学学生的这一行动,立即引起了全国各地的响应。形势的发展犹如燎原之火。为了争取和平、民主和生存的权利,在中共上海局的领导下,5月20日,上海、杭州、苏州等地大专学校学生派代表齐集南京,会合南京大专学校学生,又发动了一次声势浩大的"五二〇"学生运动。国民党的军、警、特务进行了血腥镇压。消息传出,全国各地大专学校学生纷起抗议。上海局又及时将斗争口号从反饥饿、反内战发展为反饥饿、反内战、反迫害,这样运动就由分散的斗争逐步汇集为全国性的斗争,将生活斗争逐步和政治斗争结合起来,人民的反抗斗争推向了高潮。运动的发展完全证实了中央指示的正确性。

　　5月23日,周恩来为中共中央起草给上海局的《关于蒋管区党的斗争方针的指示》。《指示》首先肯定这次学生运动的发展"完全循着我党的指导方针前进。望即坚持此项方针,并灵活地运用斗争策略,有时直进,有时迂回,有时集中,有时分散,公开与秘密,合法与非法,既区别又结合,使一切群众斗争都为着开辟蒋管区的第二战场,把人民的爱国和平民主运动大大地向前推进"。要求上海局"尽管放手动员群众进行反饥饿、反内战、反借款的斗争,向蒋政权要饭吃,要和平,要自由"①。

① 中共中央致叶剑英、李维汉并上海局、香港分局及朱德、刘少奇的电报,1947年5月23日。

北平学生反饥饿、反内战示威游行的队伍正
在通过天安门广场

在斗争过程中,周恩来还提出要注意利用敌人的矛盾,以分化瓦解
敌人的势力。当时国民党统治集团内部,对处理学运的方法存在着分
歧。立法院等害怕武力镇压使事态扩大难以收拾,主张进行调解或谈判
来解决。上海局根据中央的指示,提出了要求释放全部被捕学生,惩办
凶手,把矛头集中反对国民党军、警、特务的迫害,要求谈判解决。同时
为了减少国民党军、警的迫害,5 月 23 日,周恩来在为中央起草的指示电
中指出:为避免与青年军学生及宪警士兵造成对立,并争取他们同情学
运,以瓦解蒋介石镇压后方的力量起见,你们应通过各种组织、各方积极
分子赶紧进行青年军及宪警中的士兵工作,提出适当口号,使之由同情
学生要饭吃、要和平的斗争,进到其本身要求加饷退伍的斗争。[①] 国民党
军警大多数人出身于劳动人民和学生,他们本身也是受压迫的,因此只
要工作得当,可以争取他们同情学生运动或者减少其对立。

接到中央指示之后,北平有的学校派出师生和青年军进行了联欢等
活动;上海等地在游行遭到军警的阻挠时,向他们喊话,指出他们的薪饷
也是微薄的,要拿出良心来。这样在一定程度上,减少了双方的对立。

---

① 中共中央致叶剑英、李维汉并上海局、香港分局、五台局及北平、天津市委的电报,1947 年 5 月 23 日。

　　27日,周恩来再次为中共中央起草指示电:"此次学潮,一般的是从学生本身要求发动起来的,但一经发动,便马上联系到政治口号。于是,要饭吃、要和平、反饥饿、反内战均成为不可分离的斗争口号。现在在五月二十日惨案的激动下,连取消蒋介石的紧急治安法令的口号都提出了,更难使各地学运只局限于经济口号上。应该说,要使此次学运的政治经济斗争口号成为有机的联系,不要生硬加上,不要脱离中间分子,要依其觉悟程度,提出各种部分的辅助的口号,以推动其向总的斗争口号前进。"①

　　5月20日前后,国民党政府对全国各地的学生运动进行了镇压,以后又开除了许多学生领袖。上海等地有的学校学生出于义愤,提出了无限期罢课的主张。上海局分析了当时情况,鉴于经过长时间的斗争,学生群众已感疲劳,需要休整,同时中间学生、教授和社会上层分子对无限期罢课的主张不十分赞成,如仍坚持继续长期罢课,将会脱离群众,为敌人所乘。同时为了避免敌人进一步镇压,上海局提出应抓住敌人制造惨案这一弱点,进行反击,作短暂的罢课;同时发动工人及其他各界的斗争进行支援和配合,在迫使敌人基本上接受学生的要求(即释放被捕学生、惩办凶手等)后,即主动宣布暂时停止罢课,一面复课,一面斗争。同时争取时间,休整组织,配备力量,总结经验,提高干部,推动助学运动,以准备新的斗争。

　　6月3日,周恩来为中共中央起草《关于学运方针给上海局的指示》,肯定上海局"领导斗争向前发展的方针是对的。今天京沪平津学生停止街上游行改在校内开会的办法也是对的。这样,可以巩固校内(包括教职员)的统一战线,便于集中要求于可能实现的条件(如释放所有被捕学生和教员、医治受伤学生、惩办暴行人员、取消紧急措施及军事戒严等),

---

① 中共中央致叶剑英、罗迈的电报,1947年5月27日。

然后再改变斗争形式,继续进行要和平要饭吃要自由的运动"①。19 日,他再次为中共中央复示上海局:完全同意你们关于学运的复课休整以巩固和扩大校内校外的同情运动和阵容并准备新的更大斗争的方针。② 23日又指示:暑期学生下乡,其中心任务应是宣传群众,锻炼自己。③

当时,北平、天津等地大专学校学生根据党的上述决定(通过学生组织贯彻的),都陆续复课,并继续斗争,受到广大群众的拥护。上海等地一些提出无限期罢课的学校,经过大量说服教育工作,使大家接受了暂时停止罢课的决定。虽然由于敌人进行大逮捕和提前放暑假,有的学校复课未能实现,但这个决定得到了广大学生和社会的同情。

此后,运动即转入各校的分散斗争。党组织争取了校内外广大群众的同情和支持,特别是上海工人要求解冻生活指数斗争的大力支持和配合,迫使国民政府释放了全部被捕人员。

为适应斗争形势发展的需要,对学生的组织形式,周恩来也做了指示,要求先进行几个地区的联合,不拘名称形式,为全国联合做准备(当时除各市成立了学联,还组织了华北区学联和京、沪、苏、浙、豫五区学联,并准备成立全国学联),但为了避免引起敌人过早注意和集中打击,不必马上集中力量去组织全国学联。

对于这场运动,毛泽东做了高度的评价。他说:"中国境内已有了两条战线。蒋介石进犯军和人民解放军的战争,这是第一条战线。现在又出现了第二条战线,这就是伟大的正义的学生运动和蒋介石反动政府之间的尖锐斗争。""学生运动是整个人民运动的一部分。学生运动的高涨,不可避免地要促进整个人民运动的高涨。"④

---

① 中共中央致叶剑英、罗迈转上海局的电报,1947 年 6 月 3 日。
② 中共中央致叶剑英、罗迈转上海局并告香港分局的电报,1947 年 6 月 19 日。
③ 中共中央致叶剑英、罗迈转上海局、香港分局及中青委、晋察冀城工部等的电报,1947 年 6 月 23 日。
④《毛泽东选集》(第 4 卷),人民出版社 1991 年版,第 1224—1225 页。

第三节　抗议国民党独裁暴行

谴责反动派屠杀行径

1946 年 7 月 11 日，国民党特务在昆明街头用美制无声手枪暗杀中国民主同盟中央委员、救国会"七君子"之一李公朴。15 日，又在昆明暗杀中国民主同盟另一位中央委员、西南联大教授闻一多。这两位著名民主战士的连遭暗害，使周恩来悲愤到极点。17 日，周恩来、董必武等在南京向国民政府提交的抗议书中愤激地写道："如此野蛮、卑鄙手段，虽德意日法西斯国家政府犹不敢肆意为之。中国号称反法西斯胜利国家，四项诺言，言犹在耳，而特务暴行，接踵而至，遍及全国。殴打未已，暗杀继之。一城之内，五日之间竟至续演杀人惨案两起，不知政府当局，何以自解耳！"[1]他们给闻一多夫人高真的唁电[2]中沉痛地写道：

李公朴

闻一多

---

[1]《国共谈判文献资料选辑》，江苏人民出版社 1984 年版，第 290 页。
[2]《周恩来书信选集》，中央文献出版社 1988 年版，第 328—329 页。

惊闻闻一多先生紧随李公朴先生之后惨遭特务暴徒暗杀,令郎义和①君亦受重伤。暗无天日,中外震惊,令人椎心泣血,悲愤莫名,真不知人间何世!此种空前残酷、惨痛、丑恶、卑鄙之暗杀行为,实打破了中外政治黑暗之记录。中国法西斯统治的狰狞面目,至今已暴露无遗。一切政治欺骗,已为昆明有计划的大规模的政治暗杀枪声所洞穿。中华民国已被法西斯暴徒写下一个永远不能洗掉之污点。中国法西斯暴徒如此横行,虽极猖獗疯狂,实法西斯统治的最后挣扎,自掘坟墓。中国人民将踏着李公朴、闻一多诸烈士的血迹前进,为李闻诸烈士复仇,消灭法西斯统治,实现中国之独立、和平与民主,以慰李闻诸烈士在天之灵。敝代表团誓为后援。兹先电唁,尚盼节哀,并祝令郎早日康复!

1946年7月11日和15日,国民党特务在昆明先后暗杀了著名民主人士李公朴、闻一多。对此,中共代表团向国民党政府提出严重抗议。

---

① 义和,应为立鹤,即闻立鹤,闻一多的长子。

抗议书和唁电,都在次日的《新华日报》上公开发表,在国民党统治区产生了巨大的反响。同一天,周恩来飞抵上海见马歇尔时,愤怒地对他说:"不知你听到昆明的消息否?""现在国民党有一切权力可用,但却用暗杀的手段来对付民主人士,是无耻,是法西斯,令人愤慨!我得到消息后愤慨得说不出话来。国民党竟用这样的方法,还有什么谈判、民主可言!连别人说话都怕(民盟只有报纸杂志)!""国民党用武力来打中共,双方还可对打,但民盟并无武力。""用这样方法是压不下去的。这虽然不是谈判范围内的事,但实在太严重了,政协的一切保证都无法实现了。现在国民党的民主派和一切民主人士的安全都成了问题,不仅我们一方而已。"①

当天下午,周恩来在南京梅园新村举行记者招待会,发表严正声明。声明指出:

> 昆明两次政治暗杀,足以根本动摇全国各民主党派与国民党当局团结合作的大局。李公朴先生被刺后四天,闻一多先生父子又被刺,这完全是有计划的,而且是肆无忌惮的政治暗杀。西安、南通之血案②未了,昆明今又继之,则重庆、成都、武汉、北平、广州,甚至南京、上海亦可以任意杀人。这完全赤裸裸地暴露了国民党特务残暴的法西斯本质,采用了最卑劣的手段来镇压和平民主运动及其代表人物。如果国民党当局对此仍不采取紧急处置,改弦更张,取消特

---

① 《周恩来一九四六年谈判文选》,中央文献出版社1996年版,第559页。

② 1946年3月1日,国民党特务捣毁西安民办报纸《秦风工商联合报》。4月逮捕并杀害该报法律顾问、民主同盟盟员王任律师。30日夜,国民党特务绑架枪杀西安民主同盟青年部长、《民众导报》主编、中共党员李敷仁(当时伤重未死,经群众抢救掩护辗转到达延安),这就是"西安血案"。1946年3月18日军调部淮阴执行小组到达江苏南通,受到群众热烈欢迎,执行小组离开后,国民党反动派秘密逮捕、杀害参加欢迎的群众20余人,随同执行小组到南通的新华社记者孙平天同时遇难,这就是"南通血案"。

务,则一切政治协商都将徒然无望。①

7月18日,周恩来又在上海周公馆召开中外记者招待会,向到会的100多位中外记者愤怒控诉了这一惨案,并无情地揭露了国民党特务企图继续对民主人士进行暗杀的阴谋②。国民党的暴行震惊了全国。各民主党派和各界群众的追悼活动,很快汇集成大规模的抗暴斗争。

全面内战爆发后,国民党当局加紧对人民运动的镇压。11月周恩来撤返延安前,曾通过办事处向上海工委做了指示:国民党统治区黑暗严重的时刻又到来了,必须坚持艰苦的斗争。12月18日,周恩来在延安干部会议上做《一年来的谈判及其前途》的报告,结束时说:"假使再打半年到一年,战局一定要改观,这就会影响到蒋管区的爱国民主运动与农村的武装斗争。这三种斗争的汇合,在不久的将来,将会造成民主的新高潮。"③

局势的发展,果然如周恩来所预计的那样,而且来得更快。1946年12月底,北京"沈崇事件"发生,民主党派和各界爱国人士大力支持爱国学生的抗暴斗争。民盟发言人高度赞扬以学生为主体的反美抗暴运动"是中国和平与民主前途的曙光"④。同时严正指出:"这决不是普通的强奸事件和绝非单纯的法律问题,而是帝国主义蹂躏殖民地人民之行为,除非我们甘愿做亡国奴,决不能忍受此种侮辱国格之行为。"⑤九三学社领导人许德珩等联络北京大学48位教授联名致函美国驻华大使司徒雷登,抗议美军暴行。民进领导人马叙伦指出,美军敢于不法,起因于国民党政府的独裁、内战、卖国政策,"其性质是战胜国对战败国或殖民地的行

---

① 《周恩来选集》(上卷),人民出版社1980年版,第237页。
② 《国共谈判文献资料选辑》,江苏人民出版社1984年版,第298—299页。
③ 《周恩来选集》(上卷),人民出版社1980年版,第261页。
④ 《中国民主同盟历史文献》,文史资料出版社1983年版,第284页。
⑤ 《新华日报》1947年2月9日。

为"。他呼吁:"全国起来反对美军驻华,要求美国撤退他驻华的美军。"①民主建国会和上海 11 个党派团体联合发表宣言指出:"倘美军一日不去,暴行则一日不止。故本会等坚决主张美军应立即退出中国,以平民愤,而绝后患。"②民建重庆分会自动拿出 120 万元作为慰问学生的捐款。

不久,上海工商界掀起了"爱用国货、抵制美货"热潮。1947 年 2 月 9 日,上海百货业职工"爱用国货抵制美货"筹备委员会在南京路劝业大楼举行讲演大会,邀请民盟邓初民、民进马叙伦以及马寅初、郭沫若等讲演。大会尚未开始,就遭到国民党特务的袭击,又制造了"二九惨案"。事后,民盟、民进、民建等发表声明,要求国民党当局停止恐怖镇压行为,严惩肇事者。各民主党派与上海各界人民成立"二九惨案"后援会。在后援会举行的记者招待会上,民主促进会领导人马叙伦要求国民党当局查明事件真相,惩办凶手,保障人权。沈钧儒、史良、沙千里等 10 名著名律师,组成了"二九惨案"律师团,向法院起诉,为百货业职工伸张正义。民主建国会还捐款数万元,支援上海商业界职工。

1947 年 2 月 1 日,周恩来在中共中央政治局会议上,做了国民党统治区人民运动的报告。在报告中,他最早地把国民党统治区的人民运动称作"第二战场"。"第二战场"是一个十分重要的提法,它把国民党统治区的人民运动(特别是学生运动)提到了同第一战场——人民解放战争相配合的战略地位。他说:反美斗争,去年还不会料到有这样大的发展,因为许多人原来对美国有幻想。现在,学生运动和小贩运动都直接的是反美运动。群众中,从贫民、工农到民族资产阶级都不满美国的压迫。斗争还要继续发展下去。这个运动是配合自卫战争最有力的运动。③

---

① 《马叙伦政论文选》,文史资料出版社 1985 年版,第 306 页。
② 《文汇报》1946 年 12 月 29 日。
③ 周恩来在中共中央政治局会议上的发言记录,1947 年 2 月 1 日。

关怀民主进步人士

"下关惨案"以后,周恩来就及时预见到国民党反动派在发动大规模内战的同时,将对民主人士进行残酷的迫害。1946 年 6 月 25 日,他打电报给延安党中央,并转发给四川省委负责人,提出:"倘时局再恶化,应设法安顿文化界的朋友。"①7 月 11 日和 15 日,国民党特务在昆明相继暗杀了著名爱国人士、民主同盟中央常委李公朴、闻一多,白色恐怖笼罩着整个国民党统治区。7 月 17 日,周恩来、董必武、吴玉章、邓颖超、李维汉写信给国民党代表及蒋介石,除对李公朴、闻一多惨遭暗杀提出严重抗议外,还要求国民政府立即采取惩办凶手、抚恤死者家属、取消一切特务机关、释放一切政治犯等七项要求②。当梁漱溟、周新民代表民盟去昆明查清了李、闻被害真相回到南京后,周恩来特地去兰家庄民盟代表团驻地,向他们表示支持和慰问。10 月 4 日,上海各界在天蟾舞台召开追悼李公朴、闻一多大会,周恩来亲笔写了悼词③,邓颖超代表周恩来在会上宣读。悼词中说:

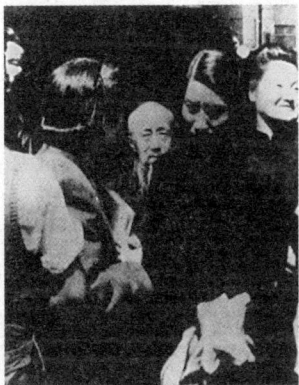

1946 年 10 月 4 日,上海各界举行李公朴、闻一多追悼大会。邓颖超(左)在追悼会上慰问李公朴夫人。后排是沈钧儒、史良。

周恩来亲笔题写的李公朴、闻一多悼词

---

① 《周恩来统一战线文选》,人民出版社 1984 年版,第 115 页。
② 《国共谈判文献资料选辑》,江苏人民出版社 1984 年版,第 290—291 页。
③ 《周恩来选集》(上卷),人民出版社 1980 年版,第 239 页。

今天在此追悼李公朴、闻一多两先生,时局极端险恶,人心异常悲愤。但此时此地,有何话可说?我谨以最虔诚的信念,向殉道者默誓:心不死,志不绝,和平可期,民主有望,杀人者终必覆灭。

10月6日,在静安寺举行李、闻公祭仪式,周恩来还以"中共代表团暨中共代表团上海办事处"的名义写了祭文,对李、闻两先生做了高度评价,周恩来、邓颖超、李维汉还亲往致祭。

1946年7月25日,为了躲避国民党反动派的迫害,匿居在上海友人家里的陶行知不幸中风逝世,周恩来当天就起草了《对进步朋友应多加关照》的电报发给中共中央,

陶行知

提出:"今后,对进步朋友的安全、健康,我们必须负责保护。已告上海潘汉年及伍云甫,在救济方面多给以经济和物资的帮助,在政治方面亦须时时关照。"①12月1日,陶行知遗体在南京公葬,董必武亲自前去参加葬礼。

1946年7月25日,周恩来致中共中央的电报。

①《周恩来选集》(上卷),人民出版社1980年版,第238页。

10月,周恩来住在上海,已经预见到国共谈判必将破裂,爱国民主人士的处境将会更加困难,他一方面派夏衍去新加坡,"了解当时还流散在南洋各地的文化界人士的情况,及向海外侨领传达第二次国共分裂之后党的方针政策"①;一方面又专门召回中共在香港的工作人员,亲自向他们布置民主人士的撤退和疏散工作。他说:"蒋介石已经撕毁了和谈的假面具,他迟早要赶我们走的,我们也作好了走的准备,我们一走,大批民主人士在上海、南京也就待不下去了,从现在起,你们就要在香港、南洋等地给这些朋友一个一个安排好。"周恩来还亲自找民主人士谈话,一再告诫他们:"上了黑名单就走。"由于事先做了周密安排,在国民党大逮捕、大屠杀开始之前,一大批无法再在国民党统治区坚持斗争的进步朋友,都安全地转移出去,为以后新政协的召开做好了人事上的准备②。

1946年11月周恩来撤回延安前,他到民盟去辞行,听叶笃义说,张君劢写了信,要他到北平去请张东荪到南京来商谈共同参加"国大"的问题。当时,叶笃义站在民盟的立场,拒绝了张君劢的委托。周恩来对叶笃义说:"你为什么不去呀?假如你不去,他会派另一个人去,张东荪一定会来南京的,张君劢已经下水了,为什么还要拖一个张东荪呢?要与人为善嘛!"叶笃义接受了周恩来的劝告,立即动身去北平,从而劝阻了张东荪,使张东荪没有参加"国大"③。

除了从政治上关心民主人士以外,周恩来还尽量根据他们的要求,为他们解决一些具体问题。1946年6月8日,苏北宝应士绅鲍执之被中共拘捕,他儿子持黄炎培信到梅园新村找董必武,要求从中疏通,尽快予

---

① 夏衍:《忆达夫》,《人民日报》1985年9月24日。
② 刘昂:《为发展革命统一战线呕心沥血:纪念周总理诞辰八十周年》,《光明日报》1978年3月2日。
③ 叶笃义回忆材料。

1946 年 10 月 19 日,周恩来在上海鲁迅逝世十周年纪念
大会上讲话。

以释放。7 月 13 日,周恩来写信给黄炎培,通知他鲍执之已释放,使他们
感到满意①。

---

①《黄炎培日记》,《中华民国史资料丛稿》(增刊第五辑),中华书局 1979 年版,第 111 页。

结语

抗日战争胜利后,中国开始了两个前途、两种命运的决战。继重庆谈判之后,1946年,以周恩来为首的中共代表团从重庆转赴南京,继续同国民党政府代表和美国政府代表进行谈判。通过这场谈判斗争,"使党的和平民主方针与蒋介石的独裁内战方针被群众所认识"①,使党完全赢得了人心,为最终在军事上彻底打败国民党反动派,推翻蒋家王朝,奠定了坚实的政治基础和广泛的群众基础。

1946年的南京谈判,是在条件极端艰难、环境极其险恶、关系极为复杂、情况变化

多端、斗争极度紧张激烈的情况下进行的。由于周恩来坚决贯彻中共中央的指示,坚持中国共产党的原则立场,从全国人民的根本利益出发,为争取中国的和平、民主、独立和统一,紧紧依靠党中央和坚强的革命集

1946年11月16日,周恩来在梅园新村17号举行的记者招待会上,为江苏无锡记者钱小柏在《政协文献》上题词。

---

① 《周恩来一九四六年谈判文选》,中央文献出版社1996年版,第695页。

体,顽强、机智、果敢地同谈判对手展开了针锋相对的斗争,出色地完成了代表团所肩负的重要使命。同时,在国统区广泛地领导和开展爱国民主运动,争取了朋友,教育了人民,对推动第二条战线的形成,加速解放战争的胜利和迎接新中国的诞生,做出了历史性的重要贡献。

周恩来及所领导的中共代表团不畏艰难险阻,为争取实现和平民主,做出了艰辛和真诚的不懈努力

抗日战争胜利后,饱受战争苦难的中国人民渴望和平与安定,迫切需要实现民族独立和民主,建立一个独立、自由、富强的新中国。1945年10月,经过国共双方谈判,签订了《双十协定》,和平的曙光出现端倪。但是由于协定中没有真正解决人民军队和解放区问题,因而人们对中国的前途究竟会向何处去不无担忧。果然,协定墨迹未干,蒋介石就频频发动对解放区的进攻,解放区军民被迫自卫反击,内战烽烟再起。中国的前途命运如何,又成了人们普遍关注和焦虑的问题。

周恩来给代表团工作人员伊明的题词

中国共产党对国共谈判的形势和国际形势进行了分析,提出了我党的对策。作为中共进行国共谈判的直接领导者和实践者,周恩来倾注了极大的精力,深刻研究国共谈判形势,并对此进行了精辟的分析。这为明确提出中共谈判方针和原则,灵活运用谈判斗争策略奠定了基础。他认为,"双方尽管是剑拔弩张,仍然要寻求和平解决之途的"。[①] 指出"由于美苏的关系如此,必然要影响国共的关系"。[②]蒋介石虽然不会"放弃反共思想和灭共企图"[③],但不能不顾及美苏关系,不能不顾及国际国内舆论,"国共关系会在相当长时期内摇摆不定,一时偏和,一时偏战,而在和之中便酝酿着战,战之中又酝酿着和"。[④]这充分说明,当时确确实实存在着和平民主与内战独裁两种可能性,而两种可能性转变的关键就在于双方力量的对比和国内外各种压力的发展变化,也在于我们是否积极去争取。

为了争取和平与民主的实现,周恩来提出反内战必须与人民争民主的运动联系起来。这充分表明中共参加谈判和政协会议,绝不是为一党的私利来争地盘、争军队、争席位和表决权的,而是为着中华民族的整体利益而奋斗的。他认为妥协是争取和平民主的途径之一,指出我们做必要的妥协让步甚至必要时做出较大牺牲,可充分显示我们的诚意,从而赢得人心。周恩来在谈判中正确地贯彻了这个精神,如在谈判中采取在小问题上让步,而在大的问题上求得有利解决的策略;凡在谈判中所做的让步,都以不损害党的根本路线和人民的根本利益为原则。

为了争取和平与民主的实现,周恩来特别注意争取和团结各方面的人。他以杜鲁门对华声明和三国外长协议为契机,积极争取马歇尔对中共立场的理解与支持,争取他为中国的和平与民主做出积极的努力。他还利用黄埔军校和国民政府军事委员会政治部的旧关系积极争取国民党军政要人。同时还同国民党政府代表张治中等人交朋友,使得好战分子陷于孤立。

---

①②③④《周恩来一九四六年谈判文选》,中央文献出版社 1996 年版,第 4 页。

周恩来及所领导的中共代表团针对复杂多变的形势,及时调整谈判方针和政策,尽一切可能挽救和平,挽救民主

周恩来指出,国共谈判第一阶段所取得的成果对蒋介石来说是极不情愿的,是被迫接受的。在国民党六届二中全会上,反共顽固派大嚷要推翻政协的全部协议。接着便在东北挑起冲突,在关内围困我中原解放区,还非法搜查北平军调部我方机关,无理逮捕和扣押我方人员,派飞机到延安上空挑衅,还发生特务捣毁新华社和投恐吓信等恶性事件。这表明局势已经发生变化,蒋之两面派做法已日益明显。与此同时,美国一面调停,一面援蒋内战的两面政策也日益明显。这就决定了中共的方针和斗争策略也必须及时调整。这就是挽救和平、挽救民主。

周恩来对第二阶段的形势有一基本分析,他认为局势尚未绝望,所以推迟内战危机并非不可能。一方面,要继续坚持反内战、求和平、争民主的基本方针,坚决维护政协协议;另一方面,要注意分析国民党、美国两方的政策差异,以便利用矛盾,寻找矛盾,用全力打击其反动一面,使其一切问题都不能模糊哄骗。为此,代表团首先紧紧抓住谈判一环,要对方"明确地回答和解决问题"①。其次,周恩来向中共中央建议以和平方针为矛,坚决抵抗为盾,以军事斗争配合政治斗争,再就是"应据实揭露蒋之内战方针及挑战阴谋"②,给顽固派增加舆论压力。谈判中,周恩来利用与国民党、美国代表直接接触的便利条件,收集情报,分析动态,为中共中央、中央军委军事决策提供依据,有力地支援了解放区战场的军事斗争。

周恩来是中共中央决策的忠实执行者,凡遇重大问题,他决不轻易

①《周恩来一九四六年谈判文选》,中央文献出版社 1996 年版,第 155 页。
②《周恩来一九四六年谈判文选》,中央文献出版社 1996 年版,第 323 页。

表态,总是在请示延安之后,才做出答复。但他又十分注意根据实际斗争形势决定具体斗争策略。在谈判中,周恩来知己知彼,对复杂多变的形势准确把握,始终坚持反对内战,要求和平、民主、独立的原则,充分发挥中国共产党拥有的根本政治优势,及时揭露蒋介石及国民党破坏《停战协议》和《政协决议》,妄图用武力消灭中共的阴谋,以及强行召开一党包办的"国大"的分裂做法。同时也适时地揭露美国以调解为名,实际实行援蒋内战的两面政策。

周恩来及所领导的中共代表团在斗争策略上,以揭露为主,重在争取和让事实教育中间分子

全面内战爆发后,国共谈判破裂已成定局,但是蒋介石还想继续利用谈判作为他扩大内战的烟幕,并想把谈判破裂的责任推给中国共产党。因此,第三阶段谈判斗争的中心是揭露内战,揭露独裁。周恩来分析说,现在的情况是由局部的内战向着全面的内战发展和扩大。由于国民党还不能完全无顾于国际舆论和人民的要求,所以也不放弃谈判。因此,目前边打边谈、以打为主的局面还会继续一个时期。广大群众渴望和平与民主,对蒋、美的欺骗尚未识破,仍存幻想。根据这一分析,周恩来提出谈判斗争的策略应以揭露为主,重在争取和让事实教育中间分子。

为此,周恩来在险恶的环境里,表现出政治家和革命家的大智大勇,坚定沉着。1946年7月中旬,国民党特务接连暗杀了爱国民主人士李公朴、闻一多,企图以此恫吓各民主党派和民主人士。周恩来在《新华日报》上公开发表给闻一多夫人的唁电,痛斥国民党特务的野蛮行径。第二天,周恩来又召开中外记者招待会,向中外舆论界揭露蒋介石发动内战的阴谋和镇压和平民主运动的罪行。

在谈判问题上,周恩来坚持绝不主动退出的原则。为表明诚意,打破僵局,揭穿蒋介石和谈骗局,代表团一再做出重大让步。但蒋则得寸进尺,一再违背政协协议,并提出无理要求,企图逼使中共就范。为进一步揭露国民党的内战阴谋和美国政府援助国民党发动内战的反动政策,10 月 1日,周恩来在上海召开记者招待会,向国内外公布事实真相,使广大群众了解国民党政府蓄意制造全面破裂,以便在精神上有所准备。周恩来的讲话,外国通讯社和国内外许多报纸都在显著位置予以报道,在社会上引起了强烈反响,使越来越多的人看清了蒋介石假和谈真内战的实际面目。

在对待美国态度上,周恩来一方面充分利用舆论公开揭露美国的两面政策,并严正抗议其错误政策及行动;另一方面继续保持同美方的联系,不使关系弄僵,同时严正要求美国不要放弃公正调处的立场和职责。这些斗争也取得了积极成果,年底在全国掀起以抗暴运动为标志的反美浪潮,以及美方确保中共代表团及中共驻京、沪、渝办事处的全部安全撤回就是证明。

在对待第三方面的态度上,由于蒋介石要装扮和平民主的形象以欺骗民众,所以对第三方面采取又打又拉的策略:一方面以增加代表名额封官许愿为诱饵进行拉拢,一方面又以逮捕、殴打、暗杀相威逼。针对这种情况,周恩来强调要做好他们的工作,指出"争取动摇分子目的在教育群众"。[①] 他对民主人士态度坦诚、热情,摆事实,讲道理,充分信任,在与他们的合作中只求大方向一致,不强求做法一律,尽可能发挥他们的聪明才智,从不包办他们的工作。但是,对某些人的犹豫、动摇和无原则让步,如 10 月底,第三方面一些人不顾遇大事应事先与中共协商的约定,而私下里起草了一个对中共极为不利的"折中方案",则进行了严厉批评。又如在伪国大召开前夕,第三方面一些人未接受教训,背着中共给蒋写

---

① 《周恩来一九四六年谈判文选》,中央文献出版社 1996 年版,第 698 页。

信,要求"国大"延至 12 月召开。周恩来亦严厉指出这是"自投火坑"!经过反反复复斗争,第三方面逐渐认清美蒋反动派真面目,最终站到人民大众一边。11 月 15 日伪国大开场,只有青年党等少数几个党派和个别无党派人士参加,蒋介石真正成了政治上的孤家寡人。

伪国大的召开,表明蒋介石已关闭和谈大门。1947 年 3 月,南京政府又下了逐客令,最终关闭了谈判之门。于是,中共驻京、沪、渝办事处全体人员被迫撤离。从表面上看谈判的协议都被蒋介石撕毁,中共代表团回来两手空空,实际上代表团是满载着人心、人民的信赖与期待而归的。经过艰巨而复杂的谈判斗争,使广大民众分清了是非,打破了对蒋、美的幻想和崇美心理,使中国共产党赢得了人心;在政治上孤立了反动派,初步形成了中共与各民主党派、民主人士肝胆相照、荣辱与共、合作共事的政治关系;在经济上由于推迟了内战,使解放区得到休养生息、巩固壮大,为夺取最后胜利奠定了最基本的物质基础;在军事上发展壮大和锻炼了人民武装力量和广大民兵,为夺取解放战争的胜利积蓄了军事力量;在对外关系上不仅认清了美帝国主义欺软怕硬、外强中干的本质,而且积累了宝贵的国际斗争经验,培养锻炼了一大批外交骨干。所有这些,都已远远超出了谈判本身的意义。[1]

在国共南京谈判的艰难岁月里,在中共中央和毛泽东的英明领导下,周恩来带领中共代表团和中共中央南京局全体同志,勇于担当,忠诚奉献,团结自律,不畏艰险,充分体现了中国共产党人为了国家的前途、人民的利益,坚韧不拔、无私忘我的崇高革命精神。这种革命精神具有极大的吸引力、感染力、凝聚力,它超越时空,必将激励着我们,向着实现中华民族伟大复兴的中国梦前行。

---

[1] 赵春生、易飞先:《周恩来 1946 年谈判功勋卓著——读〈周恩来 1946 年谈判文选〉》,《人民日报》1996 年 5 月 13 日。

周恩来参加国共谈判大事记 *

(1945 年 8 月—1947 年 5 月)

1945 年

8 月 12 日　起草以新华社记者名义发表的对蒋介石 11 日命令的评论，毛泽东修改后，于 13 日发表。

8 月 14 日　蒋介石电邀毛泽东赴重庆"共同商讨""国际国内各种重要问题"。

8 月 22 日　代毛泽东起草复蒋介石再次邀请毛泽东赴渝电："兹为团结大计，特先派周恩来同志前来。"

△　中共中央收到斯大林来电：中国不能打内战，否则中华民族有被毁灭的危险，毛泽东应赴重庆和谈。

8 月 23 日　出席中共中央政治局扩大会议。会议分析国内外形势，决定今后的口号是和平、民主、团结。会议认为毛泽东应去重庆谈判，时机可由政治局、书记处定。

8 月 25 日　在接到蒋介石第三次邀毛泽东赴重庆的来电后，又接到

＊ 本大事记以《周恩来年谱（1898—1949）》（中央文献出版社 1998 年版）为蓝本做了节选。"△"号表示与上第一条时间相同。

魏德迈的再电邀请。晚,中共中央政治局开会,商定毛泽东、周恩来、王若飞到重庆谈判。

8月28日 毛泽东、周恩来、王若飞等飞抵重庆。晚,出席蒋介石举行的宴会。次日继续同蒋会晤。

8月30日至9月1日 连日和王若飞同国民党方面代表王世杰、张治中、张群、邵力子会晤,就军事、政治等问题广泛交换意见。

9月4日 和王若飞同张治中、张群、邵力子开始谈判。周恩来说明,我方的让步是保证谈判成功的政治基础。中共拥有武装是革命发展的结果,今天谈判是为避免双方武装争夺,以民主和平方式解决矛盾。对方因未做准备提不出任何方案。此后至10月5日,周恩来出席国共谈判达12次。

9月18日 毛泽东、周恩来参加国民参政会举行的茶会。周恩来在会上报告这次国共谈判经过。

9月30日 和王若飞同张治中、张群、邵力子在国民参政会宴请张澜、沈钧儒、章伯钧、张申府、罗隆基、王云五、曾琦、左舜生、陈铭枢等,商议政治协商会议组织等问题。

10月8日 国共双方代表就周恩来起草的《会谈纪要》交换意见。

10月10日 王世杰、张群、张治中、邵力子、周恩来、王若飞在《政府与中共代表会谈纪要》(即《双十协定》)上签字。随后,毛泽东会见双方代表,表示祝贺。12日,国共双方公布《会谈纪要》。

10月20日 和王若飞同张群、王世杰、邵力子就政治协商会议进行商谈。这是签订《双十协定》后的第一次国共谈判。此后至11月17日,周恩来出席国共谈判共达9次。

11月25日 飞返延安。

11月27日 美国总统杜鲁门批准驻华大使赫尔利辞职,任命马歇尔为驻华特使。

12月5日　写成关于国共谈判向中共中央的报告。报告叙述了七周谈判的情况,建议恢复中共南方中央局(或名重庆中央局),领导国统区工作。另组中共代表团,由周恩来、董必武、王若飞、陆定一、叶剑英、吴玉章、邓颖超组成,负责谈判和出席政协会议。提出今后谈判的基本方针、实行原则等。

12月15日　出席中共中央会议。在会上报告当前形势,指出中共代表团的任务是配合军事自卫,开展政治攻势,同时准备寻求可以接受的妥协方案。会议确定了去重庆谈判的纲领和方针,通过出席政协代表七人名单和周恩来关于正式成立南方局(目前称作重庆局)的提议。

12月16日　和吴玉章、叶剑英、陆定一、邓颖超飞抵重庆。

12月22日　到机场迎接马歇尔。次日,和董必武、叶剑英访马歇尔,对他来华表示欢迎。

12月27日　国共谈判恢复。中共代表为周恩来、叶剑英、王若飞。国民党代表为王世杰、张群、邵力子。周恩来将中共代表团关于无条件全面停止内战的提议交国民党代表转蒋介石。

1946 年

1月1日　同马歇尔会谈。马歇尔表示如果中共能接受政府关于三方会商的提议,建议国、共、美三方各出一人组成委员会(后简称"三人会议"),职责为处理有关停战、恢复交通和受降事宜,取一致协议方式,每方都有否决权。周恩来表示:中共欢迎外来的友谊,但也希望盟国恪守"不干涉中国内政"的诺言。

1月5日　和董必武、王若飞、叶剑英同张群、王世杰、邵力子谈判,拟定《关于停止国内军事冲突的协议》。

1月7日　张群、周恩来、马歇尔三人举行首次会议，讨论《关于停止国内军事冲突、恢复交通的命令和声明》的具体内容。自此到10日，三人会议举行5次。

1月9日　同马歇尔会谈。反对国民党以接收主权为名，从中共手中"接收"多伦、赤峰的要求。当天，经马歇尔找蒋介石谈，国民党政府撤回要求。自此晋察冀解放区北部的安全与东北解放区交通的通畅获得保证。

1月10日　出席政治协商会议开幕式。蒋介石在会上宣布四项诺言。周恩来代表中共代表团在会上致辞，对蒋介石在会上宣布的四项诺言表示欢迎，提议"在共同纲领的基础上，实现各党派，无党无派代表人士合作的举国一致的政府"。政治民主化、军队国家化和国民大会问题一直是政协会议斗争的焦点。

△　同张群签署的《关于停止国内军事冲突、恢复交通的命令和声明》与《关于停止国内军事冲突的协议》同时公布。命令规定1月13日停战，"所有中国境内军事调动，一律停止"，但东北除外。

1月11日　出席政协全体会议。此后，至1月31日周恩来多次出席政协全体会议，就改组政府和保障人民基本自由权利问题、施政纲领等进行讨论。

1月16日　中共代表团向政协提出《和平建国纲领草案》。

1月18日　国民党政府方面改由张治中、张群参加军事小组。中共方面因叶剑英已去北平，改由周恩来参加。蒋介石提议以马歇尔为顾问，周恩来同意。

1月23日　为使各项议案经代表充分协商后能达成一致协议，政协成立综合委员会，周恩来、董必武为成员。本日，周恩来、董必武出席综合委员会第一次会议。

1月27日 同陆定一飞返延安,参加中共中央书记处会议。周恩来在会上报告关于停战、政协等问题的谈判情况。会议认为:代表团取得的成绩很大,方针都是正确的。

1月28日 出席中共中央书记处会议。会议初步商定中共参加政府的名单为:毛泽东、朱德、林伯渠、董必武、吴玉章、刘少奇、张闻天、周恩来。

△ 向中共中央政治局会议报告关于停战、三人会议、政协等情况。会议同意代表团商订的政协会议各项文件,委托代表团签字。

1月29日 同陆定一等由延安飞重庆。因天气恶劣,阻于西安。30日飞抵重庆。

1月31日 出席政协会议闭幕式。经中共和第三方面代表努力,会议通过《关于军事问题的协议》《关于宪草问题的协议》《和平建国纲领》《关于政府组织问题的协议》《关于国民大会问题的协议》。周恩来在会上致辞。

△ 和马歇尔会谈。向马歇尔转达毛泽东对他的谢意,望他再促使东北停战,认为他的态度和方法是公正的,表示中共愿意在这个基础上和美国合作。马歇尔表示他要说服蒋介石解除对中共动机的疑惧。

2月1日 同蒋介石会面,转达毛泽东关于军党分立、长期合作的意见。并说毛泽东将参加联合政府。蒋介石说政府仅派张治中一人出席军事三人小组,张群不再参加。

2月5日 致电中共中央,汇报分别同马歇尔、张治中会谈情况。6日,中央回电:马歇尔所提办法,对于破坏国民党及许多军队的原系统是彻底的,但事实上今天行不通,可在原则上赞成他的意见。军队问题最为重要,必须谨慎处理。

2月6日 中共中央政治局会议根据周恩来来电研究参加政府问

题,决定毛泽东、林伯渠、董必武、吴玉章、周恩来、刘少奇、范明枢(或彭真)、张闻天参加国府委员会,周恩来、林伯渠、董必武、王若飞参加行政院,力争周恩来任副院长。并批准了中共出席宪草审议委员会的名单。

△ 致函张治中:"广东方面国军进攻我东江纵队事,迄今尚未停止",请转告军令部令其所部"速即履行停战协定,并协助执行小组执行调处"。12日致电曾生、林平,要粤北支队派人到广州找执行小组中共代表方方接洽。以后又令林平秘密飞重庆,参加谈判。

2月7日 根据政协决议,组成宪草审议委员会。周恩来、董必武、吴玉章、秦邦宪、何思敬为委员会成员。

2月9日 出席三人会议,和张治中、马歇尔在恢复交通问题达成的协议上签字。据此,11日北平执行部发布恢复交通令。

2月10日 重庆各界在较场口举行庆祝政协成功大会。遭到国民党特务破坏,酿成较场口事件。周恩来赶到重庆市民医院慰问伤员。11日,周恩来等11名政协代表联名致函蒋介石,抗议较场口事件,并往访国民党中央执行委员会常委会秘书长吴铁城,希望政府和国民党推出代表检查与协商处理办法。12日,周恩来收到特务恐吓信,内装子弹一颗,将此信交《新华日报》公布。

2月11日 出席军事小组准备会议。在会上发言谈整编、征兵、军事制度、教育等15个问题,提出本小组任务是讨论国共双方军队整编问题。会议决定三人会议与军事三人小组会议自14日起合并举行。

2月12日 中共中央书记处开会,指出东北问题力求和平解决,力求与国民党合作。在重庆的同志做原则谈判,具体谈判可在东北进行。

2月14日 出席三人小组会议。会议讨论军队整编统编问题。15日到18日,连续出席军事三人小组会议。

2月18日 和马歇尔会谈。马歇尔提出设立学校,由美国军官训练中共军队。

2月19日　飞返延安汇报工作。

2月21日　飞抵重庆。和马歇尔会谈,赞成美国在技术上帮助中共军队。原则同意军队分两步统编的步骤。另提出:(一)三人小组应去东北;(二)停战令适用于东北;(三)军队整编方案应包括东北。

2月21日、22日　出席三人小组会议,讨论整军方案的名称及具体条文。

2月24日　致电中共中央并毛泽东:东北问题仍将为斗争焦点。对蒋军的挑衅和进攻,请予防范和准备。对东北问题须有更主动之答复。

△　中共中央发布《关于各地须从事整编军队的准备工作的指示》,通报整军方案的内容,提出"恩来到各处时,请你们和他商量"。

2月25日　和马歇尔会谈,提出停战和整军协定应包括东北在内。批评国民党军大肆进攻解放区,一直不同意派执行小组到营口。

△　同张治中、马歇尔签署《关于军队整编及统编中共部队为国军之基本方案》。

2月28日　同张治中、马歇尔及随行人员离重庆飞北平,开始视察华北、华中各地停战协定执行情况和解决军队整编中的问题。当天,三人小组在北平执行部举行会议。然后出席执行部全体工作人员会议。

3月1日　和张治中、马歇尔、郑介民、叶剑英、罗伯逊一行30余人飞抵张家口,听取第五执行小组汇报。接着飞集宁,听取第一执行小组汇报。当日,周恩来召集中共方面负责人开会后返回北平。

△　向马歇尔提出国民党方面本日在花园口开始黄河堵口工程问题。

3月2日　同张治中、马歇尔及随行人员飞抵济南。先后听取汇报,就山东局势进行会商。周恩来召集山东方面中共负责人开会。

△ 三人小组及陈毅离济南飞抵徐州,听取徐州执行小组汇报,决定枣庄解围,枣庄划为共管区。具体技术问题由陈毅和顾祝同商定。

3月3日 三人小组飞抵新乡和刘伯承会见。

△ 同国民党政府黄河水利委员会委员长兼黄河堵口复堤工程局局长赵守钰会晤,商谈黄河堵口、复堤、勘测、迁移居民事。后来,经国民政府黄委会、联总、行总和晋冀鲁豫地方政府代表会商,于4月7日、15日签订《开封协定》《菏泽协定》。

△ 三人小组及刘伯承飞抵太原,听取太原执行小组的汇报。

3月4日 三人小组离太原飞抵归绥视察,随后飞延安。

3月5日 三人小组离延安飞抵武汉,听取武汉执行小组的汇报。周恩来提出:新四军第5师驻地粮食不足,要求将全师4万人调驻安徽五河。张治中说回渝再谋解决。后来在重庆,周恩来再次提出,张治中答复执行整军计划时再解决。

△ 三人小组发表书面谈话,说:"各地的军队,在精神上现已有准备以从事整编及统编之艰巨工作。"

3月6日 飞返重庆。

3月9日 参加三人会议。会议讨论铁路统一管理办法,决定分路分段而治,同意任用中共推荐的合格人员。

3月10日 和马歇尔会谈,希望马歇尔在解决东北问题后再回国。提出解决东北问题的原则。马歇尔表示再协商。

△ 主持中共代表团会议。会后周恩来将情况电告中共中央。次日,在三人会议上陈述上述要求,并提出派到东北的国民党军数量和准备接管的地区要按确定的计划和时间表进行。

3月11日 到机场送马歇尔返美述职。

3月14日、15日 和董必武出席政协综合委员会和宪草审议协商小组联席会议。会上,中共代表团在宪草修改原则问题上做出三点让步。

3月16日 和张治中会谈,说明中共军队在东北所占的地方不能让。18日,和吉伦会商东北问题。

△ 和董必武致电叶剑英等:现第5师又遭蚕食与进攻,请催执行小组速回汉口,前往黄安处理冲突事件。

3月18日 中共中央致电中共代表团,开始表示不能参加国大、政府。此后,中共仍力争和平,但不再提实行和平民主新阶段的政策。

3月19日 致电中共中央:国民党已退回到两面派的本来面目,"故我们目前的方针是把握住蒋美矛盾及蒋之两面派弱点,用全力打击其反动一面"。

△ 和董必武、王若飞同王世杰、邵力子商谈实施政协决议具体办法,未获结果。

△ 针对国民党企图利用四届二次国民参政会实现其二中全会所定的方针,中共中央同意中共代表团关于中共参政员拒绝参加3月20日召开的参政会的意见。

3月21日 飞返延安。

3月22日 两次致电董必武等,告知中共中央决定,政协谈判应以宪草为中心。宪草修改,应力争立法、监察两院合为国民大会,而将省自治法改回为省宪,以保证解放区的地位。中央决定第5师应争取全部合法转移,在未转移前,应接济粮食。如交涉不成,而遭大规模袭击,只有突围,我第5师应有此坚定的准备。

3月25日 飞抵重庆,和张治中商讨东北问题。

3月26日 和吉伦会谈,指出政府在东北不断增兵,扩大内战。要求马歇尔在美交涉借款一事,最好在改组政府、修改好宪草后实现,否则现在借款会使顽固分子更嚣张,政府改组更困难,必影响整军的进行。

次日,再次会谈,说延安已批准东北停战协议。

3月27日 同张治中、吉伦签订《调处东北停战的协议》。三人会议决定由重庆派三人小组去广州解决冲突问题,廖承志为中共代表。3月底,三人小组偕林平飞往广州。

3月31日 对美方允诺再为国民党运5万兵到东北,使国民党用美机运入东北的兵力超过整军方案的规定一事提出严重抗议。

4月1日 和吉伦会谈,指出政府军在东北已有7个军的情况下,美国仍应允再运4个军去东北,这对东北停战是个威胁。要求三人会议研究对策。并就东江纵队和琼崖纵队问题提出:政府应承认,停止冲突,并允许转移。会谈时得知国民党改派陈诚参加三人会议。

4月4日 举行中外记者招待会。在会上列举大量事实,揭露国民党破坏政协决议,推翻政协修改宪草的原则,不承认中共在国大的否决权,至今不分配国府委员名额,还破坏停战令。表示这些问题如不解决,中共决不参加政府。

4月5日 致吉伦备忘录,就北平40余人被捕和执行小组中共代表在沈阳机场被扣一事提出抗议。

△ 和吉伦会谈,针对吉伦所说苏军将撤出东北,政府军如何沿铁路接收的问题,指出,在停战令发布前中共军队是在遭到进攻的情况下被迫进入苏军撤走的一些地方和原来伪军占领的铁岭、四平、昌图的。并说现在国民党军要接收,必须经过协商,否则就会酿成武力冲突。8日、9日继续会谈东北问题。

4月8日 出席三人会议,讨论东北问题。会后致电中共中央。从此,三人会议停至6月再次召开。

△ 王若飞、秦邦宪、叶挺、邓发等乘机由重庆飞延安。飞机途中失事,全部遇难。12日,周恩来等联名发讣电。

4月9日　致电中共中央转东北局,三人小组到沈阳后可先提出:(一)停止冲突;(二)停止运兵到东北;(三)国民党军退出3月27日以后攻占的地区。12日,秦德纯(代表陈诚)、罗瑞卿(代表周恩来)、陈士榘(代表叶剑英)、吉伦由北平飞沈阳视察,16日抵渝述职。

4月10日　和陆定一、吴玉章、邓颖超出席民盟请国共双方代表的宴会。民盟建议在东北的中共军队让出铁路沿线,停战5天,国民党军和平进入长春,然后国共谈判,全盘和平解决东北问题。周恩来表示可以接受,并说停战不是暂时的,而应是全面的、永久的。陈诚拒绝民盟建议。

4月11日　致电中共中央并转东北局。建议在两天内派兵进入长春。次日,中央电告东北局:按周电办。18日,四平保卫战打响。同日,东北民主联军进入长春,4月下旬占领哈尔滨、齐齐哈尔。5月初,苏军除旅顺、大连外,全部撤出东北。

△　举行记者招待会,指出国民党当局大规模进攻,将使中国重陷于全国范围的内战。表示"在政治与军事问题没有完全获得解决以前,中共将拒绝参加五月五日召开的国民大会"。

4月14日　政协综合小组举行会议,决定成立宪草修改起草小组。周恩来为成员。4月16日后,由于国民党的搁置,宪草审议工作从此停顿。

4月15日　出席蒋介石招待政协综合小组成员的茶会。指出:两个月来侵犯人权的事层出不穷,政府又不同意给中共和民盟有支配否决权之政府委员名额,修改宪草发生修改原则的争论,整军方案和停战协定在执行中也发生不少问题,希望政府在20日前将上述问题全盘迅速解决。蒋遂即指定张群、邵力子、张厉生为代表,雷震襄助,负责与各方商讨,尽速解决。次日,周恩来同上述4人会谈。

4月16日 致电中共中央并转东北局等。18日,中央复电说:"估计及应付甚当。民盟及国民党民主派两方动态关系甚大,望多做工作。"并指示各地:"望准备一切条件,应付任何事变。各战略区主要负责人不得中央许可不要离开队伍。"

△ 致电中共中央,建议李维汉到重庆参加修改宪草工作。18日,建议中央派刘宁一来渝接替邓发工作。19日,李、刘到渝。当晚和刘谈话,要他争取出国,通过世界工联,广交朋友,宣传解放区,揭露蒋介石,赢得世界爱好和平人民的同情和声援,争取国内国际工运的统一。

4月18日 到机场迎接马歇尔。

4月20日 起草中共代表团声明,中共从不认为可以孤立解决参加国民政府及国民大会的名单问题,而置政协决议、停战协议、整军方案任人破坏于不顾,尤不认为在内战重新扩大民主毫无保障的现况下可以参加政府,召开国大。声明于次日送交国民党代表。

△ 收到中共中央来电:"不要准备对国、美两方同时弄僵。我们坚决反对国民党内战与独裁方针,力争和平与民主,为此目的,不怕与国民党弄僵。但对美国则除非他恢复赫尔利政策,公开全面地赞助国民党实行内战与独裁,我们不应和他弄僵。"

4月22日 同马歇尔会谈,介绍关于宪草、改组政府、国大、停战、恢复交通、整军复员、东北等问题的商谈情况。会后,马歇尔对张君劢、罗隆基说,周恩来是他从未遇到过的对手,希望张、罗在谈判中能起作用。

4月24日 出席蒋介石招待政协综合小组各方代表的茶会。会上,周恩来询问蒋介石对四项诺言的保证问题,蒋表示已经在办。

4月27日 同马歇尔会谈东北问题。马歇尔征求对接替陈诚人选的看法。

4月29日 同马歇尔会谈。马歇尔转达蒋介石坚持必须占领长春的态度。周恩来指出,很难协商。

△ 民盟提出解决东北问题方案。周恩来表示可以考虑,将请示延安做最后决定。马歇尔表示接受,但蒋坚持要打到长春。

4月30日 举行记者招待会,指出:希望到南京后继续协商停止东北内战问题。中共代表团迁南京后,在重庆设立驻渝联络处,与中共四川省委合署办公。周恩来介绍中共代表团驻渝联络代表兼四川省委书记吴玉章、副书记王维舟及新华社负责人同记者见面。

5月1日 得知国民党当局密令围攻中原解放区郑位三、李先念部后,同接替陈诚的国民党代表徐永昌会谈,声明如果进攻第5师,其全部责任当由国民党负之。表示为制止进攻,愿与徐永昌及美方代表同往第5师地区视察。并以同样内容致电马歇尔。

5月3日 和邓颖超、陆定一、廖承志、齐燕铭、章汉夫、钱瑛、王炳南、童陆生、宋平、章文晋等10余人飞南京,住梅园新村。随后,中共南京局成立。6月在上海马思南路107号设立中共代表团驻沪办事处,对外称"周公馆",对内是中共上海工作委员会。为解决经费问题,南京局成立财经委员会,董必武为书记,钱之光为副书记。

△ 晚,在梅园新村举行记者招待会,指出:首先应停止中原内战,以免发展为全国内战。重申东北应实行无条件停战,再谈其他问题。

△ 致电中共中央:"最近上海、南京、重庆等地接到许多封关于苏北清算斗争的信件,众口一词,提到过火。"建议"可否在苏北之斗争方式择较温和办法,以便争取上层中产者阶级"。7月19日,中央致电周恩来、董必武:只有实行耕者有其田,才能为国家民主化、工业化打下巩固基础。除敌伪大汉奸的土地外,一般不采取没收办法。拟根据孙中山照价收买的精神采取适当办法解决之。过火行为是个别现象,是难免的。请向民盟说明中共的土地政策。

5月4日　和马歇尔会谈,说:政府军将在5月4日至9日之间向中原解放区发动进攻,这是新的全面内战,我方将自卫还击。为制止进攻,希望政府派代表到湖北协商解决第5师的转移问题。马歇尔表示他可以派北平军调部执行组美方代表白鲁德明日由北平直接飞汉口。当晚,马歇尔告知,徐永昌同意去中原调处。

5月5日　和宋时轮等同徐永昌飞抵汉口,与徐永昌、白鲁德会谈。要求尽早将被国民党军队包围的6万部队撤出,说这是最好的解决办法。提议到中共部队指挥部巡视后在汉口制定解决办法。徐永昌派武汉行营副参谋长王天鸣为他的代表前往。

5月6日　同王天鸣、白鲁德及第九、十一执行小组乘汽车离武汉,因洪水暴发受阻,8日上午到湖北礼山县宣化店(现属大悟县)。

5月8日　同王天鸣、白鲁德听取李先念、王震等关于国民党军队对第5师围攻情况的揭发。晚,同王天鸣、白鲁德初步商定关于停止冲突的四条协议。

△　同王天鸣、白鲁德出席欢迎大会。周恩来对出席大会的400名中共县团以上干部讲了话。

△　听取中原部队领导人汇报,传达中共中央关于中原解放区主力做战略转移的决定,并详细研究突围方案及给养、伤病员等问题。

5月9日　回到武汉。

5月10日　同徐永昌、白鲁德签订停止中原战事的协议。为贯彻执行协议,增设第三十二执行小组,驻宣化店。当天和徐永昌、白鲁德飞返南京。

5月11日　鉴于国民党政府不承认韩江纵队,致电香港梁广,要该纵队迅速南下,与东江纵队会合。

5月12日　接待白鲁德,阅看他送来的马歇尔、徐永昌已签字的提案。提案内容规定在执行小组到何处调查问题上,美方有最后决定权。周恩来认为此提案破坏三人协商一致的原则,拒绝签字,并对这种做法表示遗憾。在此后一段时间内,美方最后决定权的问题成为谈判中争论的焦点。

5月13日　同马歇尔会谈,希望三人会议积极工作。

△　电告中共中央:在东北问题上,马歇尔、蒋介石双方意见已相去不远,在关内问题上美我关系日趋对立。形势真正好转绝无可能,全面破裂则蒋尚有顾虑,但危险已增长,半打半和也许可能较大,最后要看力量的变化和对比来决定,必须动员群众,以待决战。15日,中央复电,同意分析和对策,并提出:(一)停战一星期;(二)长春国共双方不驻兵。

5月14日　同马歇尔会谈,讨论美方提出的关于执行小组调查工作的提案,再次拒绝给美方以最后决定权。

5月15日　因国民党拒绝执行菏泽协定,坚持6月底在花园口堵口合龙,周恩来和晋冀鲁豫政府代表赵明甫、王笑一谈黄河复归故道问题,要他们在南京谈判,维护解放区的合法权益。并和赵、王同国民政府水利委员会委员薛笃弼进行商谈。18日,赵、王同联总、行总、国民政府水利委员会、黄河水利委员会、黄河堵口复堤工程局代表达成南京协议。

5月16日　中共代表团成员董必武、李维汉和刘宁一、宋黎由重庆飞抵南京。

5月17日　同马歇尔会谈,建议东北问题要同停战令、政协决议、军队整编方案、宪法草案等一同做全面的解决。为此,可召开政协综合小组会议。21日再次会谈。

5月18日　就黄河堵口问题和联总中国分署代理署长福兰克芮·雷、联总工程顾问塔德谈判,达成六项口头协议。22日和行总署长蒋廷黻会商,决定菏泽办事处处长由政府派,副处长由中共派。后行总在烟台、淮安也设立了办事处。

△ 致马歇尔备忘录:前已商定黄河堵口之前应疏浚复堤,给黄河河道内的居民拨款救济,这一点应在汛期前办到。

5月22日 张君劢、黄炎培、沈钧儒、章伯钧、梁漱溟致电毛泽东、蒋介石,提出停止东北内战三条办法。毛泽东回电表示欢迎。

△ 决定派陆定一、李维汉先去上海,董必武、邓颖超后去,在各界开展活动。24日,齐燕铭、王炳南到上海,与在沪的政协各代表进行政治协商。周恩来派罗叔章到上海同中共上海地下党领导人刘晓取得联系,做上层统战工作。

5月25日 同马歇尔会谈,说国民党占领长春后,又有进一步的要求。指出关内局势发展下去也会造成大规模的冲突。马歇尔表示要用一切方法停止战斗,担忧自己对国民党影响不大。

△ 和董必武、陆定一同王世杰、邵力子、张厉生、雷震举行到南京后的首次国共会谈。

5月26日 阅马歇尔转来的24日宋美龄代写的蒋介石致马歇尔函后,致信马歇尔。27日,与马歇尔会谈。29日,马歇尔致电蒋介石,说国民党军队在满洲的继续前进,使他的工作十分困难。

5月27日 出席中共代表团会议,听取滕代远传达中共中央意见。会议认为内战不可避免,但尚有缓和与推迟的可能。我党方针仍是避免挑衅,推延战争,积极准备反击。

5月28日 和董必武、陆定一、齐燕铭访晤民盟代表张君劢、梁漱溟、黄炎培、沈钧儒和章伯钧。民盟代表一致认为东北已无主权问题,应立即停战。29日,他们致电蒋介石,请其即刻返京进行和平商谈。

5月30日 同马歇尔会谈。周恩来指出:蒋试图以武力解决问题,无意停止战争。对美国军官决定权问题,表示我方不能接受。

6月3日 同马歇尔会谈,指出蒋介石有意把战争拖长,以引起全国的破裂。并批评美国的两面政策。表明不赞成把停战问题变成争论美国最后决定权问题。马歇尔表示愿意等蒋介石从沈阳回来后面商停战。

6月4日 同马歇尔会谈,得知蒋介石同意军调部派前进指挥所(又称执行部分部)去长春,要东北停战10天。周恩来建议停战一个月,至少20天,要停止进兵、进攻、追击,还应包括停止运兵。6日,执行部长春分部美方代表白鲁德飞长春。

6月5日 同马歇尔会谈,得知蒋介石已同意停战15天后,商定东北停战令从6月6日正午生效。

6月6日 蒋介石发表声明,规定生效日期从6月7日正午开始。

△ 陆定一举行记者招待会,发表周恩来的关于东北停战之公报。

△ 同马歇尔会谈,驳斥蒋介石所提凡是苏军驻过、现在是共产党军队占领的地方,都必须退出来,才能停战。指出这是做不到的,这是东北问题的关键。

△ 会见北平执行部交通处美方代表希尔上校,强调恢复交通,不仅是铁路,还要恢复公路、水路、邮政,同时要拆除碉堡工事。

6月7日 同陆定一飞返延安,向中共中央汇报谈判情况,并进行研究。中共中央决定目前基本方针是在不丧失基本利益的前提下实现和平,"竭力争和平,哪怕短时期也好"。9日,周恩来和李立三(化名李敏然)飞抵南京。

6月10日 访马歇尔,说明中共的方针是要争取和平民主,但国民党正在开军事、财政、粮食会议,准备15天后大打。目前内战的危险日益严重,迫使我们不能不抵抗。

△ 会见国民政府交通部部长俞大维,指出反对路警归戴笠系统、交通部管,主张由执行小组管理。12日将此意见面告希尔。15日再次

同希尔谈话。15日北平军调部交通处中共代表黄逸峰到南京后,由黄和希尔会谈恢复交通问题。

6月11日　收到上海文化界、实业界马叙伦、陶行知等164人6月8日呼吁停止内战致蒋介石函(附寄中共代表团)后,本日,周恩来、董必武、陆定一、邓颖超复函马叙伦等。

6月12日　同马歇尔会谈,指出:国民党方面军事行动未停。针对蒋介石散布的谣言,声明共产党军队绝不攻济南、青岛,除非国军要消灭我第5师。会上商定派参谋飞青岛调查。

△　听取从东北经北平到南京的王首道汇报后,连续两日会见白鲁德,希望他尽快到长春,并欢迎他到哈尔滨。

6月14日　和马歇尔会谈,指出蒋介石6日的声明是一篇最后通牒,15天停战期限是临时的,蒋是争取时间准备更多的冲突。政府不执行3月27日协定,将监督停战的执行小组变成观察组,使人失去信心。希望白鲁德尽快去长春,并欢迎他到哈尔滨。对俞大维主张设立武装铁路警察这种节外生枝的做法感到焦虑。17日再度会谈。

6月15日　电告中共中央转东北局并叶剑英、罗瑞卿等:蒋介石"想在最后决定权、路警、(军队)驻地、兵力、省主席(名额)五问题上,逼我让步或破裂。马不愿破裂,更想我让步。我们认为既要避免破裂,又要不大让步"。

△　同徐永昌、马歇尔签订关于派遣东北执行小组的临时协定。17日白鲁德、李立三、王首道飞抵长春。

6月16日　致电中共中央、叶剑英、罗瑞卿:请告徐冰、张晓梅,西北军张克侠①与我们有来往,被国方注意,可接他的家属到张家口,使张克侠可以自由行动。

---

① 张克侠,中共秘密党员,时任国民党第三绥靖区副司令。

6月17日　和马歇尔会谈,商讨结束东北冲突的详细办法的草案。

6月18日　同马歇尔会谈,告以昨晚接国民党方面提出的整军方案,要中共部队退出察哈尔、热河、烟台、威海卫、苏北和东北大部,对此表示愤慨,无考虑的可能。

△　同徐永昌、俞大维会谈,讨论整军方案。

△　致电中共中央转东北局、叶剑英、罗瑞卿等,报告谈判情况。次日,中央致电各解放区负责人。

6月19日　会见司徒雷登。对司徒雷登所提先从改组政府、制定宪法、打击贪污等着手和由美国分开装备训练国共两军的意见表示同意。并请司徒雷登转告马歇尔:蒋介石先停战,然后才好再谈判。中共愿意和平,愿意解决问题,但必须是双方让步,不能要一方屈服。

6月20日　会见马歇尔,建议东北全面停战,关内重申停止冲突。21日继续会谈。

6月21日　中共代表团周恩来等七人致函蒋介石。提出:三人会议立即宣布东北长期停战、协商恢复全国交通的具体办法、商定整军复员及东北整军的具体补充办法等。22日将此函抄送第三方面存阅。

△　蒋介石宣布东北休战期延长至6月30日。

6月22日　出席三人会议。会上讨论停战方案,未获结果。会后电告中共中央并转东北局、叶剑英、罗瑞卿等。次日,出席最后一次三人会议。

6月23日　上海5万人示威游行,送马叙伦、黄延芳、盛丕华、包达三、张絅伯、阎宝航、雷洁琼、吴耀宗、陈震中、陈立复等10人代表团到南京向蒋介石呼吁和平。代表们抵南京下关火车站,被国民党特务殴伤,即下关惨案。经中共、民盟紧急呼吁,至深夜代表们在宪兵"保护"下住进中央医院。

6月24日　凌晨,和董必武、邓颖超、李维汉、滕代远等到中央医院慰问下关事件中的受伤者。对政府放纵暴行提出严重抗议,提出六项善后办法。并以备忘录形式分致徐永昌、俞大维和马歇尔。

△　同马歇尔、俞大维会谈,为争取和平而做出让步,通过了《终止东北冲突之训令》《恢复华北华中交通线指令》《解决执行小组交通小组北平军调部及长春军调分部中某些争执之条款》。周恩来主张立刻签字,以告慰全国人民。国民党代表坚决反对。会后致电中共中央并转东北局、叶剑英。次日中央回电:"你可根据既定方针,便宜行事。"

6月23日后　向上海人民代表团秘书罗叔章指出:代表团在全国已产生很大影响,不能在南京久留。在此期间,通过中共代表团上海办事处询问刘晓等,上海地下党如有暴露者应立即撤离。强调上海地下斗争的长期性和坚韧性,指示他们要注意隐蔽,注意积蓄力量,切忌犯急性病。

6月25日、28日　两次宴请上海人民代表,说明中共要求和平的诚意和争取和平的经过,揭露蒋介石假谈判、真内战的面目,并听取他们对和平的要求和愿望。29日,和董必武等致函马叙伦等,重申中共主张,指出目前仍应继续为和平而奋斗,不达目的,誓不休止。并致函陈震中、陈立复。

6月25日　闻国民党当局将唆使"苏北难民"①砸中共代表团和民盟总部后,除向国民党抗议、要求保护代表团安全外,在代表团内部进行气节教育,并让工作人员尽可能通过社会关系暂时疏散,只安排王炳南等少数人留守。

△　致电中共中央转吴玉章告何其芳。28日,电告中共中央:时局一旦突变,我党在外的工作者和民盟及进步分子将分批到解放区。建议

---

① "苏北难民",即从苏北解放区逃亡的地主分子。

中央指示各解放区在边沿设接待站。

6月26日　同马歇尔会谈。再次提出让第5师从湖北撤走;表示我方不能从苏北、皖北、山东、承德等地撤退,主张先实行已经通过的几个方案,或者先解决几个原则问题。

6月28日　同马歇尔会谈。指出:6月26日国方已开始进攻中原解放区,迫我起而自卫。如果蒋愿意和平处理,应立即电鄂豫部队停止进攻,批评蒋的进攻违反政协决议。

△　接待张君劢、梁漱溟、罗隆基、沈钧儒、章伯钧、黄炎培、张申府,介绍与马歇尔谈判情况。

6月29日　电告中共中央并转叶剑英:蒋必尽力挑衅,分为明打暗打两种。建议消灭对方嫡系有生力量,在苏皖组织游击战。

6月30日　致电中共中央转东北局和叶剑英等。建议在政治上揭露蒋大打,在军事上各个击破。7月2日,中共中央通知各中央局。6日,又指示各中央局:我们对国民党军队的态度是彼打我也打,彼停我也停。对各地美军仍应避免冲突。

7月2日　同蒋介石会谈。蒋要中共让出安东、胶济线、苏北、承德、察哈尔省张家口以南地区,由国民党军队进驻。周恩来表示拒绝,提出:军事上由三人会议迅速解决停战问题。行政问题,应召开政协、改组政府后来解决。3日与马歇尔会谈。

7月5日　同陈诚、王世杰、邵力子会谈,指出3日国民党政府国防最高委员会未经商量,即宣布于11月12日召开"国大",完全是分裂行动。提议立即召开政协综合小组会议,商讨补救事宜。本日和马歇尔会谈,将此情况告之。

△　会见英国驻华代办华仑格,介绍马歇尔来华后的中国政局变化过程,希望他转告英国外相。希望各国都遵守三国公告,使中国不致走

到内战和独裁。英国也有责任"提醒美国不要用错误的方法来违背三国公告"。

7月6日　和董必武同陈诚、王世杰、邵力子会谈,提出召开政协综合小组会议,讨论改组政府、国大、地方政权等问题。国民党代表拒绝召开。

7月7日　中共代表团周恩来等7人致函政协代表及蒋介石:我们仍坚持速开政协综合小组会商讨国大及有关问题。

7月9日　致电中共中央:目前边打边谈、以打为主的局面还会继续一个时期,因此各地应充分注意粉碎蒋的进攻。

7月10日　同陈诚、王世杰、邵力子会谈,因国民党方面仍坚持7月2日要求,未获结果。从此国共会谈停顿。

△　司徒雷登任美国驻华大使,15日到南京就任。马歇尔的特使地位不变。

7月11日　和马歇尔会谈,揭露国民党军在湖北、苏皖的进攻情况,要求政府军停止对第5师的追击,并告以国共会谈情况。

7月12日　致函联总总部:解放区受灾人数占全国受灾人口的百分之六十,而所得救济品只占联总运往中国的千分之六。还提出出席联总远东大会应有中共代表等。

△　深夜得知李公朴在昆明被国民党特务暗杀的消息,非常愤慨。次日,和董必武、邓颖超、李维汉、廖承志电唁李公朴夫人张曼筠。

7月13日　和马歇尔会谈,揭露国民党军队将于15日向苏北进攻。14日,蒋介石离南京飞庐山。16日、18日,国民党军从苏皖南线、北线、西线向解放区发动进攻。华中野战军被迫反击,在7月13日到8月27日的苏中战役中,七战七捷,歼国民党军5万余人。

7月14日　飞抵上海,住"周公馆"。鉴于国民党违反协定,在黄河下游复堤之前即在花园口堵口合龙,15日与福兰克芮·雷、蒋廷黻商谈有关黄河堵口、救济费等问题。16日飞返南京,同马歇尔商谈,主张黄河治理问题应脱离政治、军事来解决。并说准备赴开封实地考察。

7月17日　为说明国民党扩大内战及闻一多15日在昆明被国民党特务暗杀的真相,举行记者招待会,发表《反对扩大内战与政治暗杀的严正声明》。下午飞抵上海。18日,马歇尔第一次飞庐山,同蒋介石会谈。

7月18日　和伍云甫、成润、王笑一同福兰克芮、蒋廷黻、薛笃弼、复堤局代表继续商谈。

7月19日　和伍云甫、王笑一、成润飞抵开封,听取关于复堤、应得工款、工粮及交通运输等情况的汇报,要他们在谈判中研究斗争策略,揭露对方的阴谋,争取主动权。谈话后赴花园口视察堵口工程。20日,在开封与联总、行总、黄委会等各方人士商谈。21日,飞抵上海。22日,同福兰克芮、蒋廷黻等继续商讨。

在上海期间　接见秘密到上海的中共中央青委书记冯文彬,听取关于上海青年工作的调查汇报。指出:地下党要把秘密工作和公开工作分开,既要积极发动群众,又要保存党的核心组织。

7月25日　要上海工委劝陶行知休养,话未传到,即得知陶行知脑出血。和邓颖超等赶去看望时陶已去世。随即嘱咐潘汉年、伍云甫"对进步朋友的安全、健康,我们必须负责保护"。然后和邓颖超等飞回南京。和董必武、邓颖超、李维汉、廖承志电唁陶行知家属。并致电中共中央,报告陶病故消息。

7月26日　分别访马歇尔和司徒雷登,提出解决目前局势的两项办法。下午,马歇尔第二次飞庐山,将周的意见转告蒋介石。

7月31日　和董必武致函邵力子,要求派一个由各党派和无党派的代表组成的中国代表团,而不是派外交部长一个人去参加巴黎会议。

8月1日 同马歇尔会谈,就阻止内战蔓延问题提出三项办法。

8月3日 同马歇尔会谈。提出国民党如不立即停战,全面内战无可避免,而政治谈判亦无结果。午后,马歇尔第三次飞庐山找蒋介石谈。

8月4日 为国民党飞机轰炸延安事致函蒋介石,提出抗议。

8月6日 应邀与司徒雷登会谈。司徒雷登转达蒋介石的意见。周恩来答:不能接受。会后电告中共中央。8日,中共中央复电说,"蒋的五条绝对不能接受","你的答复很对","各解放区正在动员全力粉碎蒋的进攻"。

8月9日 同马歇尔会谈。指出:美国在蒋介石扩大内战的情况下仍帮助蒋加强统治,必然引起我们的反感。再次提出全面停战。次日,同马歇尔、司徒雷登会谈,重申8月1日提出的三项办法。

8月10日 马歇尔、司徒雷登发表联合声明。实际上承认调处失败。

8月12日 收到中共中央来电:"今后将有一个相当时期是大打大闹时期,而主要是靠打得好,消灭蒋力量来解决问题。""关于半年多以来,特别是六月以来国共谈判经过,请你发表一适当谈话。"

8月15日 同马歇尔谈话,说:蒋介石的五个条件是内战独裁的路线,他打算八九两月大打。所以要停战就现在停,否则必定大打。本日,马歇尔第四次飞庐山找蒋介石谈。19日,马歇尔向周恩来转达蒋介石认为没有必要再发布停战令,现在所需要的是中共停战。

夏 接见张克侠,听取关于西北军内部情况的汇报,指示他多做蒋军高级将领和带兵人的工作。

8月21日 同司徒雷登会谈。说:中共要求在谈前弄清三个问题:谈好改组政府之后,国民党能否保证放弃8月6日的五条,立即停战以及根据政协决议商谈成立国府委员会。假如这三点没有保证,谈判仅仅便利于国民党拖延时间。司徒雷登询问马歇尔后,告以马歇尔对以上问题不敢断定。

8月22日　同司徒雷登会谈,得知俞大维今早表示8月6日的5点暂时不谈。司徒雷登再次建议成立非正式小组先谈组织国民政府委员会。周恩来表示:第一,非正式小组开会,谈好改组政府之后,国民党能否保证立即停战;第二,最好一面开非正式小组会议,一面谈停战,否则谈判会拖下去。

△　和董必武、邓颖超、李维汉、廖承志致电张澜,对他18日在追悼李公朴、闻一多大会上因特务捣乱而受惊,表示慰问。

8月23日　致函马歇尔转蒋介石,抗议国民党军准备使用毒气。本日,马歇尔第五次上庐山找蒋介石谈。

8月24日　致函蒋廷黻:中原部队被迫撤出后,不少人为躲避国军的清剿和迫害,逃亡到武汉,请予以救济安置。我方在宣化店负责救济工作的7名人员被国军扣留,望代为查寻,并促早日释放。

8月26日　举行记者招待会。在会上分发《群众》周刊的社论《立即无条件停战! 实行政协决议!》。

△　得知美国陆军助理等到华同宋子文谈判出售战时剩余物资和蒋正准备以中国的航空权与美国分享,致电马歇尔。

8月28日　同司徒雷登谈话,得如蒋介石已要宋子文派两个人参加非正式小组谈判改组政府,谈好后马上成立国府委员会。

8月29日　同马歇尔会谈,同意成立一个非正式五人小组。要求马歇尔从蒋介石处获得对中共8月21日提出的保证做出明确答复。30日,马歇尔第六次飞庐山同蒋介石谈。

8月31日　电告中共中央并叶剑英、李克农:"美蒋在三个问题上已取得一致意见,即不承认全国内战,不承认调解失败,不愿撤兵(即美军）。"由于蒋介石表示决不能接受中共 21 日提出的要求,我乃告司徒雷登"非正式小组尚未会谈已宣告失败"。"现时斗争已临最后一幕,中心对美,只要使马、司不论从军事上政治上都已无话可说,则一切责任自明,美国骗局再也继续不了"。并告已将本方针向民盟、国民党民主派及记者谈过,他们认为很好。

△ 致函宋子文要求"江北运河工程局立即开放沿江各坝,以免苏北人民遭受水灾浩劫"。9 月 2 日再次致函宋子文,要求开放沿江各坝。

9 月 1 日 飞抵上海后,举行记者招待会,抗议美国帮助国民党扩大内战。

在上海期间,同上层民主人士谈话。3 日,电告中共中央并转叶剑英,民主人士"同意我目前之揭露蒋及逼美表明态度政策",在沪人士大有进步。

9 月 3 日 飞返南京。和董必武(中共方面出席非正式五人小组代表)接待国民党方面出席五人小组的代表吴铁城、张厉生。

9 月 4 日 同马歇尔会谈,批评美国用战时剩余的物资帮助国民党打内战。马歇尔说,非正式五人小组只限于讨论国府委员会问题。周恩来表示如果不停战,中共就不能提出国府委员成员名单。

9 月 5 日 会见马歇尔、司徒雷登,表示再让步一次,同意非正式小组会谈改组国府委员会办法,但必须明确三点:(一)改组国府委员会是否按政协决议程序办理? 如是,则应由政协综合小组最后商决。(二)在商定改组国府委员会办法后,政府是否同意立即下令停战? (三)政府是否放弃 8 月 6 日的五项条件。马歇尔、司徒雷登表示对后两项无法保证。

9 月 6 日 同马歇尔、司徒雷登会谈。将改组政府问题谈判的历次记录即《七八两月谈判要点总结》提交他们,表示不能再无限地忍耐,要求美蒋表示明白的态度。会后,马歇尔第七次飞庐山同蒋介石谈。

9月7日　就国民党上海警备区于9月4日非法搜查《群众》周刊社一事,致函张厉生、吴铁城,提出严重抗议。

9月10日　收到马歇尔的备忘录。11日和马歇尔会谈,12日和司徒雷登会谈,建议召开三人会议,讨论停战问题。13日,马歇尔第八次飞庐山找蒋介石谈。

9月14日　致马歇尔备忘录:美国政府售与国民党政府82500万美元的剩余物资和设备,使中国人民感到极大的不安与愤怒,要求美国政府在中国和平团结及联合政府未实现时,将决定售与国民党的物资船舶等全部冻结。

△　和司徒雷登会谈,坚持:(一)要国民党保证,中共和民盟在国府委员会中有14票;(二)早日发布停战命令。如果不能做到,就没有必要召开非正式五人小组会议。

9月15日　致马歇尔备忘录:国民党获得巨大的美援,使内战空前未有。要求美国政府改变其错误政策,立即召开三人会议,商讨停战问题。

9月16日　为了抗议国民党拖延和破坏谈判,和范长江、章文晋离南京飞抵上海。行前,致函马歇尔:将赴上海,一旦决定召开三人会议,就返回南京。

9月19日　会见联合社记者,声明已暂时退出南京谈判,不再与政府及美国代表进行无意义之磋商,除非蒋介石同意重开三人会议,否则将不返南京。22日,再次会见,介绍美国援助蒋介石打内战的情况。

△　将《七八两月谈判要点总结》交梁漱溟阅。

9月21日　接到马歇尔19日的备忘录,得知蒋介石提出必须在非正式五人小组对商谈组织国府委员会的事确有进展之后才能召开三人会议后,致马歇尔备忘录。

9月27日　接到26日马歇尔、司徒雷登请周恩来回南京的来函后，致马歇尔、司徒雷登备忘录。28日、29日董必武与马歇尔会晤，就目前时局交换意见。

9月28日　与董必武、吴玉章、陆定一、邓颖超致电张厉生：国方擅自召开"国大"，在未经协商以前，我方不能提出国大代表名单。

9月29日　中共中央来电："请向国、美提备忘录，如彼方攻张家口，即表示最后决裂，一切后果由彼方负之，并公布备忘录。"

9月30日　和中共代表团其他成员分别致函马歇尔、孙科等国民党政协代表转蒋介石。

9月底　听取中共香港工委连贯、杨琳的汇报后，说：有些民主人士、文化人以至我们的干部要疏散到香港、东南亚一带，香港工委要做好安排。

10月1日　召开中外记者招待会。指出：现在召开"国大"，中共无法参加。如政府不停止进攻，美国仍不撤军，不停止援助，内战将无停止之日，和谈必将全面破裂。

10月2日　蒋介石致马歇尔备忘录。

10月3日　司徒雷登向中共代表团建议：（一）同意国府委员名额为中共9名、民盟4名；（二）提出国大代表名单；（三）撤出苏北；（四）撤离大同附近。

10月4日　中共中央来电："须将过去无条件停战口气改变为恢复一月十三日地区与军队原状，以保证停战不再破坏。这一问题不解决，其他一切皆不能谈。"

△　针对蒋介石2日的两点意见，草拟交涉方案。后将此方案的主要内容电告中共中央。并由王炳南口头转告司徒雷登。

△　和章伯钧商讨目前局势问题。本日，罗隆基、沈钧儒、黄炎培、

章伯钧表示绝对不参加分裂的国大,坚决主张立即停止内战,但张君劢颇动摇。周、章商定由章伯钧同张君劢谈,民盟应采取一致行动。同时周恩来向民盟常委说明中共的停战条件和坚定态度。

△ 在上海各界追悼李公朴、闻一多大会上,邓颖超宣读周恩来的悼词。

10月6日 率中共代表团的工作人员参加上海各界公祭李公朴、闻一多大会。会后到墓地祭陶行知、邹韬奋、杨潮、刘光、鲁迅。

10月7日 收到马歇尔6日致司徒雷登备忘录。备忘录提出对张家口的军事行动停止10天,条件是实行蒋介石10月2日的两条。随后,委托董必武、王炳南8日访司徒雷登,转达口头答复:停战不应限期;三人小组、五人小组会议的议题不能限于蒋的2日意见;周恩来暂时不回南京。

10月9日 同专程来上海的马歇尔会谈。重申10月4日军事上三条和政治上八条建议。

△ 致马歇尔备忘录,表示如政府当局"不惜以内战独裁造成全国分裂之局面,中共方面将坚决反对到底"。

10月10日 接待黄炎培、沈钧儒、张君劢、郭沫若、罗隆基、章伯钧、陈启天、左舜生、钱新之。周恩来表示中共一贯主张和平,愿与第三方面共同努力。

10月11日 接待民盟秘书长梁漱溟,介绍同马歇尔会谈的情况,交换对时局的意见。表示政府如有诚意恢复和谈,必须立即停攻张家口,并将进攻张家口的部队撤回原防,否则中共不参加任何商谈。

△ 国民党军占张家口。国民党政府再次宣布11月12日召开"国大"。12日,消息传到上海,第三方面代表认为国共和谈已无希望,取消当晚去南京的计划。

10月12日　致电中共中央:国民党打下张家口后已下令召开"国大",证明要破裂。南京、上海为争取时间疏散人员,拟在四五天内保持沉默,请中央严厉批评国民党。同时,对准备坚持和需要疏散、隐蔽的人员分别做出安排。16日,南京、上海的工作人员第一批撤退,飞赴延安。

10月13日　中共中央致电周恩来并告叶剑英:"只要美蒋一日不主动放弃政治谈判,以欺骗群众,则我亦不应主动对美蒋宣告谈判最后的破裂,使自己陷于被动。"

10月15日　致电中共中央:现在的中心环节是争取第三方面,如能争取到民盟全部或大部不参加"国大",就是胜利。在军事战略上应与政治相配合,在"国大"前后不宜打出来,在解放区易于歼敌。

10月16日　蒋介石发表声明,要中共答应八项条件。

10月17日　同第三方面代表黄炎培、张君劢、章伯钧、罗隆基、左舜生、胡政之、李璜等商谈。周恩来指出国民党的谈判程序是要先谈判后停战。表示对蒋介石昨日所提八项条件不能接受。

10月18日　和李维汉、华岗、陈家康等同吴铁城、邵力子、雷震及第三方面人士胡政之、张君劢、黄炎培、沈钧儒、罗隆基、章伯钧、曾琦、左舜生、李璜等举行非正式商谈,表示不能接受蒋介石16日提出的八项条件,提出恢复谈判的两个条件。次日继续商谈,第三方面希望周恩来和他们同到南京。周恩来同意。

10月19日　在鲁迅逝世十周年纪念会上讲话。次日,和许广平、沈钧儒、郭沫若等前往鲁迅墓地祭扫。

10月21日　为了争取说服第三方面的某些人士及揭露国民党假谈真打的阴谋,和李维汉同第三方面人士回南京,准备继续谈判。当天同蒋介石见面,蒋说一切交孙科办,即飞往台湾。在孙科举行的午宴上,周恩来说:由于政协决议及停战协定未能实施,反被破坏,情形已非常严重和恶化。现在政协同人又聚首一堂,只有按政协决议办,才有希望。

△ 《新华日报》刊登周恩来致卡尔逊电,祝贺中国及远东会议开幕。

10月24日 会见司徒雷登,说明不能接受蒋介石的八项条件。

10月25日 接待梁漱溟、李璜、莫德惠等。得知国民党军占领安东,周恩来气愤地说:不谈了,我们要回延安了。共产党是不怕压的。梁等竭力劝留,表示第三方面今后将和共产党加强合作,如有重要主张和行动,必先同共产党协商,并征得同意。次日,接待黄炎培、梁漱溟、罗隆基、章伯钧,他们再次表明以上的态度,约定中共、民盟如有重要主张和行动,必先协商。

10月26日 同马歇尔谈话,指出张家口被占,国民党政府宣布召开"国大",说明全面破裂的局面已定。蒋的八条是哀的美敦书,谈已不必要,三人会议应有所处置。这是蒋方造成的。中共主张停战,已尽了最大努力。

10月28日 和董必武、李维汉等接待第三方面代表梁漱溟、莫德惠、李璜,得知他们提出的梁漱溟方案已送马歇尔、孙科。周恩来愤怒责备他们不遵守前约。在周、董、李严正指责后,第三方面代表醒悟,即到孙科、马歇尔处收回方案。事后周恩来对李维汉说:对中间分子,平时以说服教育为主,但在他们严重的动摇关头,必须坚决斗争,以自己的坚决态度纠正他们的动摇。

10月29日 应邀和黄炎培等谈话,表示愿意参加国、共、第三方面的三方会谈。黄等问中共交出参加国大代表名单的条件是什么。周恩来回答:(一)行政院改组;(二)行政院长须对立法院负责,保证宪草全案通过;(三)国大代表名额及日期须协议;(四)实践蒋介石在政协开幕词中的四项诺言。

10月30日　和董必武、李维汉出席第三方面会议。周恩来说：不应把提国大代表名单作为停战条件，且国大名单更不能引为停战之保证。要保证停战，必须实现政协决议和一月停战协定。

10月31日　接待李璜、胡政之、章伯钧，得知他们已向孙科表示，中共不交国大代表名单，他们也不能交名单。周恩来指出：蒋介石是拿停战作为交换名单的诱饵，是假停战，希望第三方面人士团结，这次谈不成，将来还有机会，要他们保持自己的立场和信誉。

△　因国民党方面坚持蒋介石的八项条件，第三方面调解失败。

11月1日　致电中共中央，建议中央通知刘伯承、邓小平、陈毅、邓子恢加强对孙良诚、张岚峰、吴化文等部的工作。

△　和赵明甫一起同塔德谈话。同日，派董必武和赵明甫到沪同行总交涉。3日，致信联总驻华办事处埃奇顿。

11月8日　国民党当局片面颁布停战令。蒋介石宣布11月12日正式召开"国大"。

△　中共代表团声明：国方单方面宣布"停战"，而规定"防守现地所必需"的除外，仍可做军事行动的借口；国方所宣布的政治方面一切办法，均违背政协决议。

△　致电中共中央：国民党的停战是一欺骗。"目前工作即在揭露欺骗，打破幻想，故稍留几天再回延"。12日接中共中央复电：蒋之"国大"开会后你们即可回延，留董老在宁主持。

11月9日　和李维汉、邓颖超及第三方面人士出席孙科举行的午宴。针对第三方面希望"国大"能延期召开的表示，提出：（一）不能单方面颁发停战令；（二）"国大"如12日不停开，一切都谈不上。

11月10日　和董必武同孙科、吴铁城、邵力子、王世杰、莫德惠、胡霖、曾琦、陈启天、张君劢、罗隆基、雷震举行非正式综合小组会议，讨论国民大会等问题。

　　△　访马歇尔,指出:政府置共产党及其他党派人士的意见于不顾,在 12 日召开"国民大会",在这种情况下,举行任何一种会议讨论政治争端的基础就荡然无存。

　　11 月 11 日　同马歇尔、陈诚举行非正式三人会议。在会上指出"国大"一开便表明政治的分裂,国民党正在布置向延安进攻。主张恢复关外 6 月 7 日、关内 1 月 13 日以前的军事态势。

　　△　蒋介石宣布"国大"延期三天召开。

　　△　中共代表团表示:"国大"开会日期是国民党政府片面规定的,现在延期三天,也还是片面的,仍然是违反政协的决议,中共当然不能同意。

　　11 月 12 日　得知第三方面某些人经民社党张君劢、青年党李璜的活动,给蒋介石写信,要交出席"国大"的名单后,和董必武、李维汉、邓颖超出席第三方面人士会议,在会上说,我们愿意谅解各位的苦衷,但我们必须坚持政协决议。希望有一天仍能在一起为和平民主奋斗。事后,章伯钧、沈钧儒、张申府接受中共劝告,勾去签名。

　　△　分别访问司徒雷登和马歇尔,参加非正式综合小组会议,均重申中共态度:国民党政府应停止召开违反政协决议的"国大",否则应负分裂之责。

　　△　民盟发表声明:除非按照政协决议完成国大开会以前的各项手续,决不参加"国大"。

　　11 月 13 日　致马歇尔备忘录:政府方面如真有和平诚意,那就应在停战办法上,除就地停止一切战斗外,规定双方军队恢复 1 月间第一次停战令所规定之位置,将侵入解放区的国民党军队撤出,然后停止一切军事移动。

11月14日　在梅园新村宴请民盟领导人并摄影留念。

11月15日　国民党包办的"国大"开幕。除青年党、民社党及少数无党派人士外第三方面人士大部分未参加。

11月16日　举行中外记者招待会。发表《对国民党召开"国大"的严正声明》及讲话。并宣布在两三天内中共代表团将回延安。京沪两办事处仍将保留,由董必武及钱之光主持。

△　同马歇尔会谈,说:由于"国大"的召开,国民党已经关上了谈判的大门。我及中共代表团将不得不返回延安。董必武留在南京,中共在南京、北平、重庆均留一些工作人员。指出蒋介石想用武力解决一切,我们不会屈服,中国的人心向背是决定一切的。马歇尔表示愿意为周恩来回延安提供飞机,他有义务保护以上各地中共人员之安全,负责送他们回解放区。18日,和邓颖超访马歇尔,将中共留在上海、南京、重庆的人员名单交马歇尔,请他为上述人员的撤离提供方便。

11月19日　率中共代表团李维汉、邓颖超等10余人飞返延安。在延安机场受到朱德等欢迎。

11月21日　毛泽东、刘少奇、周恩来三人开会。会上先由周恩来报告国共谈判情况、美国对华政策、蒋介石集团内部的情况、蒋管区的形势等。会议肯定了谈判的成就,认为和平虽不可能,但为了教育人民,谈判是必须的。

△　出席中共中央会议。在会上报告国共谈判和蒋管区的情况。毛泽东、刘少奇充分肯定代表团一年来的工作。

11月23日　致电叶剑英:"目前方针,南京、上海、重庆、北平、长春五处仍留我最低限度之工作人员,进行联络宣传工作,而内部则加强学习。一旦无余地可留,则全部撤走。留时,以西办周子健作榜样,但亦应准备坐集中营。"

11月29日　和中国解放区救济总会主席董必武致电联总署长拉加第亚,要求联总直接与中国解放区救济总会合作。电文提出解总应派代表参加12月联总理事会在华盛顿召开的会议。

12月2日　出席中共中央书记处会议。在会上报告蒋管区党的情况。16日,继续报告华南工作。会议研究了蒋管区的工作,决定周恩来兼任中共中央城工部部长,李维汉为副部长,还决定城工部最近对国统区的工作做一指示。

12月3日　致函马歇尔:中共为适应全国人民的和平民主要求,认为只要立即解散正在举行的非法"国大",恢复1月13日停战令下达时双方军队驻地的位置,国共双方谈判仍可重新开始。

12月18日　在延安干部会议上做《一年来的谈判及前途》的报告,回顾谈判的历史,说谈判分三个阶段。报告总结谈判的经验教训,指出"斗争的双方,在斗争的基本方针上是绝不会让步和变动的"。"武装斗争、和平谈判都是为着政协路线亦即联合政府的实现"。预计"再打半年到一年,战局一定要改观。这也就会影响到蒋管区的爱国民主运动与农村的武装斗争。这三种斗争的汇合,在不久的将来,将会造成民主的新高潮"。

12月31日　审定中共中央致董必武并转上海工委、吴玉章、张友渔、叶剑英、刘晓、钱瑛、方方、林平等电。电文说:北平学生因美军强奸女生事已形成有力的爱国运动,望在各大城市发动游行示威或进行请愿并组织后援,一面提出具体要求,如中国法庭审判犯罪的美国兵,一面联系到要求美军全部撤离中国,反对美军干涉中国内政,出卖军火、借款助蒋打内战,要求废除中美商约,抵制美货等口号。在运动中造成最广泛的阵容,采取攻势,使国民党不敢压迫并达到暴露国民党的卖国及"国大"制宪全系欺骗之目的。

1947 年

1月6日　中共中央致电董必武(并转沪工委)、叶剑英、吴玉章、张友渔、刘晓(并转钱瑛)、方方、林平:"此次平、津、京、沪学生的反美示威,成绩甚好,影响甚大。""民主爱国运动的基础正日益扩大,与解放区自卫战争的胜利已渐能起着配合作用。"

1月8日　就黄河堵口问题发表声明。

1月10日　出席延安各界代表声援全国学生爱国运动及纪念政协会议周年大会,并在会上发表演讲:《评马歇尔离华声明》。

1月16日　起草中共中央致董必武、吴玉章、叶剑英、刘晓、钱瑛、张明、方方、林平、潘汉年电:为了更有力、更有计划地领导蒋管区群众爱国民主争生存的斗争,以配合解放区人民自卫战争的胜利,准备迎接全国革命新高潮,中央认为蒋管区党组织系统有调整必要。

1月17日　代表中共中央发表谈话,指出:国民党当局对于中共中央两项要求置之不理,证明其所谓和谈完全是骗局。它的企图是求得休息时间,以便重新进攻,它现在需要"和谈"。我们对于所谓"和谈",完全丧失信任。

1月20日　起草中共中央致蒋管区各中央局、分局负责人电:"目前正是揭穿美、蒋和谈欺骗,将群众对美、蒋斗争提高一步的关头,望各地统一宣传与活动步骤,加紧进行。"我方宣传应坚持两项要求,理直气壮地向各方说服解释。

2月1日　出席中共中央政治局会议。会议讨论目前时局与任务。周恩来在发言中,分析蒋管区人民运动,指出这是第二战场。会议通过了关于迎接中国革命的新高潮的指示。指示分析中国政局将发展到一个新的阶段,即是全国反帝反封建斗争的新的高潮阶段,现在是它的前夜,党的任务是争取这一高潮的到来及取得胜利。

2月21日　中共中央致电董必武、王炳南:"我们方针,坚持保留京、沪、渝联络机关,表示决不由我关死谈判之门,但谈判先决条件,必须实行两项最低要求,断无价钱可讲。你们应本此向第三方面及群众广泛解释。"

2月26日　起草中共中央致董必武、吴玉章等电:办事处"坚持非赶不走原则,到处揭穿蒋之恐吓手段,以鼓励进步群众乃至中间人士与蒋斗争的勇气",同时也做最坏打算。

2月27日、28日　南京国民党政府派军警包围中共驻南京、上海、重庆办事处,限3月5日前撤离全部人员,同时封闭《新华日报》。

2月27日　致电吴玉章、张友渔、王炳南、童小鹏、董必武、钱瑛并告方方、林平、章汉夫:《新华日报》被封,"请吴、张速以普通电将经过分告京、沪,并向各方各报发表抗议,京、沪、港即据此响应。请董亦向蒋方抗议并发声明"。报馆员工,除留极少数人办理结束事务外,大部可依计划就地疏散。干部不可能隐蔽者,即向延安撤退。王炳南应通知美方,我人员须有专机飞渝送延安。

2月28日　就南京卫戍司令部和重庆警备司令部要中共人员撤离一事致电蒋介石,指出:"阁下业已决心内战到底,不惜以最后破裂关死一切谈判之门。""请阁下以正式公函通知我方驻京代表董必武,须延长撤退期限至三月底。"

3月1日　致电董必武、钱之光:请用明码电报告吴玉章交涉回延飞机,如飞机无着,汽车护送必须交涉有国防部护照,以免胡宗南捣乱。钱之光经手的款子尽量转移到香港。介绍金仲华同文幼章来往,争取继续出英文通讯。

3月4日　致电董必武:"京、沪国特甚注意章伯钧、罗隆基、史良三人,应告他们速布置香港退路。"

3月5日 致函延安美军联络组转司徒雷登:"感谢阁下给予中共留京、沪、渝人员在回延运输上的便利。"

3月7日 和朱德、刘少奇、林伯渠、邓颖超、杨尚昆等到机场迎接董必武率中共在上海、南京的工作人员返延。8日,吴玉章率中共四川省委、新华日报社的同志飞抵延安。

5月5日 起草中共中央关于蒋管区工作方针的指示。

5月20日 上海、杭州、苏州等地大专学生代表到南京同南京大专学生一起举行"反饥饿、反内战"示威游行。同日,北平、天津的学生也举行了游行示威。这一行动迅速波及全国,汇成全国学生运动的高潮,即"五二〇运动"。

5月23日 起草中共中央致叶剑英、李维汉转上海局、香港分局,并告朱德、刘少奇电,提出灵活运用斗争策略,"使一切群众斗争都为着开辟蒋管区的第二战场,把人民的爱国和平民主运动大大地向前推进"。

主要参考文献和书目

《中共中央文件选集》(15)(16)，中共中央党校出版社 1991 年、1992 年版

《毛泽东选集》(第 4 卷)，人民出版社 1991 年版

《毛泽东文集》(第 3 卷)，人民出版社 1996 年版

《毛泽东文集》(第 4 卷)，人民出版社 1996 年版

《周恩来选集》(上卷)，人民出版社 1980 年版

《周恩来统一战线文选》，人民出版社 1984 年版

《周恩来一九四六年谈判文选》，中央文献出版社 1996 年版

《周恩来书信选集》，中央文献出版社 1988 年版

《中国人民解放战争军事文集》(第 1 集)，中国人民解放军总部 1951 年编印

李勇、张仲田编著：《解放战争时期统一战线大事记》，中国经济出版社 1988 年版

《南方局党史资料》，重庆出版社 1990 年版

《重庆谈判资料》，四川人民出版社 1980 年版

《中共中央南京局》，中共党史出版社 1990 年版

《国共谈判文献资料选辑》,江苏人民出版社 1984 年版

《中共代表团南京谈判大事记》,南京出版社 1989 年版

《上海周公馆——中共代表团在沪活动史料》,上海人民出版社 1994 年版

《毛泽东年谱(1893—1949)》(下),人民出版社、中央文献出版社 1993 年版

《周恩来年谱(1898—1949)》,中央文献出版社 1998 年版

《中国民主党派史资料选辑》(民主革命时期),西北大学历史系中国现代史教研室 1982 年编印

《中国民主同盟历史文献》,文史资料出版社 1983 年版

费正清:《美国与中国》(中译本),世界知识出版社 1999 年版

《中美关系资料汇编》(第 1 辑),世界知识出版社 1957 年版

《中华民国史资料丛稿(救国会)》,中国社会科学出版社 1981 年版

《中华民国史资料丛稿》(增刊第六辑),中华书局 1980 年版

《国际条约集(1945—1947)》,世界知识出版社 1959 年版

马歇尔:《马歇尔使华——美国特使马歇尔出使中国报告书》,中华书局 1981 年版

《抗战后期国共谈判资料(上)——〈赫尔利使华报告〉选译》,《党史通讯》1984 年第 7 期

《抗战后期国共谈判资料(下)——〈赫尔利使华报告〉选译》,《党史通讯》1984 年第 8 期

金冲及主编:《周恩来传(1898—1949)》(二),中央文献出版社 1998 年 2 月版

力平:《周恩来一生》,中央文献出版社 2001 年版

李维汉:《回忆与研究》(下),中共党史出版社 1986 年版

《马叙伦政论文选》,文史资料出版社1985年版

《黄炎培日记》,《中华民国史资料丛稿》(增刊第五辑),中华书局1979年版

童小鹏:《风雨四十年》(第一部),中央文献出版社1994年版

童小鹏:《在周恩来身边四十年》(上),华文出版社2006年版

王化云:《我的治河实践》,河南科学技术出版社1988年版

《司徒雷登日记》,陈礼颂译,香港文史出版社1982年版

《怀念周恩来》,人民出版社1986年版

《周恩来总理八十诞辰纪念诗文选》,人民出版社1978年版

《忆邓大姐》,中央文献出版社1994年版

《梅园故事》,南京出版社1997年版

《一个记者的足迹》,北京广播学院出版社2001年版

戴逸主编:《中国近代史通鉴》(10)(上),红旗出版社1997年版

李新、陈铁健主编:《中国新民主主义革命通史》(10),上海人民出版社2001年版

《中原突围》(1—3),湖北人民出版社1983年版

《黄河归故斗争资料选》,山东大学出版社1987年版

石仲泉:《周恩来的卓越奉献》,中共中央党校出版社1993年版

《周恩来军事活动纪事(1918—1975)》(上卷),中央文献出版社2000年版

贾启玉主编:《伟大的军事家周恩来》,军事科学出版社1997年版

牛军:《从赫尔利到马歇尔——美国调处国共矛盾始末》,福建人民出版社1989年版

牛军:《从延安走向世界——中国共产党对外关系的起源》,福建人民出版社1992年版

杨奎松:《失去的机会?——战时国共谈判实录》,广西师范大学出版社 1992 年版

李燕奇:《走向合作的历程——中共与民主党派关系的形成及演变》,华文出版社 1996 年版

邱钱牧:《中国民主党派史》,浙江教育出版社 1987 年版

张开明、吴雪晴主编:《江淮之子——周恩来与江苏》,中央文献出版社 1998 年版

王静:《折冲樽俎——周恩来与国共谈判》,重庆出版社 1998 年版

中国共产党代表团梅园新村纪念馆编:《中共代表团在南京》,江苏人民出版社 1986 年版

中国共产党代表团驻沪办事处纪念馆编:《雾海明灯——上海周公馆图集》,上海人民出版社 1997 年版

后记

　　值此周恩来诞辰纪念日之际，我奉献给读者的这本书如实地记述了在抗日战争胜利后一段时间，周恩来根据中共中央指示，与国民党当局进行和平谈判的起因、历程、成果和经验，借以缅怀这位伟人对中国的独立解放和人民幸福所做的艰辛努力及其丰功伟绩。

　　自工作以来，我感到从事国共南京谈判史研究工作，有责任将国共南京谈判这段历史，做一认真的梳理和系统的研究。30年来，我参加了中共代表团进驻南京梅园新村五十周年、六十周年、七十周年重要纪念活动，亲耳聆听了许多原中共代表团老同志的口述历史，进一步了解到许多历史细节。我虚心向专家学者请教，研读了许多研究成果，查阅了大量历史文献和档案资料，汲取了史学界、学术界的许多研究成果，参考了许多当年亲身经历这段历史的老同志撰写的回忆文章，先后发表了《简述解放战争时期周恩来领导第二条战线的斗争》《周恩来1946年国共谈判期间的谈判斗争艺术》《简论国共两党在南京谈判期间周恩来的重要贡献》《周恩来与1946年国共谈判研究综述》等10多篇研究论文，出版了专著《周恩来1946年在南京》，主持中共梅园新村纪念馆《梅园风范——中共代表团在南京》基本陈列内容和形式设计，相应地获得了全国、省、市级学术奖多项。

2008 年我出版了《周恩来 1946 年在南京》一书,得到了学术界的好评,述评、推介、获奖、授课接踵而来,使本人备受鼓舞,又深感尚需进一步完善。我对原书进行了认真修订,重新撰写了第三章"调停东北内战",修正了书中有误文字。同时,改写了书名,使书中内容更加突出、醒目。

让我深受感动的是周恩来生前秘书、原武警指挥学院副院长纪东将军,受我力邀为本书题写书名;作为本书责编,张凉女士全心投入出版的全过程。同时,很多朋友也给予了热情洋溢的鼓励和支持,在此本人深表感谢。我深感要写好此书难度很大,它涉及国共谈判期间的政治、经济、军事、统战、党建、宣传等诸多方面,由于学识有限,疏漏甚至错误之处在所难免,敬请专家学者同仁不吝赐教。同时,选用的大量历史图片基本源于《中共代表团在南京》影集、《雾海明灯——上海周公馆图集》及梅园新村纪念馆馆藏。由于种种原因,我无法获悉一些图片拍摄作者的姓名和地址,在此深表歉意。

吴小宝

2019 年 12 月